浙江省自然科学基金项目（LY17D010004）阶段研究成果
宁波工程学院学术专著出版基金资助

内河航运绿色低碳发展机理、测度与政策研究

赵亚鹏　著

中国财经出版传媒集团

经济科学出版社
Economic Science Press

图书在版编目（CIP）数据

内河航运绿色低碳发展机理、测度与政策研究/赵亚鹏著 .
—北京：经济科学出版社，2018.4
ISBN 978 – 7 – 5141 – 9281 – 0

Ⅰ.①内…　Ⅱ.①赵…　Ⅲ.①内河运输 – 绿色经济 – 低碳
经济 – 经济发展 – 研究　Ⅳ.①U697

中国版本图书馆 CIP 数据核字（2018）第 092684 号

责任编辑：刘　莎
责任校对：曹育伟
责任印制：邱　天

内河航运绿色低碳发展机理、测度与政策研究

赵亚鹏　著

经济科学出版社出版、发行　新华书店经销

社址：北京市海淀区阜成路甲 28 号　邮编：100142

总编部电话：010 – 88191217　发行部电话：010 – 88191522

网址：www. esp. com. cn

电子邮件：esp@ esp. com. cn

天猫网店：经济科学出版社旗舰店

网址：http://jjkxcbs. tmall. com

固安华明印业有限公司印装

710×1000　16 开　22.5 印张　400000 字

2018 年 4 月第 1 版　2018 年 4 月第 1 次印刷

ISBN 978 – 7 – 5141 – 9281 – 0　定价：78.00 元

前　　言

　　绿水青山就是金山银山。中国内河航运资源丰富，内河航运作为连接国际、国内市场及沿海、内地的运输纽带，是综合运输体系和水资源综合利用的重要组成部分，是中国实现经济社会可持续发展的重要战略资源。然而，在内河航运迅速发展的同时，内河航运船舶营运过程中所排放的含油污水、生活污水、垃圾以及燃烧柴油排放出的气体等也是重要的污染源，不仅危害江河水环境，对区域大气环境的污染威胁也日益严重。可以肯定，如果没有政府强有力的防治措施，内河航运及有关作业活动引起的内河流域环境污染将越来越大，给内河航运的可持续发展造成严重的负面影响。经济学早就证明，环境污染作为一种典型的市场失灵的领域，需要政府干预。为此，如何防治或减少因内河航运而引起的内河流域环境污染，推进内河航运绿色低碳发展，这是摆在目前我国相关政府部门面前的一个重大而迫切的任务。内河航运绿色低碳发展问题已迫在眉睫。

　　内河航运绿色低碳发展是生态文明建设的重要基础性要素，加快推进内河航运绿色低碳发展也是贯彻落实"创新、协调、绿色、开放、共享"发展理念的重要体现。促进内河航运的绿色发展、低碳发展、循环发展，努力实现我国内河航运发展与生态环境改善的共赢目标，对促进我国社会经济全面深化改革、实现转型发展具有重大意义。

　　宁波市与中国社会科学院合作共建中心（国际港口与物流研究中心）组织中心研究团队围绕着"内河航运绿色低碳发展研究"为主题开展了相关专题研究，并将其成果编撰成书。本书共有9个专题，本书在深入、系统分析内河航运污染排放社会外部性、特征、发展趋势及其对公共健康的影响的基础上，对内河航运污染排放经济损失评估、环境规制对内河航运绿色低碳发展的影响、内河航运绿色低碳发展的影响机制及测度、内河航运安全风险传导机理及测度进行了实证研究，进而提出内河航运绿色低碳发展的思路、重点任务和路径，进一步围绕这些内河航运绿色的低碳发展的重点任务和路径，对内河航运绿色低碳发展的财政政策和税收政策展开深入研究。在这一思路的引领下，全书共分10章：第1章为绪论；第2章为内河航运污染排放社会外部性研究；第3章为内河航运污染排放的经济损失评估研究；第4章为环境规制对内河航运绿色低碳发展的影响；第5章为内河航运绿色发展测度与实证研究；第6章为内河航运低碳化发展的影响机制、测度研究；第7章为多源数据融合的内河航运安全风险影响机理、测评研究；第8章为内河航运绿色低碳发展思路与路径研究；第9章为内河航运绿色低碳发展的财政政策研究；第10章为内河航运绿色低碳发展的税收政策研究。

因此，本书的意义在于：（1）本书中的理论研究将为政府相关部门在内河航运领域环境污染防治经济政策的优化提供科学依据，提升内河航运生态环境管理水平。（2）本书中设计出的内河航运绿色低碳发展经济政策方案，将为中国防治因内河航运活动和行为引起的区域环境污染提供决策参考；而且，本书中提出的经济政策建议，可以与防治内河航运污染的工程技术手段相互补充、形成合力，共同防治和减少因内河航运活动和行为引起的区域环境污染。（3）本书中提出的经济政策建议会改变内河航运市场主体的经济利益预期，从根本上促使内河航运市场行为生态化、环保化。

目　　录

第1章

绪　　论

1.1
研究背景及意义

1.1.1　研究背景

气候变化是国际社会普遍关注的全球性问题。近年来，全球酷暑、干旱、洪涝等极端气候事件频发，气候变化影响日益显现。携手应对气候变化，共同推进绿色、低碳发展已成为当今世界的主流。在绿色低碳发展成为全球普遍共识的背景下，中国在以前所未有的力度推进绿色低碳发展。2012 年中共十八大首次将生态文明融入"五位一体"的国家发展总体布局，十八届三中全会全面推出生态新政；2015 年 3 月中央政治局会议首次提出"绿色化"，在十八大提出的"新四化"——"新型工业化、城镇化、信息化、农业现代化"之外，加入"绿色化"，即"四化"变"五化"；2015 年 10 月十八届五中全会提出绿色发展，推进美丽中国建设，表明绿色发展已经成为新时期国家发展的战略目标与方向；中国"十三五"规划重点提出打造绿色经济升级版。与中央精神相配套的是一系列关于生态建设的法律法规密集出台。从 2013 年 9 月发布的空气"国十条"（《大气污染防治行动计划》），到 2015 年 4 月出台的"水十条"（《水污染防治行动计划》）；从 2015 年 1 月起执行的新修订的《环境保护法》，到 2015 年 9 月印发《生态文明体制改革总体方案》，中国正在经历一场全方位、系统性的绿色变革（潘旭涛，

2015）。绿色发展不局限于环境保护，更不是与经济发展相对立，而是关涉空间格局、产业结构、生产方式、生活方式以及价值理念、制度体制等①。

中国内河航运资源丰富，流域面积在 100 平方公里以上的河流有 5 万多条，总里程 43 万多公里，大小湖泊 900 多个，全国内河航道通航里程超过 12 万公里，形成了以长江、珠江、京杭运河、淮河、黑龙江和松辽水系为主体的内河航运格局，长江干线已成为世界上运量最大、运输最繁忙的通航河流。内河航运作为连接国际、国内市场及沿海、内地的运输纽带，是综合运输体系和水资源综合利用的重要组成部分，是中国实现经济社会可持续发展的重要战略资源。与其他运输方式相比，内河航运具有运量大、占地少、成本低、能耗小、污染少等优势②。为此，2011 年国务院颁布了《关于加快长江等内河水运发展的意见》（国发〔2011〕2 号），明确提出"利用 10 年左右的时间，建成畅通、高效、平安、绿色的现代化内河水运体系，建成比较完备的现代化内河水运安全监管和救助体系，运输效率和节能减排能力显著提高，水运优势与潜力得到充分发挥，对经济发展的带动和促进作用显著增强"。这标志着加快内河航运发展上升为国家战略，内河航运成为综合运输体系建设的战略重点，这充分表明，中央高度重视新时期、新阶段的内河水运发展，内河航运迎来了前所未有的发展机遇期。加快长江等内河航运展，是党中央、国务院从加快转变经济发展方式、建设资源节约型和环境友好型社会的高度作出的重大战略决策。加快长江等内河航运发展，不仅有利于构建现代综合运输体系，调整优化沿河、沿江产业布局，而且有利于促进流域经济协调发展，对进一步发挥内河航运比较优势，实现经济社会可持续发展具有重要意义和极大推动作用。

然而不可避免的是，在内河航运业迅速发展的同时，船舶营运过程中所排放的含油污水、生活污水、垃圾以及燃烧柴油排放出的气体等也是重要的污染源，不仅危害江河水环境，对区域大气环境的污染威胁也不容小觑。在内河通航水域，船舶多以轻质柴油、船用柴油、重油为燃料，运输中船用燃料在燃烧过程中

---

① 潘旭涛. 绿色：一场全方位的经济变革（五大发展理念的中国实践系列报道之四）[N]. 人民日报海外版，2015 – 11 – 23.

② 2015 ~ 2020 年内河水运行业市场前瞻与投资战略规划分析.

会排放硫氧化物、氮氧化物、二氧化碳和颗粒物等污染物，内河航运的环境污染日益突出，给内河航运的可持续发展造成了很大威胁。

近年，在应对气候变化、推进绿色低碳发展上，中国的主动意识更加明显。2015 年 6 月，中国公布《强化应对气候变化行动——中国国家自主贡献》，针对二氧化碳排放，承诺到 2020 年，单位 GDP 二氧化碳排放比 2005 年下降 40% ~ 45%；到 2030 年，二氧化碳排放达到峰值并争取尽早达峰，单位 GDP 二氧化碳排放比 2005 年下降 60% ~ 65%。2016 年国务院《政府工作报告》明确提出，2016 年化学需氧量、氨氮排放量分别下降 2%，二氧化硫、氮氧化物排放量分别下降 3%，重点地区细颗粒物浓度继续下降。此外，国务院编制的《国民经济和社会发展第十三个五年规划（纲要）》也指出，"十三五"将大力推进污染物达标排放和总量减排，重点区域、重点行业推进挥发性有机物排放总量控制，全国排放总量下降 10% 以上。具体到航运领域，新修订的《大气污染防治法》规定，国务院交通运输主管部门可以在沿海海域划定船舶大气污染物排放控制区，进入排放控制区的船舶应当符合船舶相关排放要求；2015 年 9 月交通运输部印发《船舶与港口污染防治专项行动实施方案（2015 ~ 2020 年）》，专项防治船舶港口污染，明确到 2020 年，珠三角、长三角、环渤海水域船舶硫氧化物、氮氧化物、颗粒物与 2015 年相比将分别下降 65%、20%、30%。为此，全球减排与绿色低碳发展趋势将内河航运业推向风口浪尖。

内河航运绿色低碳发展是生态文明建设的重要基础性要素，在国民经济和社会发展全局中具有基础性、先导性和服务性的特点，是全社会能源消耗和节能减排的重点领域之一，其绿色低碳发展较之于其他行业覆盖面更广、系统性更强、辐射意义也更大。因此，如何引导、规范和约束具有环境影响力的内河航运行为，防治航运对内河环境的破坏和污染，推进内河航运绿色发展、低碳发展和循环发展，构建畅通、高效、平安、绿色的现代化内河航运体系，实现我国内河航运发展与区域环境改善的共赢目标是摆在政策制定者面前的一个重大而迫切的任务。

1.1.2　研究意义

绿色低碳发展涉及经济转型和产业升级、个人和组织行为改变、能源系统变革和国际气候治理体系创新等问题，是一项复杂的系统工程，存在很多的挑战和不确定性。为了尽可能地降低转型的成本和有效应对内河航运绿色低碳发展转型过程中的风险，需要在国家宏观战略层面进行不同空间和时间尺度的统筹协调，优化转型路径，实施及时有效的政策干预，对内河航运绿色低碳发展转型过程进行科学管理。

鉴于我国内河航运绿色低碳发展转型的复杂性，迫切需要对我国内河航运绿色低碳发展转型中的关键管理科学问题进行系统和深入的研究，实现对内河航运绿色低碳发展转型过程自身客观规律的深刻认识。为此，在全球应对气候变化进程出现新转折、中国经济发展进入新常态的时代背景下，研究面向生态文明建设和体现"创新、协调、绿色、开放、共享"发展理念的内河航运绿色低碳发展的关键管理科学问题，形成对经济发展新常态下我国内河航运绿色低碳发展特征、规律、路径、机制以及关键不确定性的科学描述，建立起我国内河航运绿色低碳发展的管理理论和方法，是体现国家需求且兼具重要学术与实践价值意义。

（1）加快内河航运绿色低碳发展有利于构建现代绿色低碳综合运输体系。内河水运具有运能大、占地少、能耗低等优势，加快内河航运绿色低碳发展，实现水运与公路、铁路、航空、管道等运输方式的有机衔接，发展多式联运，发挥各种运输方式的比较优势和组合效益，有利于优化交通运输结构，降低社会综合物流成本，转变交通运输发展方式，增强国防交通功能，构建现代绿色低碳综合运输体系。

（2）加快内河航运绿色低碳发展有利于调整优化沿河地区产业布局，促进产业转型升级。"十三五"期间，加快转变经济发展方式将贯穿经济社会发展全过程和各领域，产业绿色化、低碳化将进入加速发展期，对港航的需求将保持较高的增长幅度，对水路运输的绿色低碳性、生态性、安全性等质量要求必将更高。港航业必须实现行业结构调整与优化，努力增强行业发展的内驱力，尽快向绿色港航、低碳港航、智慧港航转变，以应对经济发展方式转变对港航业提出的新需求。内河航运在能源、原材料等大宗物资和集装箱、重大装备运输中具有独特优势，加快内河航运绿色低碳发展有利于推动电力、钢铁、汽车等沿江沿河产业带的绿色低碳发展，推动东部地区产业升级和中西部地区承接产业转移，优化流域经济布局和产业结构。

（3）加快内河航运绿色低碳发展有利于促进区域经济转型升级、协调发展。本质上来说，内河航运绿色低碳发展是一个经济发展绿色低碳转型和质量提升的过程。内河航运绿色低碳转型发展已成为区域经济转型升级和"美丽中国"建设的一种基础需要，是解决区域经济长期稳定发展的现实基础。内河航运绿色低碳发展对于活跃区域经济、转变生产方式至关重要，内河航运绿色低碳发展能有效缓解区域经济发展与交通资源的矛盾，改善生态环境和培养绿色低碳文化。内河航运绿色低碳转型发展不到位，不仅影响区域经济短期促转型目标的实现，还将严重制约区域经济可持续发展。因此，加快内河航运绿色低碳发展，有利于实现地区间资源、技术、资金等要素的有效利用和优势互补，符合实施西部大开发、中部崛起和东部率先发展等重大战略要求，对于区域经济转型升级、协调发展具有重要促进作用。

（4）加快内河航运绿色低碳发展有利于促进节能减排。随着我国经济社会快速发展，资源、环境约束日益加剧，发展交通运输与减少能耗、减少环境污染的矛盾日趋尖锐。加快内河航运绿色低碳发展，有利于加快降低能源资源消耗，发展低碳经济，减少污染物排放，符合建设资源节约型、环境友好型社会的总体要求，对于加快转变经济发展方式具有重要现实意义。因此，从更切身角度看，内河航运绿色低碳发展关乎民生福祉。

1.2

研究内容与框架

1.2.1 研究思路

本书按照"跟踪研究前沿，洞察研究动向→面向现实需求，提炼研究问题→选择研究视角，构建概念框架→建立理论模型，解析研究对象→实地调研访谈，重点个案解剖→设计模型方法，探究演化过程→实证机理机制，揭示发展模式→明确方向路径，提出对策建议"这一研究思路进行研究。展开如下：

首先，在充分了解国内外研究现状的基础上，针对我国绿色低碳发展的现实需要和既有内河航运污染问题研究的不足，科学借鉴已有的国内外理论研究成果，对我国典型内河的航运资源、内河船舶污染、内河流域生态环境、经济、社会发展现状进行实地调研，系统调查和分析我国内河航运污染现状，综合运用规范研究、理论分析、案例分析、文献分析和实际调查等多种研究方法相结合，探索研究内河航运污染排放社会外部性及其对公共健康的影响，研究内河航运绿色低碳发展的支撑性理论——内河航运污染排放社会外部性理论，设计出内河航运社会外部性及其防治的理论模型。

其次，在内河航运污染排放社会外部性研究的基础上，针对不同的研究对象和研究任务需要，从微观和中观两个层面，采用污染损失法、VAR 模型、模糊综合法、粗糙集和支持向量机等多种理论和方法，从内河航运污染排放的经济损失、环境规制对内河航运绿色低碳发展的影响、内河航运绿色发展、内河航运低碳化发展、多源数据融合的内河航运安全风险等方面，揭示并检验内河航运绿色低碳发展机理与模式。

最后，基于对内河航运绿色低碳发展机理、模式的研究成果，综合运用数理分析、历史分析、制度分析、实验研究、案例分析、文献分析、实际调查、博弈分析、CVM 评估法和计量分析等多种实证研究方法相结合，针对内河航运绿色低碳发展思路与实施路径、内河航运绿色低碳发展的财政政策、内河航运绿色低碳发展的税收政策研究提出相应的对策建议。

1.2.2 研究内容

1. 内河航运污染排放社会外部性研究

在外部性理论回顾、借鉴与国内外研究现状及发展动态分析基础上，针对既有内河航运污染排放社会外部性研究不足，整合既有外部性理论、政策和实践成果，结合中国内河航运污染排放的客观现实，系统分析、科学界定内河航运污染排放社会外部性的内涵，建立内河航运污染排放社会外部性分析框架，考察内河航运污染排放社会外部性对内河流域生态环境和公共健康的影响，进而实证研究内河航运污染排放社会外部性。

2. 内河航运污染排放的经济损失评估研究

系统回顾国内外对污染排放的经济损失和污染排放的经济损失评估的研究状况，科学界定内河航运污染排放的经济损失，探究内河航运污染排放的经济效率损失的影响因素，并深入分析探讨了内河航运污染排放的经济效率损失，进而在对污染排放的经济损失评估方法的使用范围和弊端分析的基础上，对江苏省内河航运污染排放的经济损失评估进行了实证研究。

3. 环境规制对内河航运绿色低碳发展的影响

在理论回顾、借鉴与国内外研究现状及发展动态分析基础上，系统分析了环境规制、内河航运绿色低碳发展的内涵、理论，并对环境规制对内河航运绿色低碳发展的影响机制进行深入研究，进而运用 VAR 模型等工具对环境规制对内河航运绿色低碳发展影响进行了实证研究。

4. 内河航运绿色发展测度与实证研究

在咨询港航专家和管理人员意见的基础上，对内河航运绿色发展的影响因素进行问卷调研，并采用信度分析和因子分析探究了内河航运绿色发展机制，构建内河航运绿色发展测算指标体系，进而采用模糊综合评价法对浙江内河航运绿色发展进行测度，并针对测度研究结果，提出了浙江内河航运绿色发展的对策建议。

5. 内河航运低碳化发展的影响机制、测度研究

在低碳发展理论回顾、借鉴与国内外低碳发展研究现状及发展动态分析基础上，对内河航运低碳发展的影响因素进行了实证研究，探索相关因素对内河航运业碳排放所产生的影响，揭示了内河航运低碳发展的驱动机制，进而采用 IPAT 模型法对浙江内河航运碳排放进行测度，并通过借鉴典型国家内河航运节能减排的宝贵经验，结合实证分析的结果，提出内河航运低碳发展的具体政

策和建议。

6. 多源数据融合的内河航运安全风险影响因素、测评

在对粗糙集理论与支持向量机集成研究的基础上，借鉴已有的相关理论成果，提出了一种基于微粒群算法的粗糙—支持向量机的动态建模方法，并结合内河航运安全管理的实际情况，以船舶及设备技术状况、船东安全管理状况、船员人为因素和内河通航环境为内河船舶安全的主要影响因素，对具有复杂动态特性和不确定性的内河航运安全风险评价进行建模，采用实际数据对模型进行了验证，为浙江内河航运安全管理提供科学依据。

7. 内河航运绿色低碳发展思路与路径研究

在对内河航运绿色低碳发展的环境进行系统分析的基础上，研究内河航运绿色低碳发展的思路和目标，进而明确了内河航运绿色低碳发展的重点任务，并提出了内河航运绿色低碳发展的和实施路径。

8. 内河航运绿色低碳发展财政政策研究

在对绿色低碳发展与财政政策理论回顾、借鉴与国内外低碳发展研究现状及发展动态分析基础上，系统探究了财政政策对内河航运绿色低碳发展的作用机制，并采用因子分析法实证研究了内河航运绿色低碳发展的财政政策绩效影响因素，揭示了内河航运绿色低碳发展的财政政策绩效的影响机理，进而采用模糊综合评价法对内河航运绿色低碳发展的财政政策绩效进行了实证研究，并提出了相应的对策建议。

9. 内河航运绿色低碳发展税收政策研究

在对绿色低碳发展与税收政策理论回顾、借鉴与国内外低碳发展研究现状及发展动态分析基础上，系统探究了税收政策对内河航运绿色低碳发展的作用机理，并采用 CVM 评估法实证研究了内河航运绿色低碳发展的税收政策的支付意愿，进而提出内河航运绿色低碳发展的税收政策的对策建议。

1.3

研究方法

1. 文献研究法与实地调查相结合

在研究过程中，查阅了国内外权威期刊和数据库，为概念界定、文献综述、内河航运外部性、内河航运污染排放经济损失评估、环境规制对内河航运绿色低碳发展的影响、内河航运绿色发展测度、内河航运低碳发展影响机制、内河航运安全风险评价、内河航运绿色低碳发展的财政政策、内河航运绿色低碳发展的税收政策等部分的研究做准备。通过关键事件访谈法、问卷调查法、专家调查法等深入内河航运绿色低碳发展调研，获取第一手资料。

2. 定性研究与定量研究相结合

本书定性地对内河航运污染排放社会外部性、内河航运污染、环境规制、内河航运绿色低碳发展、内河航运安全风险、财政政策、税收政策等概念进行界定并对相关研究进行综述，研究内河航运污染排放社会外部性框架及其影响、内河航运污染排放的经济损失、环境规制对内河航运绿色低碳发展的影响、内河航运绿色低碳发展和内河航运安全风险的影响因素、内河航运绿色低碳发展的重点任务、实施路径及其对策建议。在内河航运绿色低碳发展测算、内河航运绿色低碳发展的财政政策及税收政策部分，运用探索性因素分析（exploratory factor analysis，EFA）、验证性因素分析（confirmatory factor analysis，CFA）、单因素方差分析、独立样本 T 检验等多种定量统计方法、模糊综合评价法和 CVM 评估法。在内河航运安全风险评价模型构建部分，采用了粗糙集理论、支持向量机和微粒群算法。

3. 实证研究与规范研究相结合

通过理论模型构建、抽样、调查、统计、分析和检验等实证研究过程构建了内河航运污染排放社会外部性测算模型、内河航运污染排放的经济损失评估模型、环境规制对内河航运绿色低碳发展影响模型、内河航运绿色低碳发展测度模型、内河航运安全风险评价模型、内河航运绿色低碳发展的财政政策绩效评价模型和内河航运绿色低碳发展的税收政策支付意愿 CVM 评估模型，并运用这些模型对内河航运污染排放社会外部性、内河航运污染排放的经济损失、环境规制对内河航运绿色低碳发展的影响、内河航运绿色发展、内河航运低碳发展、内河航运安全风险、内河航运绿色低碳发展的财政政策绩效和内河航运绿色低碳发展的税收政策、支付意愿进行测量。在内河航运污染排放社会外部性分析、环规规制对内河航运绿色低碳发展的影响、内河航运低碳发展的影响机制、内河航运绿色发展影响机理和内河航运安全风险影响因素分析、重点任务、实施路径和财政政策、税收政策的提出等部分也采取规范研究。

4. 粗糙—支持向量机模型

对粗糙集理论算法的改进与扩展研究，解决完全信息下和不完全信息下两种情况下内河航运安全风险评估，进而对粗糙集理论与支持向量机集成模型进行了改进，提出了基于微粒群算法的粗糙—支持向量机的动态建模方法。鉴于内河航运安全风险信息的小样本、不完备的特征，建立了基于粗糙集理论和支持向量机集成的内河航运安全风险评估模型，并利用这种方法对具有复杂动态特性和不确定性的内河航运安全风险评估进行建模。

第2章

内河航运污染排放社会外部性研究

2.1

外部性概述

2.1.1 外部性研究综述

国内外许多学者对外部性进行了研究，已经取得了很多成果。吉勒恩（Jero-en C. J. M. van den Bergh，2010）认为消除一种类型的外部性通常会产生另一种外部性，并且外部性会降低社会福利。王万山等（2003）分析了负外部性的经济含义，通过经济假设和成本—收益分析法对负外部性控制的成本—收益进行定性的经济分析，比较负外部性治理方法的经济效率，进而探求解决负外部性问题的制度优化途径。陈小锋等（2003）通过对正外部性激励和负外部性控制的成本—收益进行了定性分析，探索解决外部性问题的经济原理和处理外部性问题的经济办法及其效率的提高。俞海山等（2007）从两方面来分析消费外部性对资源配置效率的影响，得出无论是正消费外部性还是负消费外部性，其结果都使资源配置达不到帕累托最优状态的结论，并建议政府必须通过直接管制、经济手段等措施来治理消费外部性。吴泗宗等（2002）根据需求曲线和供应曲线分析市场均衡，证明了对于传统的经济领域，市场均衡是唯一的，而且也是稳定的。而对于外部性下的市场均衡却是多重的，稳定和不稳定共存的。刘春兴等（2010）绘制需求曲线和供给曲线，运用经济学工具探讨了生物入侵的外部性问题导致效率损失，即社会边际收益不足以弥补社会边际成本；对于那些可能导致生物入侵的经济活动，市场机制本身无法解决这一外部性问题，必须要有某种内部化措施介入。马骏（2015）从经济学的角度研究政府、市场、企业和消费者四个角色对外部性产生的作用。彭碧丹（2012）认为政府通过引入适当的税收与补贴，明确产权归属，并结合政府管制和社会道德约束等多种解决方法，使边际个人成本和边际社会成本趋于一致，从而使社会资源的配置不断优化，直至使社会效用达到最大化，实现帕累托最优。施金亮等（2007）提出治理外部性措施，主要有政府的政策管制，采取税收与补贴的激励手段，依托激励手段，建立和完善激励机制。赵旭等（2014）认为外部性治理的理论有两个逻辑分支：经典的社会成本—收益分析框架和科斯定理。谭建新（2014）分析了外部性产生的原因，并提出相关建议。张运生（2012）研究认为产生外部性的根本原因在于产权模糊不清、交易费用过高。蔡秀荣（2012）认为外部性内部化对于水路运输企业的影响在于使它们意识到自己行为的真正成本。林晓言（2003）认为定价政策比严格的管制灵活，建议尽可能采用政策工具组合而不是单一政策。可以看出，国内外对外部性的相关研究很多，为深入认识外部性、外部性成本内部化、外部成本计量等提供了理论支撑。

综上所述，国内外学者对外部性研究取得了许多成果，日益形成完整的理论体系，这些外部性理论、方法和研究范式，已经发展成为绿色发展、低碳发展、可持续发展研究的重要工具，不仅在国外成为环境污染问题研究的主流理论工具和方法，而且在国内也已经被广泛应用于环境污染问题的研究，并被不断引入交通运输业领域，极大地深化了对中国交通运输业绿色低碳发展的认识。当前，我国内河航运发展正处于加速期和实现绿色和可持续发展的关键期，亟待引入外部性理论、方法和研究范式，揭示中国内河航运绿色低碳发展机理、模式，为内河航运绿色低碳发展政策优化提供理论和实证支持。

2.1.2 外部性内涵

"外部性"是经济学认识人们之间形成的社会关系的重要概念。因外部性而形成的社会关系不同于因交易形成的人与人之间平等自愿的契约关系。外部性理论也是经济学对完全竞争市场假说的重大突破之一。

所谓"外部性"，即是一个或更多的人的自发行为未经第三者同意而强加给他们的费用或强行给他们的收益。简单地说，未被市场交易包括在内的额外成本和收益就是外部性。传统西方经济学认为在完全竞争市场中，每个市场参与者不仅完全承担其经济行为的成本，也全部获得其行为带来的收益。市场参与者之间不存在相互影响。外部性的存在突破了"完全竞争市场"假说。正是由于外部性外在于市场自愿交换体系，此概念由此得名。

与市场交易形成的契约关系的最大不同在于，在外部性制造者和第三人之间，并不存在双方经过合意而形成的自愿承担对方行为后果的承诺。只有产生了外部收益或成本后，外部性制造者和第三人之间才产生了联系。由此而形成的关系完全是一种事后的强制的关系。

根据外部性的表现形式不同，外部性可以有很多种分类。其中，根据外部性的影响效果，外部性给他人带来的是成本还是收益，外部性可以分为正外部性（或称正外部经济效应、外部经济）和负外部性（或称负外部经济效应、外部不经济）。正外部性是指一些市场主体的生产或消费使另一些市场主体受益而又无法向后者收费的现象；负外部性是指一些市场主体的生产或消费使另一些市场主体受损而前者无法补偿后者的现象。外部性的正负之分是因为经济主体的活动对旁观者带来的影响不同，有损失有收益、有积极有消极。负外部性就是某人的经济活动对他人带来损失，而这种损失的成本他却不承担。如小李家的狗每天在半夜狂吠，造成附近居民睡眠障碍影响白天工作与学习，甚至影响身体健康，但是小李并没有承担造成这些损失的成本。正外部性就是某人的经济活动带给他人不小的收益，而他却没有从中得到相应的补偿。即这个经济活动产生的社会利益大于他本身从这个活动中得到的利益。比如修缮一个鸟语花香的花园，可以直接让邻居心旷神怡。因此经济主体的目标本来是自身利益最大化，然而在实现该目标的过程里，对该活动的旁观者造成了积极或消极的影响。经济学外部性就是这一影响。因此，正外部性给他人带来了无偿收益，负外部性带来的则是成本。负外部性即未经他人同意施加给他人额外成本的外部性。负外部性在提高外部性制造者效用水平的同时，却降低了相关人的效用水平，给他人带来了损害。它使构筑完全竞争模型的厂商利润最大化行为和消费者效用最大化行为产生偏差，远离了社会所要求的效率目标。与正外部性相比，负外部性的存在范围要大得多，存在着供给过剩的现象。正外部性只来源于正外部性产品，而负外部性不仅产生于对权利或物品的不正当使用，即使正当使用也会产生外部性，尤其是权利重叠导致的不相容使用问题。这正说明了在一定程度上负外部性是不可避免的，是人们不得不接受的一个事实。正因如此，负外部性更能引起包括法学家、经济学家在内的人们的重视。经济学家通常将外部性默认为负外部性，就说明了这点。由于负外部性是对社会生活产生损害，所以经济学家们提出的对策主要是针对负外部性的。若无特别说明，以下出现外部性都是指负外部性。

总体上，为消除外部性，通过要求外部性的制造者将造成的外部效应内部化，可以达到恢复效率的目的。

交易是人们进行交往的基本行为方式，由此形成的契约关系是最基本的社会关系。但非因交易而形成的外部性关系也是基本的社会关系之一。它虽然在社会成员的地位平等上与契约关系一致，但其发生关系的强制性也使它具有了独特之处。因此，应吸收这些理论和主张，对外部性采取不同于契约关系的调整方式，并应根据不同种类的外部性的不同特点采取不同的规范方式。

污染是一种典型的负外部性，且是一种公害。政府在治理污染中的作用必不可少。污染使厂商的私人边际成本和社会边际成本出现差异，造成污染的厂商只承担了导致污染的生产成本，社会承担了污染的外部成本。环境保护法关心的中心问题是政府所采取的措施能不能有效地使厂商外部成本内部化。外部性理论及相关的经济理论不仅为采取哪些措施，而且为检验法律措施的有效性提供了依据。

福利经济学认为，外部性是指市场主体的行为影响了其他市场主体的利益，但市场缺乏很好的机制来约束或者激励前者在决策时加以考虑。例如，内河航运船舶一方面提供水上运输服务，另一方面给内河水环境和沿河区域大气环境造成污染，这些污染，如果不进行规制，内河航运企业一般不会计入成本，但一旦实施环境规制，就应把内河航运企业对沿河环境造成的损失计算入内河航运企业的成本，从而正确地反映内河航运企业的真实成本。外部性也被叫作外部影响或者外差效应，意思是某个群体或者某人的活动或计划导致另外的群体或另外的一个人受损或获得好处。而某个经济主体（它可以是厂商也可以是个人）的一个经济活动影响了与这个经济活动没有直接相关关系的社会和他人的情况叫作经济外部性。比如经济主体是一家公司，这家公司为顾客供应相应的服务或者商品，在这里与公司活动直接相关的人为顾客。然而该公司附近的人会因为这家公司的相应的生产活动而受到影响，在这里与公司的生产没有直接相关关系的人为这些公司附近的人。外部性就是公司对附近的人的影响。

从以上的分析可以看出，外部性理论一方面为已有的环境污染制度提供了新的解释，另一方面也成为检验环境污染防治措施有效性的根本出发点。而所有这些又将为内河航运污染防治提供新的思路。将外部性理论应用内河航运污染实践对我国来说有更为重要的意义。因为在社会主义市场经济的建设和完善过程中，市场失灵和外部性问题必然会相伴而生，会成为我们面临的重大问题之一。外部性理论为分析内河航运对水环境的影响提供了理论基础和解释，同时也为内河航运对水环境影响的防治提供了思路。因此要充分吸收和利用包括外部性理论在内的较为成熟的经济理论，为防治内河航运污染服务。

2.2

内河航运污染排放社会外部性

2.2.1　内河航运及有关作业活动对区域环境造成污染

内河船舶是通航内河（尤其港口水域）的流动污染源，同时也是内河港口污染的主要污染源之一。随着内河航运业的发展，船舶故意地、任意地或意外地排放油类或其他有害物质是内河航运污染的一项重要来源，对内河环境造成直接影响，甚至会影响到内河航运和内河港口的可持续发展。

内河航运污染是内河航运及其有关作业活动对通航内河环境造成或可能造成有害影响。内河航运污染主要指内河船舶污染，所谓内河船舶污染是指"内河船舶逸漏排放污染物于通航内河水域，产生损害内河生物资源、危害人体健康、妨碍渔业和其他水上经济活动、损害河水使用质量、破坏内河及沿河区域环境和内河生态系统平衡等有害影响"。船舶污染影响着世界各地沿海和内陆地区社区的健康，但船舶污染仍然是我们全球运输系统中关注最少的部分。

从全球性、区域性条约，各国关于防止船舶污染的立法和学者的论著来看，内河船舶污染主要分为两类：船舶常规性污染和突发事故污染。内河船舶常规性污染主要指排放性的船舶污染（又称操作性污染）。是指船舶有意识地将船舶污染物质排入通航内河中。包括生活污水、固体废弃物、化学剂、舱底水和压载水中的油污以及有毒液体等。常规性的船舶污染由于其发生的时间和地点相当分散，每次排放的数量比较少，产生的危害轻，具有一定的隐蔽性和随机性，在事故发生后一般很难对造成污染事故的船舶进行目标锁定，因此受到的关注程度不大。常规性污染主要来源于一些航运企业因过分强调经济利益，减少船舶洗舱水、污油水的处理费用，以至放纵船舶违规排放。这种污染是比较普遍的，对于如此多的航行船舶来讲，其对通航内河环境所造成的总体污染是严重的。因此，常规性污染在船舶污染中所占的比例是比较大的。

另一类是突发性事故性的船舶污染。事故性的船舶污染是指船舶因过失、疏忽、不可抗力、意外情况等原因导致船舶触礁、碰撞、搁浅、爆炸、起火等危难事故后，船载的油品、有毒物质泄漏进入通航内河造成污染。事故性船舶污染由于其所发生的频次比较低，在船舶污染中只占很小的比例，但是它会对局部通航水域造成重大污染，具有影响范围大，性质恶劣，造成经济损失巨大的特点，并且对通航内河环境造成的危害也是深远的，因此受到社会各方面的重点关注，会对企业的发展造成极为不利的影响。

船舶污染属于流动点源污染，作为一种流动污染源，船舶污染既有与其他污染（如点源污染）相类似的性质，更具有其独特性。该种污染具有分散性、隐蔽性、随机性、不易监测、难以量化、经济的外部性等特征，使得对其研究和管制具有较大的难度。

2.2.2　内河航运外部性

内河航运提供了大量的经济效益和社会效益。同时，由于内河航运活动而产生的对环境的负面影响、大气污染排放、交通事故的发生，以及因为港口、航线拥挤等导致资源配置不合理而产生的运输效率低下等问题也说明了人们实际负担内河航运活动的成本大于直接的内河运输成本。

内河航运活动存在着外部不经济，即存在外部成本。内河航运活动的外部成本可以分为两类：第一，是内河航运活动过程中对自然和人类产生的消极外部影响，比如空气污染、海水污染、生态和土壤污染、港口航道拥挤和交通事故等；第二，与运输工具船舶有关的外部成本，主要包括修造船等活动而产生的对环境的污染、对空间的占用等，这与一般工业的外部成本类似。

内河航运活动加重了自然环境的负担，存在着明显的外部不经济。但是，这一类的外部不经济（外部成本）往往不是通过市场交易的形式来反映，或者说很难用量化的方式来进行描述，称之为技术外部性。如果不对内河航运产生的环境问题进行研究并试图使其量化，并通过有效措施对内河航运各类企业进行相应的外部成本分摊，那么由于环境问题所造成的边际成本损失将会越来越大，从而直接或间接影响到社会福利和子孙后代的利益。

内河航运外部性是指内河运输对其他经济单位所施加的非市场性影响，非市场性是指一种活动所产生的成本或利益未能通过市场价格反映出来。内河航运外部性往往是指内河航运的负外部性，即内河航运污染排放，这种内河航运负外部性产生来自航运对环境的污染等，而航运经营人并不用承担这些损害的全部成本，所以航运经营人的边际私人成本小于社会边际成本，此时负外部性就显现出来。经济效率即帕累托效率，是指这样一种资源配置状态，在该状态下，不存在其他配置可以使得该经济中至少一个人的状况更好而同时保持其他人的状态不变。内河航运的负外部性对其效率有着直接的影响。产生负外部性的主体由于不受预算约束，常常不考虑负外部性结果承受者的损益情况，导致低效或无效地使用资源。内河运输工具——船舶更是流动的污染源。船舶运输造成的污染是内河航运导致的环境污染的一部分，也是最主要的一部分。随着内河航运的不断发展，它在整个污染体系中的比重也不断扩大。需要特别强调的是，研究内河航运的外部性问题，不是为了限制内河航运的发展，而是为了唤起人们对内河航运外部性问题的重视，以洞悉内河航运发展规律，促进内河航运可持续发展，内河航运的可持续发展将会成为社会经济持续发展提供有力支撑。

2.2.3 内河航运污染排放社会外部性

1. 空气污染

船舶的动力主要来自柴油发动机，主要使用燃料油（也称为渣油或重油）以提供动力、供热和电力，船用燃料油是炼油的残余产物，具有高含硫量、高黏度的特点，还含有重金属，如镉、钒和铅等。船舶使用的燃料油，其含硫量是车用柴油的 100～3500 倍，船单位燃料的二氧化硫和颗粒物排放量远远超过道路车辆，比如说，一艘中型到大型集装箱船如使用含硫量为 35000ppm（1ppm 为百万分之一）的船用燃料油，并以最大功率的 70% 负荷行驶时，一天排放的 PM2.5 大约相当于中国 50 万辆新货车一天内的排放总量。湖北宜昌市监测发现葛洲坝两个船闸区，因为不少船舶烧的是劣质柴油，燃烧重油排放的尾气的相关污染因子同比市内高 8%～10%。环保部数据显示内河船舶尾气成为长江流域中下游地区沿江城市的重要污染源。由于船舶使用高硫含量油，其排放废气中所含的柴油颗粒物、氮氧化物和硫氧化物，严重威胁人的健康与环境。

2. 水环境污染

（1）生活污水造成的影响

船舶倾倒的生活污水。由于船舶污水处理装置价格昂贵，船舶和码头未经处理的生活污水直排问题比较多。船舶直接排放的生活污水中的碳酸盐以及别的有机物等进入内河后，需要微生物参与将这些有机物分解成一些无机物。但是其在分解的过程中需要 O_2 的不断参与，所以大大降低了水中的溶解氧含量，从而对水中生物造成恶劣的影响。

船舶排放的生活污水带给内河的第二个问题是水域的富营养化。排放的生活污水里含有 P、N 等物质，当其排入内河后，增多了内河里的营养物质，让某些藻类过度繁殖，发生水华现象，减少了内河的溶解氧，造成水域缺氧，也会对水中生物造成恶劣的影响。虽然国家规定从 2016 年 1 月 1 日起，相关省份对船舶安装污水处理设施实施补贴，但污水直排问题依然屡禁不绝。根据研究发现，长江上有约 20 万条船舶常年运营，每年产生的含油废水、生活污水达 3.6 亿吨，生活垃圾 7.5 万吨，船舶生活污水直排对长江水环境构成严重威胁。[①]

（2）含化学品污水

排入内河的污水里如果含有某些化学品时也许会使水中的生物如鱼类中毒，其产生的毒性基本可以分成隐藏性、急性、慢性、亚急性这四种。内河被这些含毒的化学污水沾染污染后，无论是人或是别的一些动物，若饮用该水或吃了该内河中的生物如鱼类也许会导致慢性中毒，使生物产生疾病，还有可能有一定的致癌性。以长江江苏段为例，2001 年危险货物运输量为 5052 吨，至 2015 年达到 1.5 亿吨，而长江江苏段区域有取水口 83 个，一旦发生较大污染泄漏事故后不能及时应急处置，后果不堪设想（江苏海事部门，2016）。

（3）油污染

内河船只在运输时会生成各种含油污水，这种污水不经过科学的处理在内河中的直接排放，会造成油污染更是会带给内河水质恶劣的影响。因为石油的组成成分多多少少带有毒性且破坏内河生物的生活环境，导致生物机能障碍，如使水生生物死亡，破坏水产养殖业，影响水生生物的生活环境等。

（4）船底搅动重金属底泥

航运则是底泥污染的最大诱因。很多河段都有底泥重金属污染问题，例如湘江是湖南最大河流和长江主要支流之一，也是汞、铅、砷等重金属污染非常严重的河流。湖南一位从事相关领域研究的专家发现，含有重金属的底泥被船只螺旋桨搅动产生的污染在环境中难以降解，会对包括人类在内的各类生物神经、排泄、运动、生殖等系统造成损害。

3. 噪声污染

噪声污染同样也是内河水运外部性的一种。内河航运造成的噪声污染大部分为是船舶的噪声污染，其中包括行使噪声，鸣笛噪声等。内河航运噪声污染主要

---

① 长江生态遭航运污染严重每年"喝"污水 3.6 亿吨 . 经济参考报，2016 - 7 - 7.

分为：①装卸机械、辅助机械包括空压机、发动机等设备产生的机械噪声；②集疏港汽车、火车、船舶的交通噪声；③船舶主柴油机、发电机和螺旋桨产生的船舶噪声以及水动力噪声等。

2.2.4 内河航运污染的主要途径

内河航运引起的污染主要有水环境污染、大气污染和噪声污染三方面。一般而言，航运对内河环境造成污染的途径主要表现在：

1. 船舶排放的油类

造成船舶向内河中排放油类主要有两种形式，即操作性排放和事故性排放。操作性排放主要是指船舶机舱污水、油轮的含油压载水、洗舱水和油渣（船用燃油和润滑油经分离机分离产生油渣）的排放。事故性排放主要是指由于船舶发生碰撞、搁浅、失火等突发性事故，使船舶携带的燃油或装载的货油泄漏入内河以及船舶在加装燃油或装卸货油过程中发生了漏油事故造成的污染。它具有溢油量大、污染持久、清除困难等特点。

大量的船舶在内河内航行和作业，一方面导致船舶因操作性排放排入内河的油类物质增加，另一方面导致因船舶和装卸作业事故排入内河的油类物质增加。尤其是我国成为石油净进口国以来，石油运量迅猛增加，航行内河的船舶发生事故性溢油的风险进一步加大。

2. 船舶排放的有毒有害液体物质

船上有毒液体物质对内河的污染源主要来自：舱内排出的压载水和洗舱水、船上使用的化学药剂、用于清除渗漏出有毒液体的各种材料（如抹布、锯末等）、应急时为保证船舶及人员安全的排放等、运输散装液体化学品造成的散装有毒液体物质。近年来，内河航运运输有毒有害化学品货运量逐年上升，运输新货种不断增加，随着内河水域载运有毒有害物质船舶的增多，船舶运营过程中产生的有毒有害物质污染物数量逐年上升，对内河环境造成较大的污染威胁。

3. 船舶垃圾

船舶垃圾是指产生于船舶营运期间的各种食品的、日常用品的、工业用品的废弃物，包括塑料制品，垫舱物料、衬料和包装材料，以及食品废弃物和金属、玻璃、陶器等制品。根据垃圾对内河及水生物的影响，将其分为如下几类：无直接损坏作用的中性垃圾（如玻璃、瓷器、陶器、无热材料制品等）；可长期保持外形的垃圾（如木材、某种塑料和橡胶制品等）；变形很快但本身对生化过程影响较小的垃圾（如纸品、纺织物等）；有中等氧化强度垃圾（如部分有机废弃物、钢铁物品等）；在水中迅速氧化并耗氧的物品（如脂肪、肉等食品残渣）；对内河水生物有毒害作用的物品（如洗涤剂、油漆残渣、化学试剂残液等）。这些废弃物尤其是塑料垃圾投弃入内河将对内河环境造成严重危害。

4. 船舶生活污水

船舶生活污水污染主要有厨房、洗浴室等排放污水；含粪便的厕所冲洗水、医务室和运输动物舱内的粪便冲洗水。这些排出物如果不经过相应处理而直接排放入海，将会对渤海海域的海洋环境造成污染损害。

5. 船舶排放的大气污染物

由于船舶柴油机工作条件恶劣，负荷大，工况变化剧烈，对发动机的可靠性和加速性等都有较高的要求，再加上空间分布广，实施尾气控制难度较大。因此，船舶柴油发动机的排放问题日显突出。船舶排放出大量的硫氧化物（SO_x）、氮氧化物（NO_x）、二氧化碳（CO_2）和颗粒物（PM）等污染物。内河航行的船舶柴油机排气中产生的氮氧化物、硫氧化物等船舶动力装置的有害排气，会对大气造成污染，这类排气可分为两大类：一类是燃料在空气中完全燃烧后的产物，主要有二氧化碳、水蒸气、过量空气、残余的氮气，这一类排放物对人体和生物不会造成直接危害；第二类属燃料不完全燃烧产物和氧化物，包括一氧化碳、未燃碳氢、氮氧化合物、硫氧化物、微粒子（碳烟、高沸点可溶性碳氢等混合物），这类排放物会不同程度地对人体和生物构成毒害威胁。油船和散装化学品船在港口码头装卸货物时，挥发性有机化合物排放也会对大气造成污染，并通过大气沉积对内河港口区域的环境产生一定程度的影响。2007～2012年，航运年均氮氧化物排放量占人类活动总量的15%，硫氧化物排放占比为13%，二氧化碳排放占比为3%。港口的交通拥堵亦会加剧环境污染。在一些繁忙的港口，大量货物聚集在港区、周边道路和水路，进一步增加了港口污染物的排放。

2.3
我国对内河航运污染排放社会外部性认识及发展

内河航运作为交通基础设施的重要组成部分，具有运能大、占地少、投资省、成本低、综合效益高等比较优势（1条通航500吨级船舶的四级航道货运能力相当于2条6车道高速公路或1条干线铁路；水运每吨公里运费仅为高速公路的16%、铁路的46%；每公里航道建设用地和资金均约为高速公路的1/4、铁路的1/2）；具有能耗低、污染轻、防洪排涝等特点（水运的单位周转量能耗及碳排放量仅为高速公路的1/6、铁路的2/3，一直被认为是低碳环保的运输方式。内河航道改造和养护增强了防洪行洪排涝能力，增加了水体自净能力和水环境容量；改善了沿岸的生态环境和城镇市容）；承担着大量基础性、服务性商品物资供应（例如水路运输保障了杭州约30%用电量的电煤运输，80%的住宅建筑用料，60%的基本粮食供给），对优化产业布局（例如湖州市依托湖申线航道，形成3个产业集群，2014年总产值超过800亿元）、降低物流成本、改善生态环境、强化民生保障等发挥了重要作用。内河航运的发展为国民经济的持续快速增长奠定了良好的基础，带来了社会总产出的增加。

但是，随着内河航运的繁荣发展，内河航运船舶产生的油污水、船舶垃圾、船舶气体排放和船舶突发性水污染等对内河水环境和大气环境造成直接影响，直接影响内河沿岸环境和居民的健康，最终将影响内河航运和内河港口的可持续发展。特别是，国内外学者持续性跟踪研究和人们环保意识的增强，内河航运对环境的负面影响日益凸显，内河航运的负外部性日益受到关注，对内河航运负外部性的认识也越来越深入。随着我国雾霾"攻坚战"的持续深入，航运污染已成为继机动车尾气污染、工业企业排放之后第三大大气污染来源。全国人大代表、时任中船重工集团 711 所所长兼总工程师金东寒呼吁"船舶减排从法律上看还存在不少漏掉和空白，亟待对其进行修改和完善"。全国人大代表、大连海事大学原校长王祖温提交"关于加强渤海海洋环境陆海统筹管理的建议"的提案，呼吁必须将实施渤海海洋环境的陆海统筹管理问题上升到一个更高的高度来对待。全国政协委员、江南造船总工程师胡可一连续三年以内河沿海航运、航运中心建设和自贸区航运建设为侧重点，结合国外的经验，提出中国应该提高对船舶排放带来的环境污染的重视，以航运中心建设为契机，加快推进沿海区域排放标准的实施、推动新能源或替代能源应用和配套以及提高集运、转运和疏运以提高综合减排效果。在此背景下，相关政府部门采取了积极措施。

高美琴提及长江经济带发展战略时指出，与国家治水新战略、生态文明建设、长江经济带发展等目标相比，当前的航道排污更应受到重视。高美琴称，船舶营运过程中所排放的含油污水、生活污水、垃圾以及燃烧柴油排放出的气体等也是重要的污染源，不仅危害江海水环境，对港口大气环境的威胁也不容小觑。因此，在围绕国家战略，推动长江经济带发展过程中，应先加强生态建设和保护。至于船舶排污，需要国家强化标准，推进长江航运绿色发展，加强船舶污染防治和清洁能源船型推广应用。

鲁修禄认为随着工业源、陆上移动源（车辆）污染排放治理的深入，船舶排放控制应成为防治工作的重点。特别要高度重视重点区域船舶污染排放控制，例如，珠江三角洲地区港口密度、船舶流量大，港口和水域处于城市群中心，船舶排放已成为主要污染源之一。据研究，珠三角地区船舶排放的 SO_2、NO_x 分别约占当地排放总量的 1/4 以上。根据香港环保署资料，船舶在排放总量中 SO_2、NO_x 和 PM10 的比例为 50%、32% 和 37%。控制珠三角水域船舶排放污染无疑是广东实现环境质量稳定达标和持续改善的重要内容。为此，国家应高度重视重点区域船舶污染排放控制。交通运输部已出台了《珠三角、长三角、环渤海（京津冀）水域船舶排放控制区实施方案》。但是，控制船舶排放污染涉及国际规则、燃油供应、水上交通管理、港口和船舶配合等，需要从更高层次推动重点区域船舶排放控制，需要从立法和中央政府、省市政府层面统筹推动。

杨晓霞认为根据国家环境保护部机动车排污监控中心测算，2013 年在中国港口靠泊的船舶共排放二氧化硫 58.8 万吨，约占全国排放总量的 8.4%；港口船舶氮氧化物排放量 27.8 万吨，约占全国排放总量的 11.3%。船舶排放污染对空气质量的影响不容忽视。船用发动机和燃油标准低是船舶污染的主要原因。首先，船舶使用的燃油与道路机动车使用的燃油并不一样。其次，进出中国港口的远洋船舶主要采用重油为燃料，其含硫率为 2.8% ~ 3.5%，部分高达 4.5%，硫含量（平均 3% 计）是国 Ⅳ 车用柴油的 600 倍、国 Ⅴ 车用柴油的 3000 倍，甚至超过了燃煤。目前，船舶环保管理滞后，环保部门没有将船舶大气污染纳入监督，对船舶环保管理也缺乏执法依据。为此，从立法、监管和推进绿色港口建设等措施入手，控制港口船舶污染排放。国家环保部门牵头，起草相关限制港口污染物排放的强制性法律法规。同时出台推进绿色港口建设的鼓励政策，明确相关行政和技术管理部门的责任和权力，在港口清洁能源设施建设、强制性使用清洁能源的价格方面制定优惠政策。要加强船舶环保监管，要求进港船舶一律使用低硫柴油，对新生产的船舶用柴油机开展环保监督管理，加贴环保合格标志，在船舶注册登记环节加强管理，对于不达标的船舶不得办理注册和运营等登记。船舶环保定期检验不合格的，不准营运登记。她同时建议，要加强绿色港口建设。比如：建设岸电设施，要求船舶靠泊时一律使用岸电，对龙门吊等港口机械实施"油改电"、大力推广使用 LNG（液化天然气）集卡，实施港内拖轮"油改气"等，以减少港口作业废气排放。

张琼认为加快技术创新，实现船舶生活污水零排放。流入江河、湖泊的污水，不仅来自城市、陆地，也有来自船舶生活污水。为此，来自湖北代表团的全国人大代表张琼建议：国家相关部门或企业要加快内河、湖泊航行船舶及码头生活污水处理的技术创新，严格控管没有装置污水处理系统的船舶驶入江河内，尽早实现生活污水零排污，保护水域环境。

目前，船舶生活污水处理有两种方式：一种是在船上安装污水处理装置，达标处理后直接排入江河、湖泊。另一种是安装生活污水收集装置，船舶到岸后由专门机构收集到岸上处理。但是，国际上能够实现直接达标排污的船舶生活污水处理装置价格昂贵，对很多航运企业来说都很难承受。未经处理的生活污水直接排放到江河湖泊的现象仍然很普遍。

"以长江为例，虽然长江海事局实行了对垃圾接收单位的备案管理，要求库区航行、停泊、作业的船舶必须编制《船舶垃圾交付方案》，定期交付船舶垃圾。同时还督促总长度为 12 米及以上船舶悬挂张贴'告示牌'、要求 400 总吨及以上的船舶和经核定可载客 15 人及以上船舶配备《船舶垃圾管理计划》和《船舶垃圾记录簿》，但生活垃圾的直接排放仍然无法做到绝对禁止。"

国家相关部门和企业，要加快内河、湖泊航行船舶及码头污水处理技术创新，让航运企业安装用得起的处理装置，尽早实现船舶生活污水零排放，彻底解决船舶排污的水域污染问题。

全国政协委员宋家慧认为完善内河船舶油污责任保险制度。近年来，我国内河船舶保有量的持续增长，大型化趋势的日益明显，由此带来的船舶污染内河水域环境的事件也逐步增多。内河水域船舶溢油污染事故造成的巨大损失往往得不到充分赔偿，使得清污费用难以支付，导致溢油不能及时清除，造成内河水域污。我国的内河船舶企业经济实力相对较差，一旦发生船舶溢油污染事故，往往无力承担溢油污染治理成本。虽然按相关规定，船舶必须取得污染损害责任、沉船打捞责任的保险文书或财务担保证明。但由于缺乏有效引导，船舶企业普遍缺乏承担事故责任意识和所需的有效担保，即使有担保的企业，也往往面临担保额度不足、无力承担污染治理费用等现实问题。

环境修复的成本，往往依赖于地方财政支持，缺乏直接有效的费用来源。目前，我国针对内河船舶污染的责任保险尚属空白。保险机构多以沿海内河船舶财产保险附加污染责任险条款的形式承保相关风险，侧重点更多的是考虑沿海船舶的财产保障需求而非污染损害责任赔偿。与国际公约及其他国家法律比较，现有内河船舶保险条款对于此类风险的可保范围及保险额度十分有限。加之各保险机构所出具的保单条款、特别约定也不尽相同，事故发生时产生的实际赔偿效果低下。同时也缺失建立内河船舶油污损害赔偿机制的上位法。应尽快建立与内河船舶污染相关的责任保险制度，通过完善立法，明确内河船舶企业投保污染责任保险的必要性，选择合理模式、规范承保范围、合理限定责任限额、科学组建承保体系，合理设置内河船舶污染责任保险条款及赔偿额度，充分发挥商业保险在内河船舶事故中的损失补偿作用，使保险赔偿成为内河船舶污染损害赔偿和环境资源恢复的重要资金来源，有效减轻船舶企业参与污染治理的经济负担，增强中小型船舶企业的风险抵抗能力。为此，国家应采取有力措施，进一步完善我国内河船舶油污责任保险制度，建立内河船舶油污损害赔偿机制（基金），防止内河水域船舶污染。另外，尽快建立"中国内河船舶油污损害赔偿基金"，或者通过修改国家相关船舶防污染法律法规，在现有的油污损害赔偿机制中应既包括沿海船舶油污损害赔偿，也包括内河船舶油污损害赔偿，使其成为一套完整的中国船舶油污损害赔偿机制。

可以看出，社会各界对内河航运污染排放认识日益深入，治理污染、保护环境，事关人民群众健康和持续发展，必须强力推进，为此，将保护环境、治理污染的关注点，放在水路运输行业中航运船舶的污染排放控制之上，重拳治理大气雾霾和水污染，严控船舶污染排放，走经济发展与环境改善双赢之路，已成为社会的广泛共识。

2015 年 9 月 1 日，交通运输部印发了《船舶与港口污染防治专项行动实施方案（2015～2020 年)》，制定了未来五年船舶与港口污染防治的时间表和路线图。2015 年 12 月初，交通运输部日前印发《珠三角、长三角、环渤海（京津冀）水域船舶排放控制区实施方案》，首次设立船舶大气污染物排放控制区，控制船舶硫氧化物、氮氧化物和颗粒物排放，为全面控制船舶大气污染奠定了基础。2016 年 2 月 1 日，交通运输部正式发布公告"我国将在珠三角、长三角、环渤海水域设立船舶排放控制区，控制船舶硫氧化物、氮氧化物和颗粒物排放，改善我国沿海和沿河区域的空气质量"。当前，国际上有两种形式来通过法律强制设立的排放控制区。一种是通过国际海事组织 IMO 审核批准设立排放控制区（ECA），包括波罗的海、北海、北美、加勒比海排放控制。另一种是由地区组织、国家或者地方政府制定并强制实施区域船舶排放控制政策，即所谓的单边立法，包括欧盟和美国加州排放控制区等。我国的排放控制区的范围主要是"内水"，即指包括潮位变化最远和最近的距离之间的水域，以及岛屿和码头区域。特别是排放控制区内核心港口区域，其中，珠三角水域船舶排放控制区核心港口区域为深圳、广州、珠海港，长三角水域为上海、宁波舟山、苏州、南通港，环渤海（京津冀）水域为天津、秦皇岛、唐山、黄骅港。我国排放控制区的减排路线图为自 2016 年 1 月 1 日起，排放控制区内有条件的港口，可以实施高于现行排放控制要求的措施，包括船舶靠岸停泊期间使用硫含量不高于 0.5% 的燃油。自 2017 年起，船舶在排放控制区内的核心港口区域靠岸停泊期间（靠港后的一小时和离港前的一小时除外），应使用硫含量不高于 0.5% 的燃油。2018 年起，这一要求扩大至排放控制区内所有港口内靠岸停泊的船舶；2019 年起扩大至进入排放控制区的所有船舶。船舶可采取连接岸电、使用清洁能源、尾气后处理等替代措施。2019 年 12 月 31 日前，我国将在评估实施效果的基础上，进一步确定更为严格的控制措施，包括船舶进入排放控制区使用硫含量不高于 0.1% 的燃油、扩大排放控制区地理范围等。经初步测算，到 2020 年，三大水域船舶硫氧化物和颗粒物将比 2015 年分别下降约 65% 和 30%。

2.4
内河航运污染排放的社会外部性分析

2.4.1　内河航运污染排放对公共健康的影响分析

1. 内河航运油污染排放的影响

船舶营运产生的各类含油污水直接排放在港口水域，造成的油污染，会给水域生态环境带来严重的后果。这不仅是因为石油的各种成分都有一定的毒性，还因为它具有破坏水域生物的正常生活环境，造成生物机能障碍的物理作用。诸如影响水生生物的生境、使水生生物死亡、破坏水产养殖业等。

2. 内河航运排放的生活污水的影响

（1）水体缺氧及其影响。生活污水中的碳水化合物、蛋白质、油脂、木质素等有机物排入水体后，在微生物的作用下最终被分解成简单的二氧化碳和水等无机物质。有机物在分解过程中需要消耗水中大量的氧气，使水中溶解氧减少，影响鱼类和其他水生生物的生长。

（2）水体富营养化及其影响。生活污水给受纳水体造成的另一个问题就是富营养化。生活污水中含有氮、磷等基本元素的简单分子及其营养物，排入水体后，水体中植物营养物质增多，使某些藻类过度繁殖，将造成水中溶解氧的急剧变化，藻类的呼吸作用及死亡藻类的分解，在一定时间内使水体严重缺氧，从而严重影响鱼类生存甚至死亡。

（3）水中病原体及其影响。生活污水还常常含有各种病原体，如病毒、病菌、寄生虫等。受纳水体受到病原体污染后，会传播疾病影响人们的身体健康。历史上流行的瘟疫，有的就是水媒型传染病。由水体引起的传染病主要有由病菌引起的痢疾、伤寒、副伤寒、霍乱、副霍乱等；由病毒引起的疾病有小儿麻痹、传染性肝炎等；其他病原体引起的疾病有姜片虫病、血吸虫病、阿米巴痢疾、钩端螺旋体病等。

3. 内河船舶含化学品污水的影响

进入港口水域的污染物有些是对生物有毒性危害的，其对生物或人体产生的毒性危害一般可分为急性、亚急性、慢性和潜在性等几种。水体受化学有毒物质污染后，人们通过饮水或食物链可能引起急性或慢性中毒，对人体健康产生危害。长期饮用含有某些有致癌作用化学物质的水或食用体还可能诱发癌症。

4. 内河航运大气污染排放的影响

空气污染对公众健康有重大影响，空气污染物会损害我们的健康，导致癌症、哮喘、中风和心脏病等。船舶废气中的 PM、SO_X 和 NO_X 等对大气环境造成的污染已引起国际社会广泛关注。长期暴露于氮氧化物（硫氧化物和硫氧化物）等污染物可能会导致哮喘和癌症等一系列健康问题。

颗粒物一般由上百种挥发性和半挥发性物质凝结在碳核上形成的，能够导致身体炎症，并引起哮喘和心肺疾病。NO_X 能导致人的咳嗽、呼吸道感染和气喘等症状，同时使肺功能下降。尤其是儿童，即使短时间接触 NO_X 也可以造成咳嗽、喉痛。更严重的是，尾气中的 NO_X 在一定条件下会生成二次污染—光化学烟雾，对人体造成更大的危害，NO_X 已经成为当今城市空气的主要污染源之一。氮氧化物包括许多种，如 NO、NO_2、N_2O_3、N_2O、N_2O_5 等，通称 NO_X。柴油机排气中的氮氧化物绝大部分是 NO，少量是 NO_2。NO 是无色气体，本身毒性不大，但在大气中会缓慢氧化成 NO_2。NO_2 是一种棕色的刺激性气体，这种气体被吸入肺部时，能与肺部的水分结合生成可溶性硝酸，有刺激作用，严重时会引起肺气肿。NO_2 在强烈的日光下会发生光化学反应，形成二次污染。

内燃机燃料中的硫燃烧后产生 SO_2，它在空气中缓慢氧化为 SO_3。SO_2 是一种无色的气体，亲水性很强，与水结合形成亚硝酸，对人的口鼻黏膜有强烈的刺激性，若空气中 SO_2 浓度过高，会引起呼吸困难、呼吸道红肿、胸闷等症状。一般燃烧排出的 SO_2 在大气中只停留一周左右，但当它遇到水汽，变成硫酸烟雾后，就能长时间停留在大气中，这对人和环境有极大危害。

内河航运船舶排放的废气主要包含 NO_X、CO、CO_2、SO_2 等。内河航运船舶排放的碳氢化合物 HC 直接挥发到空气里，会造成食欲不振、元气亏损、身体衰弱、胸闷气慌等影响人类身体健康的一系列问题。一氧化碳置换血液中的氧，导致低氧血症。碳氢化合物是温室气体的主要部分，对气候生产潜力造成影响，从而改变生态系统的初级生产力和农业土地承载力，碳氢化合物 HC 与 NO_X 也会结合从而产生臭氧等污染物质，也会产生甲醛刺激眼睛皮肤和粘膜，头疼等问题。氮氧化物侵入人体肺部，使人得支气管炎或肺气肿等问题。硫酸雾由氧化硫形成，对树木影响最大，甚至导致树木死亡，对人类环境造成影响的同时对人体的也有危害。尤其是对儿童，老人的影响最大。国内外研究表明，2010 年，中国约有 120 万人受空气污染影响而过早死亡，其中航运是空气污染和健康问题的重要因素之一，尤其在港口城市。

一氧化碳（CO）是一种无色、无味的有毒气体。随空气吸入肺部，被血液吸收后，与人体内的血红蛋白结合，阻止氧气的输送，使体内缺氧，麻痹中枢神经系统，引起头痛、眩晕、恶心、呕吐甚至昏迷、窒息。

氮氧化合物（NO_X）能进入呼吸道深部。在高浓度作用时，对呼吸道和肺部组织产生强烈的刺激和腐蚀作用，慢性作用可致呼吸道、支气管病变，严重时还可形成光化学烟雾，是产生酸雨的主要物质。公路汽车废气中的氮氧化物和烯烃反应，能生成致癌物质。氮氧化物还可导致富营养化，对水生生态系统造成严重影响。

碳氢化合（HC）种类繁多，大多是各种燃料不完全燃烧的产物。通常碳氢化物会损害中枢神经系统和植物神经系统，引起头痛、记忆力衰退等，其中苯并芘有很强的致癌作用，尤其是对肺癌、肝癌致病率极高。

二氧化硫（SO）是具有强烈刺激性的无色气体。吸入少量的二氧化硫会引起头晕、头痛、全身无力，并引起鼻炎、咽喉炎、支气管炎等，少数人会诱发支气管哮喘，如吸入高浓度的二氧化硫会引起肺炎，甚至肺水肿及呼吸中枢麻痹。二氧化硫对植物也有毒害作用，会妨碍植物正常生长，使农作物减产，甚至使各种植被和树木坏死。

颗粒物，悬浮在空气中。空气动力学当量直径≤100μm 的颗粒物为总悬浮颗粒物（TSP），空气动力学当量直径≤10μm 的颗粒物为可吸入颗粒物（PM10）。颗粒物随空气经呼吸道进入体内，通常 >5μm 粒子被上呼吸道阻留，对局部黏膜组织产生刺激作用，引起慢性炎症；<5μm 的粒子，可进入呼吸道深处，直到小支气管和肺泡，引起支气管反射性痉挛等，有些沉积在肺泡，影响肺的换气功能，造成慢性支气管炎等呼吸系统疾病。尽管颗粒物不是环境空气中的主要成分，但它是空气中普遍存在又无恒定化学组分的聚集体。它本身就是有害物质，而那些致癌、致畸、致突变的物质，绝大部分都存在于颗粒物中。颗粒物落在植物上，能阻塞植物气孔，影响植物生长。

5. 内河航运噪声污染的影响

噪声污染有许多的不良影响，噪声会使人和动物都不舒适。例如在夜晚通常人们在这个时候休息，若噪声持续产生，不仅减少了睡眠时间，还会使居民入睡困难、睡眠浅、早醒，从而滋生各种疾病，如精神衰弱、焦虑症、抑郁症以及各种心脑血管疾病等。噪声也会影响学生学习，降低工作效率。

最近的 20 年，相关医学研究表明，噪音会造成身体不适和重症焦虑。最新的研究显示，持续不断的噪音将导致死亡。美国也有相关研究表明，长期处于高分贝环境下的居民，寿命更短。随着我国经济的持续增长，人民的生活水平也越来越高，贸易也越来越频繁，而航运显然是较廉价的，随之内河航运也大幅度增多，噪声污染问题日益严重。居民对噪声污染投诉呈上升趋势。

总之，船舶产生的这些释放物对内河水域及周边区域环境造成污染，将会对内河沿岸地区经济发展产生很大的负面影响。如果不加以控制，会对内河航运和港口的可持续发展产生障碍。

2.4.2　内河航运污染排放造成的社会成本

1. 水污染对工业的影响

工业生产离不开水资源，水资源在工业生产中充当原材料冷却剂等角色。工业是水污染的主要制造者之一，但大量含有污染物的水随之流入河流导致工业也是水污染的主要受害者之一。在发达地区水污染已经严重制约了当地的工业的发展。水污染对工业的影响主要有下面几个方面：增加生产成本；腐蚀设备；缺水性损失；产品质量下降；其他。

2. 水污染对农业的影响

农业生产对水资源具有较强的依赖性。农业生产是非点源污染的主要制造者，也是水环境污染的直接受害者，随着农用灌溉水质的日益下降，农业经济业受到极大影响。由于内河航运污染的排放导致周围农作物被烧伤，致使农业减产甚至绝收。

同时由于污水中的重金属和一些有毒物质能够在农作物中累积，通过食物链进入人体，对人体造成的伤害，这将导致农作物产品在市场上没有竞争能力，甚至被禁止进入市场而造成了农业经济损失。另外长期的污水灌溉也会致使灌区土壤板结、起皮、龟裂、土质变硬、空气的通透性不好、盐碱化等，导致农作物减产，这些都可能造成农业经济损失。

3. 水污染对渔业的影响

渔业受内河航运污染排放的影响最大，可以说水资源的污染程度直接影响渔业的生死。水污染对渔业的危害主要表现为养殖水体水质恶化，为病菌、病毒的生存提供了有利的条件，病毒、病菌、有毒有害物质富集和水体富营养化将导致鱼类大量生病甚至大量死亡。

另外，许多有毒物质和重金素元素可以在鱼类和贝类的身体中富集，通过食用进入人体，对人体造成了严重的伤害，这将直接影响鱼贝的质量造成鱼贝在市场上没有销路造成经济损失。

4. 水污染对人体健康的影响

水污染对人体健康的影响主要有直接影响和间接影响两种，直接影响主要指人们直接引饮用被污染的水体而造成的人体健康伤害；间接影响则指人们食用生活在被污染的水体中的鱼类或用污水灌溉的农作物而将在鱼类或农作物体内富集的有毒物质或重金属转移到人体中从而对人体健康造成伤害。

5. 水污染对生态景观的影响

目前，对由于水污染所造成的生态景观的经济损失很少进行研究，主要涉及的只是休闲娱乐方面的损失。生态景观应该包括两方面：景观和生态多样性。

水是生命之源，任何生物都无法离开而生存，水资源孕育了这个丰富多彩的世界，同时也给人类留下了一笔巨大的财富基因库。但是随着水污染的日益加剧，许多跟水资源联系较为密切的生物因为水污染而灭亡。由于人类的认识水平和科学技术手段的局限，人类对生态多样性的多种价值的还十分浅薄。目前人类只关心生物资源在食物、医药、原料等方面的运用，如鱼类可以为人类提供食物，药材可以治病木材可以治病。

但是对于跟人类目前相关不大的生物却不加保护，这从长远来说是十分遗憾的，基因资源是人类最为珍贵和最为无法衡量的资源，因为现在觉得不重要或认为跟人类关系不大的物种，也许随着科技的发展将变成十分有用。生物资源和遗传资源不但具有巨大的农业价值，而且具有可观的医药价值。随着生物技术的进步和制药功业和设备的革新，动植物的药用价值正在不断提高和扩展，超过3000种的抗生素源于微生物，所有20种最畅销的药品中都含有从植物、微生物和动物中提取的化合物。而且所有生物的基因是唯一的，一旦灭绝将无法恢复。因此随着水资源被污染大量的生物将消失。这将造成了巨大的经济损失。

但自 20 世纪 70 年代以来，由于水环境及水域生态系统遭受破坏与威胁，水域生态系统中的生物资源因此亦受到极大威胁，水生生物大量死亡，鱼类资源锐减，而且个体普遍变小，呈现小型化的趋势。主要的水生动物有浮游动物、鱼类、甲壳类、贝类、底栖动物。

6. 景观破坏

水污染对于景观是十分严重的，景观主要是指河流水资源的休闲娱乐功能。人类的许多休闲娱乐活动都依赖于河流生态系统进行，如对自然河流风光的美学体验和感官享受：进行划船、钓鱼、游泳等；在河流内进行的娱乐活动以及沿河岸的露营、野餐和远足等休闲活动，这些活动构成了人类生活的一部分。随着生活质量的提高，人们对河流生态系统消遣的需求也在不断地增长，河流生态系统的休闲娱乐功能越来越受到人们的重视。

河流水资源的休闲娱乐功能主要表现在两个方面：一是美学文化功能。自然美是美学和艺术表现的无尽源泉。河流系统的美学文化功能主要是由流域水体与沿岸陆地景观组合而成的河流生态系统的自然美还带给人们多姿多彩的科学与艺术创造灵感。不同的河流景观孕育着不同的地域文化和宗教文化，如尼罗河孕育的埃及文明、黄河孕育的中华文明，由此也形成了各具特色的美学意向、艺术创造和民风民俗。在这种意义上河流生态系统是人类重要的文化精神源泉和科学技术及宗教艺术发展的永恒动力。

二是休闲娱乐功能。河流生态系统能够提供的娱乐活动可以分为两类：一类是依靠水娱乐活动如划船、滑水、游泳、渔猎和漂流等；另一类是沿河岸进行的休闲活动如露营、野餐、远足休闲和摄影等。这些娱乐活动既有强身健体的功效又具有减轻现代人类各种生活压力改善人们精神健康状况的功能。但是河流一旦被污染，河流的娱乐休闲功能将受到破坏，由此将导致人类感官上的损失。表现在经济上即为跟水相关的项目无法进行或沿河两岸的土地将贬值等。

7. 突发性水污染经济损失

突发性水污染事件是指人为或自然灾害引起，使污染物进入河流湖泊水体，导致水质恶化，影响水资源的有效利用，造成经济、社会的正常活动受到严重影响，水生态环境受到严重危害的事故。

水循环是地球上最重要的物质循环之一，在水循环过程中，使大气圈、水圈、岩石圈和生物圈相互联系起来，并在它们之间进行水量和能量交换。水文循环作为气候系统的重要成员，既受气候系统的制约，又对气候系统作反馈。污染物大量进入河流，将改变了水体的组成结构，影响了水体对太阳辐射的吸收和反射，影响了水体的蒸发，进而影响了流域的水文循环，导致流域气候发生变化。而流域气候的变化将深刻影响着流域经济社会的发展，因为人们为了应对气候的变化必须投入相应的人力物力。

2. 5

内河航运污染排放社会外部性调查分析

为实际评估内河航运污染排放的实际状况，需要对内河航运污染排放作现场调查，这里采用北京理工大学汽车动力及排放测试国家重点专业实验室的中国内河船舶柴油机排放清单、广东环境科学研究院的广东省典型港口船舶大气污染特征及控制对策、江苏省环境监测中心的江苏省船舶大气污染物排放等调查数据来说明内河航运污染排放的实际情况。

1. 船舶测试区域和路线

（1）长江及京杭运河江苏段

选取的船舶共有 14 艘，其中小型货船 11 艘，集装箱船 3 艘。测试路线如图 2 - 1、图 2 - 2 所示。

图 2 - 1　京杭运河江苏段

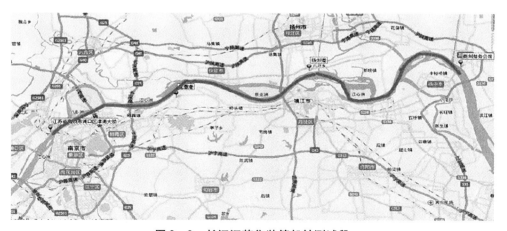

图 2 - 2　长江江苏集装箱船舶测试段

（2）广东省珠江段

选取了 4 艘货船和 2 艘客船，测试路线如图 2 - 3 所示。

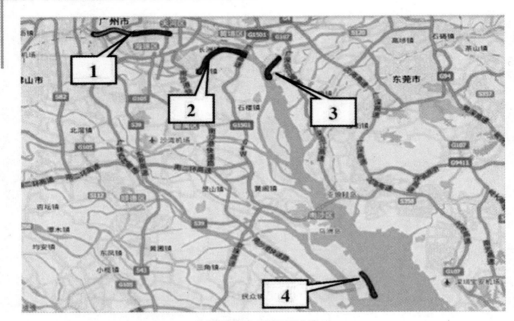

图 2 - 3 珠江测试段

（3）长江宜昌至重庆段

测试路线如图 2 - 4 所示。

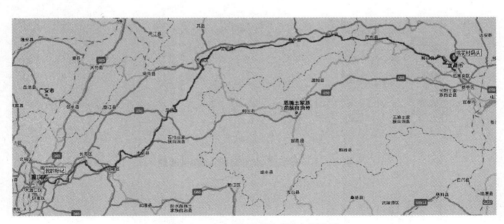

图 2 - 4 宜昌至重庆段测试路线

2. 测试船舶选取

被测船只的选取主要按照船舶的功率分布和船舶的生产日期分布来选取，尽量在功率—船龄图上分布开来，使得测试船舶能表征出现有船舶的排放水平。对 30 艘不同类型的船只进行了实验测试，详见表 2 - 1 ~ 表 2 - 3。

表 2 - 1　　　　　　　　　　江苏段测试船舶

测试船舶序号	船舶类型	发动机生产商	出厂日期	额定功率（kW）	标定转速（r/min）	行驶路线	负载
1	货船	上海柴油机厂	2001. 11	88.3	1500	镇江—长江—镇江	满载—空载
2	货船	潍坊柴油机厂	2010. 3	136	850	镇江—丹阳	空载
3	货船	上海柴油机厂	2001. 1	110.3	1500	镇江—施桥	满载
4	货船	上海柴油机厂	2005. 11	162	1500	镇江—施桥	满载
5	货船	潍坊柴油机厂	2009. 9	300	1000	镇江—施桥	空载
6	货船	淄博柴油机厂	2008. 12	260	1200	镇江—施桥	满载
7	货船	上海柴油机厂	1994. 11	88.2	1500	镇江—施桥	满载
8	货船	东风柴油机厂	2010. 12	145	1500	镇江—丹阳	空载
9	货船	淄博柴油机厂	2009. 11	300	1200	镇江—丹阳	满载
10	货船	潍坊柴油机厂	2004. 11	136	850	镇江—丹阳	满载
11	货船	潍坊柴油机厂	2004. 11	136	850	丹阳—镇江	空载
12	货船	潍坊柴油机厂	2011. 11	136	850	镇江—丹阳	满载

表 2 - 2　　　　　　　　　　广东段测试船舶

编号	船舶类型	生产厂商	生产日期	型号	额定功率	额定转速	船舶净重吨	主机数量
1	客船	东风	1982. 9	6135Aca	83.35	1500	214	单机
2	客船	东风	1983. 11	6136Acaf	83.85	1500	230	单机
3	货船	潍柴	1994. 6	6160A	136	1500	480	双机
4	货船	康明斯	2004. 12	NTA55 - M350	237	1500	524	双机
5	货船	潍柴	2007. 05	R6160A - 4	184	1500	675	双机
6	货船	潍柴	2007. 05	R6160A - 5	184	1500	675	双机

表 2 - 3　　　　　　　　　　　　　　　长江段测试船舶

编号	01 至善号	02 泰州号	03 华远号	04 游轮
测试日期	2014. 06. 06	2014. 06. 10	2014. 06. 15	2014. 08. 26 - 29
船舶类型	集装箱船	集装箱船	集装箱船	游轮
主机功率与个数	440kW × 2	810kW × 2	450kW × 2	780kW × 2
主机制造商	华东 HBE/淄柴	广州柴油机厂	潍柴	陕西柴油机厂
辅机功率与个数	56kW × 2	150kW × 3	50kW × 2	304kW × 3
额定转速 (r/min)	1200	主 750 辅 1500	1500	主 900 辅 1500
载重 (t)	600	3748	4000	—
制造年份	2011. 07	2005. 11	2009	1993. 1
设计航速 (km/h)	24	24	15	—
长宽尺寸 (m × m)	74. 3 × 13. 2	99. 8 × 16. 4	82 × 16	87. 5 × 14. 4
测试起点	龙潭港	扬州港	龙潭港	宜昌桃花村码头
测试终点	扬州港	泰州港	浦口港	重庆朝天门码头

3. 内河航运污染排放情况

（1）CO 排放情况

船舶测试结果表明：船舶在离、进港时，船舶 CO 排放浓度产生波动，CO 瞬时排放浓度急剧上升，且伴随剧烈波动，产生较多波峰；当船舶进入巡航阶段后，航速稳定在巡航速度，CO 瞬时排放浓度在波谷值 300 ~ 800ppm 之间波动，详见图 2 - 5 ~ 图 2 - 8。

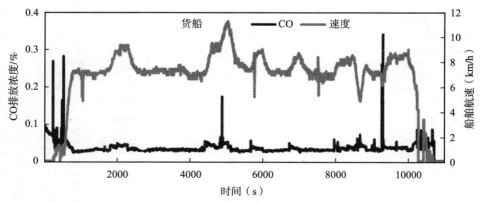

图 2 - 5　测试货船 CO 瞬时排放

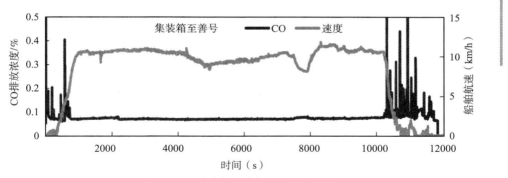

图 2 - 6　测试集装箱船 CO 瞬时排放

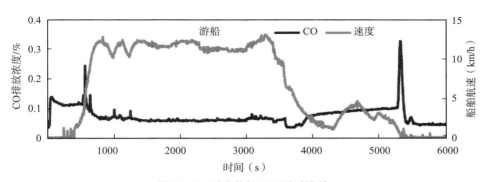

图 2 - 7　测试游船 CO 瞬时排放

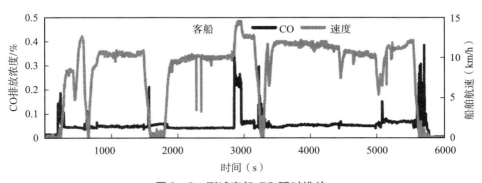

图 2 - 8　测试客船 CO 瞬时排放

（2） NO$_X$ 排放情况

船舶测试结果表明：船舶在离、进港时，船舶 NO$_X$ 排放产生剧烈波动；船舶进入巡航阶段后，NO$_X$ 排放浓度稳定，货船、渔船和游船为 1900ppm 左右，货船和客船较低，在 1000ppm 左右波动。详见图 2 - 9 ~ 图 2 - 11。

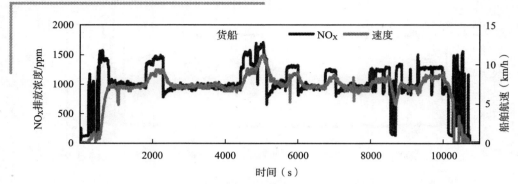

图 2-9 测试货船 NOₓ 瞬时排放

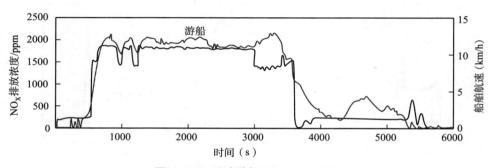

图 2-10 测试游船 NOₓ 瞬时排放

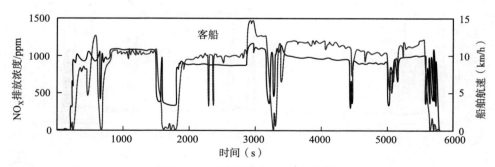

图 2-11 测试客船 NOₓ 瞬时排放

（3）HC 排放情况

船舶测试结果表明：船舶在离、进港时，由于船舶不断变化的功率，HC 排放也产生剧烈波动；船舶进入巡航阶段初期，燃空比、缸内温度和压力等条件的稳定使 HC 排放浓度会有所降低，最终稳定在 300ppm 左右。详见图 2-12 ~ 图 2-14。

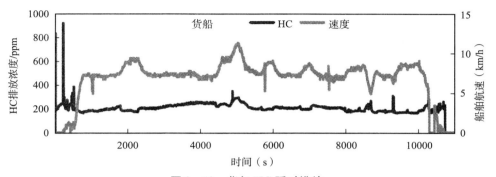

图 2-12　货船 HC 瞬时排放

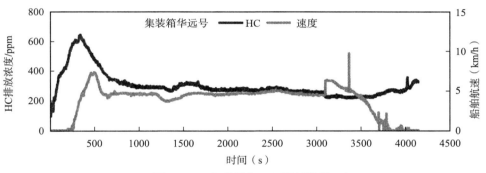

图 2-13　集装箱船 HC 瞬时排放

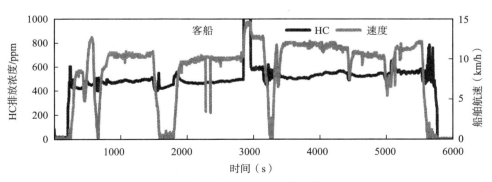

图 2-14　客船 HC 瞬时排放

（4）PM 排放情况

船舶测试结果表明：船舶在离、进港时，由于船舶不断变化的功率，PM 排放同样产生了剧烈波动；船舶进入巡航阶段后，PM 排放浓度在波谷位置 100mg/m³ 左右波动（见图 2 – 15 ~ 图 2 – 17）。

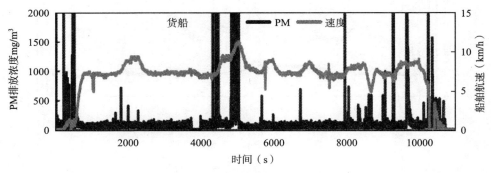

图 2 – 15　货船 PM 瞬时排放

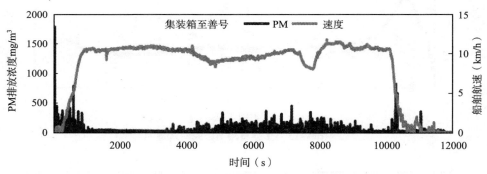

图 2 – 16　集装箱船 PM 瞬时排放

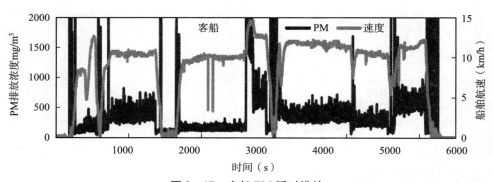

图 2 – 17　客船 PM 瞬时排放

4. 内河航运污染排放因子及清单

根据上述船舶污染排放测试结果，把测试得到的船舶污染排放因子除以船舶的实际载货量，计算得到各船舶单位货物周转量的排放数据，将所测试船舶按其额定功率进行分类，计算得到不同功率段的单船平均排放因子，得到各功率段船舶单位周转量污染物排放量。详见表 2 - 4。

表 2 - 4　　　　　　内河船舶各功率段船舶单位周转量污染物排放量

功率段（kW）	CO（g/km·t）	HC（g/km·t）	NO$_X$（g/km·t）	PM（g/km·t）
< 100	0.083	0.057	0.346	0.012
100 ~ 150	0.043	0.015	0.227	0.009
150 ~ 200	0.043	0.005	0.274	0.011
> 200	0.042	0.010	0.205	0.008

在上述研究得到内河船舶各功率段船舶单位周转量污染物排放量，结合调研数据得到船舶功率分布情况得到的功率分布因子，计算得到综合单位货物周转量污染物排放因子，进而得到综合单位货物周转量污染物排放量。详见表 2 - 5。

表 2 - 5　　　　　　内河航运综合单位货物周转量污染物排放量

CO（g/km·t）	HC（g/km·t）	NO$_X$（g/km·t）	PM（g/km·t）
0.049	0.018	0.245	0.009

2.6

内河航运污染排放社会外部性实证研究

2.6.1　内河航运污染排放社会外部性测算概述

1. 内河航运污染排放社会外部性测算方法综述

内河航运污染排放社会外部性测算理论涉及内容比较复杂。近年来，国外学者在交通运输污染排放社会外部性评估方面已经取得了较多的成果，国内学者也对此有了一定的研究。孙建设（2009）选取在内河航道总外部性中占比最大的几个因素，对土地增值定量分析，能耗节约定量分析，污染减少定量分析，其中废气污染主要成分为：CO_x、NO_x、SO_x。文章分别计算载重货车发动机和内河船舶发动机的废气排放量。航道多功能量化分析，内河航道总外部性分析根据内河航道外部性总量函数，按照累加计算处理。其他次要因素视为模糊因子进行定性评估。杨琦等（2006）在分析外部性特征的基础上，利用投入占用产出模型，从理论上研究对社会产出及收益的边际影响，进而建立了外部性量化的模型，使私人边际成本与社会边际成本、私人边际收益与社会边际收益具体化。在投入占用产出表的基础上，通过引入直接消耗系数和直接占用系数，建立了投入占用产出模型，该模型能反映对经济增长（产出）的影响。特赞纳托斯（Ernestos Tzanna-tos，2010）利用燃料为基础的（燃料销售）的方法来估计在最近 25 年希腊航运排气如二氧化碳、氮氧化物、二氧化硫和颗粒物的量。此外，以燃料为基础的（燃料销售），以贸易为基础（船舶交通）的方法是分别用来计算希腊海域航运来自国内和国际的航运排放量，并以此估计外部性与此排放量的费用，如通过 NETCEN 提供一种简单工具评估空气污染的外部成本。我国内河水运也可以使用这种方法测算废气排放和外部性。向书坚等（2007）提供了几个方法将外部成本货币化，如基于损失的估价方法：剂量—反应法、生产率变动法；基于成本的估价方法、影子工程估价法、基于偏好的估价方法等。陈诚（2010）主要介绍了旅行成本法即针对无价格商品的效益进行评估的方法，分析环境影响，认为环境污染与自然资源破坏也必将对生态系统产生破坏，因此，必须加以控制。顾六宝等（2008）运用主成分分析和数据包络分析等方法，结合相关统计数据，对经济效率进行相对有效性评价。主成分分析是利用降维的思想，把多指标转化为少数几个综合指标的多元统计分析方法，运用主成分分析选取输入输出指标，选用 12 个反映经营效绩的指标，输入指标为职工人数，资产原值，运输总成本，营业里程。输出指标为：运输收入，实现利润，应缴税金，客运量，货运量，货物周转量，旅客周转量，营业外收支净额。运用 SPSS 软件分别对输入输出指标进行主成分分析。运用数据包络分析分析经济效率，利用上述选取的三个主成分作为输入输出指标，把根据回归算法计算出来的主成分得分作为指标数值。然后利用 DEA 方法中的 C2R 模型进行分析。高莹等（2011）用网络 DEA 方法进行效率评价，在运输企业生产过程的分解基础上，构建分阶运输企业效率评价指标体系。具体方法是假定两阶段生产过程的中间产品不变，接下来对第一阶段，求出在输出一定的情况下最小化输入，再对第二阶段，求出在输入一定的情况下的最大化输出；对一个 DMU 而言，用第一阶段的最小输入和第二阶段的最大输出，来构造前沿生产面。这样，就可以用该系统的实际生产能力与理想生产能力的相对效率来表示一个生产系统的效率。钱争鸣等（2015）将非期望产出引入非参数条件效率模型中提出一种改进的非参数条件效率模型，克服了"两步法"的缺陷，也避免了内生性问题。国内外学者普遍认为外部性测算就是将外部性经济量化，进行货币化评估，具体意思是其在 GNP 中占的比例或者利用货币来表示出他们的具体价值，这在测度内河航运污染排放社会外部性以及评估内河航运对区域生态环境影响方面具有较好的指导和借鉴意义。

然而由于内河航运污染排放相关数据资料统计缺失，在现阶段要准确地将内河航运污染排放社会外部性具体量化还面临很大困难，因为其内河航运污染排放社会外部性成本一般会涉及区域经济社会发展、生态环境和涉及与沿河区域居民的生命价值有关的如劳动、工作、健康、精神等方面的成本，又缺乏相关数据资料，很难找到与其有直接联系的市场价格。

2. 测算方法选择

在内河航运污染排放社会外部性分析的基础上，分别针对水体污染、噪声污染、空气污染三方面外部成本选取了不同的量化指标，对不同的内河航运污染排放社会外部性量化指标，借鉴、对比分析国内外所采用的各污染排放社会外部性指标的量化方法，为内河航运污染排放社会外部性的测算方法的构建奠定了理论基础。这里通过把定量研究方法与定性研究方法相结合，定性研究法运用在确认内河航运污染排放社会外部性指标时，分析是否满足了各指标的设置原则。定量分析主要是利用数字来表示所研究的事物，并从中找出问题并解决。

3. 内河航运污染排放社会外部性测算指标选取

根据上述对内河航运污染排放社会负外部性的研究分析，内河航运污染排放社会外部性主要包括空气污染、水体污染和噪声污染三方面，本书试图从这三方面构建内河航运污染排放社会外部性测算体系。本书根据现有内河航运、环境统计数据资料，结合实际情况，分别对水体污染、空气污染、噪声污染选取了不同的计算指标。

空气污染方面指标选取。目前内河航运排放的大气污染物主要为一氧化碳（CO）、氮氧化合物（NO_x）、碳氢化合物（HC）、二氧化硫（SO_2）和温室气体以及颗粒物。同时，大多数常规空气质量监测系统都有专门针对颗粒物、氮氧化物、碳氢化合物、一氧化碳以及二氧化硫等污染物进行监测。因此本书主要针对空气中的碳排放量、一氧化碳、碳氢化合物、二氧化硫、颗粒物、氮氧化物等进行分析内河航运污染排放社会外部性。由于颗粒物、一氧化碳、碳氢化合物、氮氧化物以及硫化物对人体健康、植物生长、建筑物等的危害也包括很多方面，本书只从污染物的排放量上分析内河航运空气污染排放。内河水体污染方面指标选取排放污染的化学需氧量来测算内河航运污染排放社会外部性。噪声污染方面分析内河航运噪声对内河沿线居民、周边建筑等的危害，内河航运噪声污染方面指标选取噪声水平指标来测算内河航运污染排放社会外部性。综上可得出内河航运污染排放社会外部性测算指标体系，详见表2－6。

表2－6   内河航运污染排放社会外部性指标

目标	一级指标	二级指标
内河航运污染排放 社会外部性	噪声污染	噪声水平
	空气污染	碳排放量
		二氧化硫排放量
		氮氧化物排放量
		一氧化碳
		碳氢化合物
		颗粒物
	水污染	化学需氧量

由于内河航运噪声污染水平检测存在很大困难，相关检测数据难以获得，本

书在测算内河航运污染排放社会外部性是暂不考虑，因此，本书主要从相关大气
污染物排放量作为内河航运污染排放外部性的空气污染排放指标以及把内河航运
排放污染物的化学需氧量作为内河航运污染排放社会外部性的水污染指标。

2.6.2　内河航运污染排放社会外部性测算实证

为了实证内河航运污染排放社会外部性，这里以重庆市内河航运污染排放来
实证研究。重庆，因水兴市、因港兴城。2017 年，重庆市实现地区生产总值
19500.27 亿元，详见表 2 - 7 和图 2 - 18。长江横贯重庆境内 679 公里，约占长
江通航总里程 1/4。截至 2016 年底，重庆航道通航总里程达到 4451 公里，船舶
总运力达到 680 万载重吨，港口货物吞吐能力 1.94 亿吨，集装箱吞吐能力达到
410 万标箱。2017 年重庆市水运集装箱完成运输量 94.9 万 TEU，同比增长
19.9%，实现港口集装箱吞吐量 128.5 万 TEU，同比增长 11.5%，港口货物吞吐
量为 19.606 亿吨，同比增长 12.9%，详见表 2 - 8 和图 2 - 19。重庆已成为长江
上游地区最大的集装箱集并港、大宗散货中转港、滚装汽车运输港。2016 年底，
重庆水路货运量完成 1.66 亿吨，同比增长 7.75%，水路货物周转量占全市交通
运输业货物周转量的 63%，详见表 2 - 9、图 2 - 20 ~ 图 2 - 22，水路外贸进出口
货物占全市国际物流总量的 97%。

表 2 - 7　　　　　　　　　　重庆市 2001 ~ 2017 年 GDP　　　　　　　　　单位：亿元

年份	GDP
2001	1976.86
2002	2232.86
2003	2555.72
2004	3034.58
2005	3467.72
2006	3907.23
2007	4676.13
2008	5793.66
2009	6530.01

年份	GDP
2010	7925.58
2011	10011.37
2012	11409.6
2013	12783.26
2014	14262.6
2015	15717.27
2016	17559.25
2017	19500.27

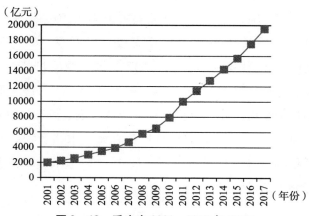

图 2-18　重庆市 2001~2017 年 GDP

表 2-8　　　　　　　　重庆市 2001~2017 年港口吞吐量　　　　　　单位：万吨

年份	港口货物吞吐量
2001	2839.87
2002	3004.00
2003	3243.76
2004	4539.00
2005	5251.30
2006	5420.43
2007	6433.54

续表

年份	港口货物吞吐量
2008	7892.80
2009	8611.62
2010	9668.42
2011	11605.67
2012	12502.40
2013	13676.00
2014	14664.78
2015	15680.00
2016	17372.00
2017	19606.00

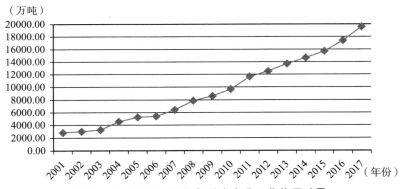

图 2-19　2001~2017 年重庆市港口货物吞吐量

表 2-9　重庆市 2001~2016 年内河货运量及内河货物周转量、船舶拥有量

年份	内河货运量（万吨）	内河货物周转量（亿吨公里）	船舶拥有量（艘）
2001	1838	135.02	4382
2002	1907	144.27	4545
2003	2214	157.7	3986
2004	2917.92	284.3	4002
2005	3896.26	400.46	4052
2006	4550	533.19	4178
2007	5904.37	699.86	4220

续表

年份	内河货运量（万吨）	内河货物周转量（亿吨公里）	船舶拥有量（艘）
2008	6971	865.58	4257
2009	7771.34	968.4	4139
2010	9660	1219.27	4368
2011	11762.04	1557.67	4160
2012	12874	1739.95	4011
2013	14360	1982.91	3700
2014	14117	1631.33	3531
2015	15039.6	1700.08	3566
2016	16649	1876.1	3368

（万吨）

图 2－20　2001～2016 年重庆市内河货运量

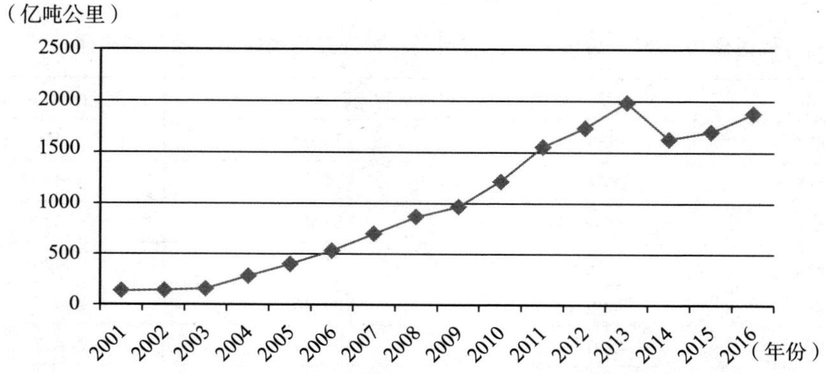

（亿吨公里）

图 2－21　2001～2016 年重庆市内河货物周转量

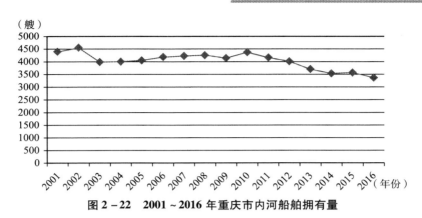

图 2 - 22　2001～2016 年重庆市内河船舶拥有量

1. 重庆市内河航运污染排放导致的化学需氧量

所谓化学需氧量（COD），是在一定的条件下，采用一定的强氧化剂处理水样时，所消耗的氧化剂量。化学需氧量是以化学方法测量水样中需要被氧化的还原性物质的量，是表示水中还原性物质多少的一个指标。因此，化学需氧量作为衡量水中有机物质含量多少的指标。化学需氧量越大，说明水体受有机物的污染越严重。在河流污染和工业废水性质的研究以及废水处理厂的运行管理中，它是一个重要的而且能较快测定的有机物污染参数，它反映了水中受还原性物质污染的程度，该指标也作为有机物相对含量的综合指标之一。COD 是指标水体有机污染的一项重要指标，能够反映出水体的污染程度。

（1）数据来源与计算

选取 2005～2016 年重庆市内河航运货运量污染排放化学需氧量，作为测算指标来测算重庆市内河航运污染排放导致的化学需氧量。在这里，将化学需氧量作为重庆市河流水质的参考指标，重庆市污染排放导致河流化学需氧量排放量及生活、工业污染排放导致化学需氧量排放量具体如表 2 - 10 所示。

表 2 - 10　　　　　　　　重庆市化学需氧量排放量　　　　　　　单位：万吨

年份	全市化学需氧量排放量	生活工业化学需氧量排放量
2005	26. 91	15. 0231
2006	26. 4	14. 6765
2007	25. 13	14. 6064

年份	全市化学需氧量排放量	生活工业化学需氧量排放量
2008	24.17	14.0472
2009	23.98	13.9507
2010	23.45	16.772
2011	41.68	23.07695
2012	40.28	22.9447
2013	39.18	21.8601
2014	38.64	21.2662
2015	37.98	21.1324
2016	25.57	23.6657

资料来源：重庆统计年鉴。

因为铁路，公路，航空几乎不对水质产生影响，故内河航运污染排放造成的化学需氧量的计算公式如下

$$M_2 = M_总 - M_1 \qquad (2-1)$$

其中 M_2 为内河航运污染排放导致的化学需氧量，$M_总$ 为总化学需氧量排放量，M_1 为生活工业导致的化学需氧量，计算所得，内河航运污染排放造成的化学需氧量如图 2-23 所示。

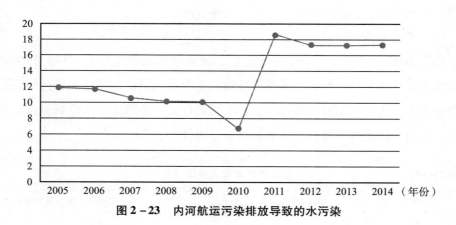

图 2-23 内河航运污染排放导致的水污染

（2）计算结果及其分析

将化学需氧量与工业生活排放的化学需氧量代入关系式（2-1）计算出相应

的内河水运排放的化学需氧量，因此得出所以内河航运污染排放导致的水污染如图 2 - 23 所示。

由计算结果可知，内河航运污染排放造成的水污染在 2005 ~ 2010 年逐年下降，尤其 2009 年下降明显，这主要由于 2008 年金融危机导致内河航运运输量下降所致，随着经济刺激政策实施，内河航运运输量大幅回升，2010 年内河航运污染排放导致的水污染剧烈上升，内河航运污染排放一直处于高位，在 2011 年至 2016 年又趋于平缓，说明我国加大了对内河航运污染的管制。

2. 内河航运污染排放的二氧化硫

（1）数据来源与计算

以重庆为例，选取 2005 ~ 2016 年重庆市总货运量、内河航运货运量，总二氧化硫排放量、工业和生活二氧化硫排放量，来测算重庆市内河航运污染排放的二氧化硫排放量。本书将二氧化硫排放量作为大气污染的参考指标之一，原始数据如表 2 - 11 所示。

表 2 - 11　　　　　重庆市总货运量、内河航运货运量、二氧化硫

年份	内河货运量 （万吨）	总货运量 （万吨）	SO_2 （万吨）	工业 SO_2 （万吨）	生活 SO_2 （万吨）
2005	3896.26	39199.84	83.71	68.32	12.3901
2006	4550	42807.91	85.95	71.08	14.8711
2007	5904.37	49973.26	82.62	68.31	14.414
2008	6971	63660.21	78.24	62.72	15.5162
2009	7771.34	68491.06	74.61	58.61	15.9975
2010	9660	81384.99	71.94	57.27	14.6657
2011	11762.04	96782.16	58.69	53.13	5.5584
2012	12874.48	110135.8929	56.48	50.98	5.4784
2013	12924.09	87114.6624	54.77	49.44	5.4655
2014	14117	97286.96888	52.69	47.48	5.21129
2015	15040	103739	49.58	42.68	6.9
2016	16649	107840	28.94	17.4	11.52

资料来源：重庆统计年鉴。

根据以下公式计算内河航运污染排放导致的二氧化硫排放量：

$$\rho = \frac{B}{B_{总}} \qquad (2-2)$$

$$C_3 = (C - C_1 - C_2) \qquad (2-3)$$

$$D = \rho \times C_3 \qquad (2-4)$$

其中 ρ 是内河航运货运量占总货运量的比重，C_3 为运输业的二氧化硫排放量，C_1 为工业二氧化硫排放量，C_2 为生活二氧化硫排放量，D 为内河航运污染排放导致的二氧化硫排放量。将内河航运货运量与总货运量代入公式（2-2）得到内河航运货运量占总货运量的比重，再将总二氧化硫排放量与工业二氧化硫排放量，生活二氧化硫排放量代入公式（2-3）得出交通运输排放的二氧化硫量，其结果如表 2-12 所示。

表 2-12   交通运输排放的二氧化硫量

年份	内河航运占总货运量的比例	运输排放的二氧化硫（万吨）
2005	0.099394793	3.0099
2006	0.106288768	8.3589
2007	0.118150587	9.596
2008	0.109503252	5.4538
2009	0.113465027	5.4825
2010	0.118695106	6.2943
2011	0.121531076	3.6916
2012	0.116896315	3.5216
2013	0.14835723	3.5145
2014	0.145106792	3.15871

（2）计算结果及其分析

将内河航运占总货运量的比例与运输排放的二氧化硫代入方程（2-4），估测出相应的内河航运污染排放带来的二氧化硫排放量。所以内河航运污染带来的二氧化硫排放量如图 2-24 所示：

（吨）

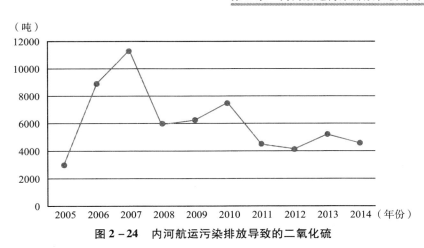

图 2－24　内河航运污染排放导致的二氧化硫

由计算结果可知，内河航运污染排放导致的二氧化硫排放量在 2005～2007 年剧烈上升，说明在这 3 年由于货运量的不断增加，对内河航运污染排放没有进行环境的规划，二氧化硫排放量也随之增加，在 2007 年之后开始下降，说明这几年，重庆政府对这方面已经重视起来，并采取了相关措施。

3. 内河航运污染排放的碳排放量

（1）数据来源与计算

以重庆为例，选取 2005～2016 年重庆的内河航运污染排放货运量，碳排放量作为测算指标来测算重庆的内河水运导致的碳排放量。数据来源于重庆统计年鉴。在这里，将碳排放量作为空气污染的参考指标之一。原始数据如表 2－13 所示。

表 2－13　　　　　　　　　　　　原始数据　　　　　　　　单位：万吨标准煤

年份	总石油消耗量	工业石油消耗量
2005	411.86	16.4095
2006	469.11	28.3939
2007	549.12	30.7527
2008	600.57	28.7624

年份	总石油消耗量	工业石油消耗量
2009	619.73	27.81
2010	741.2	31.8153
2011	912.06	30.8489
2012	933.99	30.8217
2013	1036	34.3691
2014	1034.39	33.912
2015	1164.12	
2016	1263.30	

首先测算碳排放量，按照公式（2 - 5）计算内河航运污染排放的碳排放量。

$$A = \sum_{i=1}^{3} E_i \times F_i \qquad (2-5)$$

其中 F_i 表示能源 i 的碳排放系数，i 为能源种类，大致包括煤、石油、天然气这几种。煤的碳排放系数，石油的碳排放系数，天然气的碳排放系数分别是1.01、0.75、0.62；A 表示碳排放量；E_i 表示能源 i 的消耗量。碳排放系数是每单位标准油所释放的单位碳等价物。

因为这里研究内河航运污染排放带来的碳排放量，在交通运输方面消耗量最大的为石油，所以只计算石油消耗带来的碳排放。石油带来的碳排放量公式为：

$$A_1 = E_1 \times F_1 \qquad (2-6)$$

所以交通运输导致的所以碳排放量公式为：

$$A_{交} = (E_1 - E_工) \times F_1 \qquad (2-7)$$

所以内河航运污染排放导致的碳排放量公式为：

$$A_水 = \rho \times A_交 \qquad (2-8)$$

其中，$A_水$ 是内河航运污染排放导致的碳排放量，A_1 为交通运输导致的碳排放量，E_1 为石油消耗量，F_1 为石油碳排放系数，$E_工$ 为工业消耗的石油。将总石油消耗量与工业石油消耗量，碳排放系数代入公式（2 - 6），得到运输导致的碳排放量，再将内河航运货运量占总货运量的比例与交通运输导致的碳排放量代入公式（2-7）得到结果如表2-14所示。

表 2-14 　　　　　　　　　　运输碳排放量　　　　　　　　　　单位：万吨

年份	运输石油耗量	运输碳排放量
2005	395. 4505	296. 587875
2006	440. 7161	330. 537075
2007	518. 3673	388. 775475
2008	571. 8076	428. 8557
2009	591. 92	443. 94
2010	709. 3847	532. 038525
2011	881. 2111	660. 908325
2012	903. 1683	677. 376225
2013	996. 6240743	747. 4680557
2014	1000. 478	750. 3585

（2）计算结果及其分析

再将内河航运货运量占总货运量的比例与交通运输导致的碳排放量代入公式
（2-8）得到内河航运污染排放导致的相应的碳排放量，因此内河航运污染排放
带来的碳排放外部性数据如图2-25所示：

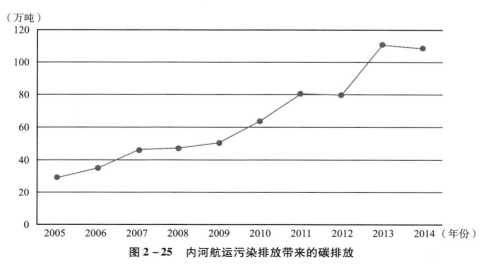

图 2-25 　内河航运污染排放带来的碳排放

由计算结果可知，在 2005~2013 年里内河航运污染排放导致的碳排放量在逐年上涨且上涨幅度较大，说明这些年内河航运污染排放对碳排放量的排放并没有受到重视，2013 年到 2014 年里，趋势趋于平缓，说明内河航运污染排放的碳排放得到了一些控制。

4. 内河航运污染排放的一氧化碳、碳氢化合物、氮氧化合物和颗粒物

（1）数据来源

选取重庆市 2001~2016 年内河航运货物周转量（见表 2 – 15），数据来源重庆市统计年鉴。根据北京理工大学对内河航运污染排放的实地监测结果，内河航运综合单位货物周转量污染物排放系数见表 2 – 16。

表 2 – 15　　　　　　　　重庆市内河航运货运量及货物周转量

年份	内河航运货运量（万吨）	内河航运货物周转量（亿吨公里）
2001	1838	135.02
2002	1907	144.27
2003	2214	157.7
2004	2917.92	284.3
2005	3896.26	400.46
2006	4550	533.19
2007	5904.37	699.86
2008	6971	865.58
2009	7771.34	968.4
2010	9660	1219.27
2011	11762.04	1557.67
2012	12874	1739.95
2013	14360	1982.91
2014	14117	1631.33
2015	15039.6	1700.08
2016	16649	1876.1

表 2-16　　　　　　　　　　内河航运综合单位货物周转量污染物排放量

CO（g/km·t）	HC（g/km·t）	NO$_X$（g/km·t）	PM（g/km·t）
0.049	0.018	0.245	0.009

（2）计算结果及分析

根据重庆市内河航运货运周转量和北京理工大学测算的内河航运综合单位货物周转量污染物排放系数，重庆市内河航运污染排放的大气污染物排放量等于重庆市内河航运货物周转量与内河航运综合单位货物周转量污染物排放系数的乘积，重庆市内河航运大气污染物排放量见表 2-17、图 2-26～图 2-30。可以看出，2001～2016 年重庆市内河航运污染物 CO、HC、NO$_X$、PM 排放量持续增加，其中氮氧化合物排放量所占比例比较大。然而，近年来，政府为治理大气污染出台一系列政策措施，例如减煤、控车、抑尘、治源、增绿、工业污染和生活污染控制等，大气环境质量明显改善。截至 2017 年底，细颗粒物平均浓度下降，重污染天气出现频次和峰值均呈下降趋势。内河航运污染排放总体趋势与重庆市空气质量改善不一致，说明内河航运污染排放防治有待进一步提高。

表 2-17　　　　　　　　　　重庆市内河航运大气污染物排放量

年份	内河货物周转量（亿吨公里）	CO 排放量（吨）	HC 排放量（吨）	NO$_X$ 排放量（吨）	PM 排放量（吨）	总排放量（吨）
2001	135.02	6.616	2.430	33.080	1.215	43.341
2002	144.27	7.069	2.597	35.346	1.298	46.311
2003	157.7	7.727	2.839	38.637	1.419	50.622
2004	284.3	13.931	5.117	69.654	2.559	91.260
2005	400.46	19.623	7.208	98.113	3.604	128.548
2006	533.19	26.126	9.597	130.632	4.799	171.154
2007	699.86	34.293	12.597	171.466	6.299	224.655
2008	865.58	42.413	15.580	212.067	7.790	277.851
2009	968.4	47.452	17.431	237.258	8.716	310.856

续表

年份	内河货物周转量 （亿吨公里）	CO 排放量 （吨）	HC 排放量 （吨）	NO_x 排放量 （吨）	PM 排放量 （吨）	总排放量 （吨）
2010	1219. 27	59. 744	21. 947	298. 721	10. 973	391. 386
2011	1557. 67	76. 326	28. 038	381. 629	14. 019	500. 012
2012	1739. 95	85. 258	31. 319	426. 288	15. 660	558. 524
2013	1982. 91	97. 163	35. 692	485. 813	17. 846	636. 514
2014	1631. 33	79. 935	29. 364	399. 676	14. 682	523. 657
2015	1700. 08	83. 304	30. 601	416. 520	15. 301	545. 726
2016	1876. 1	91. 929	33. 770	459. 645	16. 885	602. 228

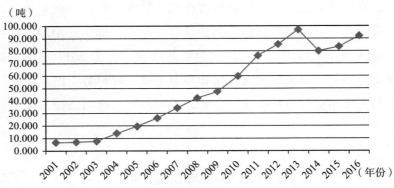

图 2 - 26　2001~2016 年重庆市内河航运 CO 排放量

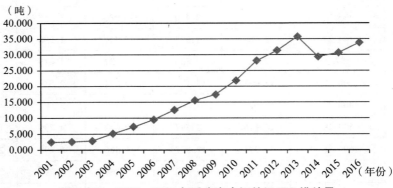

图 2 - 27　2001~2016 年重庆市内河航运 HC 排放量

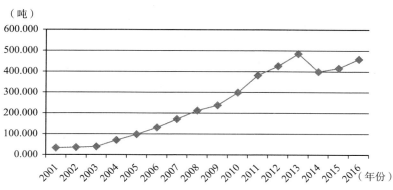

图 2 - 28　2001 ~ 2016 年重庆市内河航运 NO$_X$ 排放量

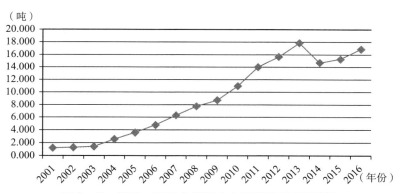

图 2 - 29　2001 ~ 2016 年重庆市内河航运 PM 排放量

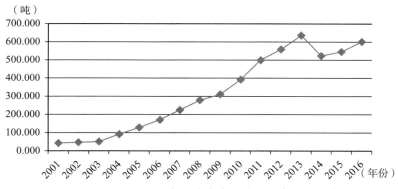

图 2 - 30　2001 ~ 2016 年重庆市内河航运污染物总排放量

　　内河航运污染排放社会外部性主要体现在环境污染方面，这也导致了经济效率损失。本章尝试对内河航运污染排放社会外部性进行研究，但由于相关数据资料和调研局限，这里对内河航运污染排放社会外部性的研究比较有限，研究还有待于进一步深入，内河航运污染排放清单、内河航运污染排放社会外部性导致经济效率损失等需要进一步研究。

第3章

内河航运污染排放的经济损失评估研究

3.1
概　　述

　　随着生态环境问题的加剧，环境污染问题已经越来越成为影响我们生存和发展的最大问题，生态环境退化的风险已经逐步向社会经济各个领域传导，造成了巨大的社会成本。环境污染不仅直接导致环境的破坏，如水质恶化、空气污染、全球气候变暖等，还会间接造成损害，如污染引起的疾病、动植物后代的基因突变等，这些问题都会引起费用发生。2017年《柳叶刀》医学杂志发布的一项重大研究报告称：2015年世界上每六个早逝患者中就有一人（约900万人）可能死于由环境污染毒素引起的疾病。报告指出与污染相关的死亡，疾病和福利支出同样庞大，每年亏损约4.6万亿美元，约占全球经济的6.2%。研究报告认为中国的环境污染是第二大危险，超过180万人过早死亡，也就是1/5。世界卫生组织2014年发布的一份关于空气污染对公众健康影响的报告称，2012年全球因空气污染造成的过早死亡达到700万例，空气污染已经成为今日世界头号环境健康威胁，已成为最具致命性的一种污染，是世界上导致过早死亡的第四大风险因素。2016年世界银行公布的报告显示，2013年过早死亡使世界经济损失劳动收入达2250亿美元，凸显空气污染的经济负担。空气污染与心脏疾病、呼吸道疾病以及癌症有密切的关系。联合国环境规划署早已将空气污染列为"全球最严重的环境健康风险"。国际癌症研究机构（IARC）在 2013 年确认颗粒物是人类致癌物。从全球来看，能源消费最大的负外部性就是空气污染，每年造成超过 700 万人死亡。2016 年经济合作与发展组织的研究发现，空气污染正在造成误工、医疗费用增加及农产量减少，到 2060 年，室外空气污染使全球经济每年损失 2.6 万亿美元，占全球 GDP 的 1%。到 2060 年，空气污染可能导致人过早死亡，从而导致同期的福利支出预计也将上升到 25 万亿美元。因为病痛导致的医疗支出——比如住院费用，据估计将高达 2.2 万亿美元。

　　近年来，我国经济不断发展，人民生活水平大幅提高，但随着生产的日益扩大，环境污染问题不但影响到了人类的身体健康，还影响到了我国经济的发展，政府和人们都已经看到了环境污染带来的经济损失，消除环境污染经济损失迫在眉睫。2017 年中国社会科学院公开发表的一份关于 "90 年代中期中国环境污染经济损失估算" 的报告，报告认为根据估算 1995 年环境污染和生态破坏对我国造成的经济损失达到了 1875 亿元，占当年 GNP 值的 3.27%"。计算得来的 1875 亿元经济损失主要由三部分组成，一是大气造成的经济损失，二是水污染造成的经济损失，三是固体废弃物和其他污染造成的经济损失。水污染对工业造成的损失、水污染对人体健康造成的损失（包括南方水网地区和北方农村地区）、水污染对渔业造成的损失、水污染对农业造成的损失、水污染对旅游业造成的损失等。除了水污染之外，报告还指出，大气污染已对我国经济建设构成了严重的威胁，大气污染对经济造成的损失也巨大，其中总悬浮颗粒物（TSP）、二氧化硫（SO_2）等对我国人民的健康损害尤其大，1995 年全国因为大气 TSP（和 SO_2）污染影响导致的人体健康损失估算达到 171 亿元。另外，酸雨也是一个 "大杀手"，酸雨不仅对农作物和森林损害极大，而且酸雨对于建筑材料也有极其大的腐蚀作用，从而对建筑物造成危害。报告估算，1995 年，我国因为酸雨造成的经济损失就高达 130 亿元。2015 年国内最新研究显示日趋严重的环境污染给中国造成沉重代价，据推算 2014 年中国因环境污染造成经济损失达 3.82 万亿元，环境污染带来的经济损失约占 GDP10%，我国每年水污染对工业、农业、市政工业和人体健康等方面造成的经济损失约 2400 亿元，每年死于空气污染的人数约为 160 万人，这个数字比 2007 年的两倍还多。

长期以来，大气污染已经给我国社会经济造成巨大的健康损失和经济损失，需要指出的是这部分成本并未由污染排放企业充分补偿，社会老百姓和政府相当于在为企业"买单"。为此，我们既要绿水青山，也要金山银山。宁要绿水青山，不要金山银山，而且绿水青山就是金山银山。在我国，环境污染问题越来越得到重视。然而，对于环境污染造成的经济损失的估算却仍然是一个新鲜话题。本章尝试对内河航运污染排放经济损失的评估进行研究。

3.2

内河航运污染排放经济损失概述

1. 环境污染经济损失的多重含义

环境污染经济损失是指由于生态环境质量出现下降或者出现下降趋势，影响生态环境服务功能发挥作用，进而导致的经济损失。

（1）"损失"是谁造成的？显然，在社会经济发展过程中，造成这个损失的行为主体就是市场主体、生产者和消费者，无论是生产和消费，正是基于自身利润/效用最大化的需要，才有了各种生产和消费的活动，也进而才有了各种污染以及污染的负面影响，就此而言，这样的"损失"理应被纳入生产者和消费者的决策考量之中，即在收益的计算中予以扣除，但事实显然并非如此。市场主体并不会主动扣除这部分"损失"。

（2）"损失"由谁承担？理论上，既然生产者和消费者从污染中受益，那就必须为污染造成的损失和成本埋单，但是问题在于，如果说其他的各种损失和成本都可以由市场主体直接支付，那么唯独这个环境的损失无法做到这一点，原因是，在市场机制无管制的情况下，受污染的河流并不在市场主体的收益/成本决策范围之内，这就给了市场主体一个便利，只享受排污带来的好处，而不必承担其后果。这也就是经济学统称的"负外部性"，其本质是排污的"私人成本"与"社会成本"不相等，前者远远低于后者。

（3）污染的"损失"去哪儿了？市场主体不承担污染"损失"并不意味着这个"损失"就自行消失了，它依旧存在，去哪儿了？广义上，它进入了社会成本核算体系，即这样的损失早晚都要被社会经济以其他的各种方式消化掉，譬如传导到健康，社会经济就必须付出医疗成本，传导到食品，社会经济就必须付出维护食品安全和风险的成本等；狭义上，它则是进入了老百姓的"腰包"里，所有由污染带来的"损失"，最终都以成本的方式被纳入居民的支付账户上，也就是说，最终，生产者和消费者也并没有从污染中占到什么实质性的好处。唯一不同的是，在这个传导过程中，收入的分配结构可能被改变，也就是财富进行了转移。

上述三点表明，环境污染经济损失有着很强的社会成本属性，在私人成本与社会成本必然相分离的市场规律下，还原出这个损失的社会成本显然可以帮助我们较好地确定生态环境本身的"影子价格"，从而为实现"私人成本与社会成本"的统一打下基础。

环境污染的"损失"给社会带来的成本是一个积累的过程，在初期往往无法真正地体现或爆发出来，也就无从下手去核算这个"损失"了。环境污染的经济损失一般包括两部分，第一部分是物理损失（即环境质量自身的下滑），第二部分是对周边人群的影响（即损失带来的社会经济后果），而到目前为止，基于研究的局限，这两部分"损失"的计算方式上都还存在很大争议，不同的情境设计会产生相差较大的结果。

2. 环境污染损失在现实社会法律实践中的具体认定

（1）环境污染损失

环境污染损害费用指污染引起的直接费用，如因污染引起的疾病的治疗费用，或因污染造成的工农业生产的损失费用。

（2）环境费用

环境费用又称"环境保护费用"。为污染防治费（污染控制费）和污染损害费（由污染造成的社会损害费）的总和。

国际上一般环境费用划分为以下种类：

（1）污染损害费用。指污染引起的直接费用，如因污染引起的疾病的治疗费用，或因污染造成的工农业生产的损失费用。

（2）环境防护费用。指防止污染的费用，如为了防止飞机和交通噪声的房屋隔音费用。

（3）环保业务经费。指收集有关污染信息，特别是监测污染的经费，以及准备和实施环境规划和政策的经费。

（4）污染治理经费。指消除污染的费用，如建设污水处理厂的费用。

前两种费用属于由社会承担的外部费用，往往数额很大，其数值一般难以直接计算。后两种费用一般是可以计算的。因此，在实际工作中，环境费用通常是指后两种。

环境费用支出的合理界限，只有把损失和费用相互比较后才能确定。因此，需要同时研究一个国家的环境费用以及污染造成的经济损失，需要对各种费用和损失做出货币的估量，并从经济意义上来评价各种政策对环境质量的影响。

3. 国内外污染经济损失评估研究现状及述评

（1）国外关于污染经济损失理论和方法的研究综述

国外对环境污染经济损失的研究开始的较早，20 世纪 70 年代开始，发达国家针对环境污染问题展开了环境污染的经济损失研究。国外学者在环境污染损失评价领域开展了大量的研究工作，研究也比较全面，并取得了许多成果，提出并建立了一系列环境污染经济损失的计算理论、模型和方法。德鲁奇（Delucchi）等分别采用享乐价格法和损害函数分析法两种方法核算了 2002 年美国大气污染造成的人体健康经济损失，结果表明，用享乐价格法核算出的经济损失在 260亿～610 亿美元之间，用损害函数分析法核算出的经济损失在 550 亿～670 亿美元之间。考维尔（Cowell）等核算了 1996 年欧洲二氧化硫（SO_2）等大气污染物造成的建筑材料经济损失，结果表明，通过二氧化硫（SO_2）协议后，整个欧洲将节约 94.05 亿美元，其中东欧占了 60.87%，西欧占 39.13%。拉布尔（Rabl）等核算了 1999 年法国大气污染造成的人体健康和建筑材料经济损失并进行了对比研究，结果表明，与健康损失相比，建筑材料的损失只占一小部分。德米尔（Emrah Demir）等通过对交通运输负外部性的研究，建立了模型对经济损失进行计量并定价，可以对其负外部性进行有效地把控。马克考梅尔特（Mccomelt）采用旅行费用法估算了海湾的聚氯联苯引起的水污染损失，在大气污染对人体健康、建筑物造成的损失、水体富营养化损失等方面也有研究。安东尼等（Anthony）用修正的评估技术，估算了法国里昂塞托拉斯机场因大气污染造成的损失，估算的该机场年损失值在 360 万~660 万美元之间。安娜（Anna）等根据 1992 年在中国台湾三座城市 864 位居民的调查结果，得到了台湾居民避免急性呼吸道疾病的支付意愿情况。朵格（W. R. Dourg）采用剂量—反应法获得了英格兰和威尔士汽车尾气排放的铅造成的污染损失，结果证明，尽管铅污染一般不会造成过早死亡，但仍造成显著的经济损失。尤斯图（Eustoon）采用损害函数、剂量效应法估算了新加坡大气颗粒污染物已造成的健康损失，得出 1999 年损失为 36.62 亿美元，为当年新加坡 GDP 的 4.31%。托马斯（Tomasz）等利用条件价值法计算了富营养化给波罗的海造成的经济损失，并了解了沿岸波兰地区民众清洁波罗的海和海岸的支付意愿。大卫（David）等运用剂量—反应法和市场价值法核算了欧洲以为代表的酸性大气污染物腐蚀建筑物和材料造成的经济损失。胜俊（Seung – Jun）采用多属性效用理论法对韩国首尔大气污染造成的损失进行了计算。

（2）国内关于污染经济损失计量理论和方法的研究综述

国内关于环境污染经济损失评估的研究起步较晚。李志杰（2012）认为造成湖泊污染，除了人们未能全面认识自然生态规律外，从经济学方面分析，主要是人们没有全面权衡经济发展与环境保护之间的关系，只考虑近期的直接的经济效果，而忽视了经济发展给自然和社会带来的长远影响，必须根据其污染的特点进行治理，实现"污染外部性的内部化"，追求社会和生态的动态平衡。赵晶（2015）认为生态环境污染问题不是简单的自然生态学问题、社会问题或者经济问题，而是环境、经济、社会相结合的复杂问题。解决环境问题不但要依靠政策、依靠全民环保意识的提高，更要依靠市场机制本身。胡廷兰等（2000）认为水污染损失计量是一项重要又十分复杂的工作，在进行水污染损失计量时，需要充分考虑水资源的自然属性和社会属性，考虑污染损害的环境特征和经济特征，认为区域的自然资源条件、社会经济发展状况、水环境质量、环境管理力度、水环境污染范围与水污染损失存在相关关系。胥卫平等（2007）研究了环境污染损失的经济计量方法，主要有生存率法、机会成本法、重置成本法、改进的人力资本法等，用这些方法将污染的价值量化。贾景梅（2010）研究了水污染经济损失计量的不足是因为准确性不高、缺乏可操作性和计算结果偏大等，她采用的经济损失估算的方法主要有分解求和法、计量经济学法、成果参照法和综合法。马爱丽（2006）认为污染损失可以采用直接市场评价法。直接市场评价法就是将因环境的变化而导致产品产量和利润的变化市场化，通过计算产品损失的数量和利润来衡量环境的变化的经济效益和损失。李广明等（2010）运用人力资本法中三种比较有代表性的计量方法：未来收益法、教育存量法和会计成本法来进行权衡，找到最符合实际的方法来进行污染损失计量。洪滨等（2007）通过对分解求和计算法、计量经济学法恢复费用法和综合法四种方法的比较，找到各个方法的优缺点，以此找到计算水污染的最佳方法来进行水污染污染经济计量。宋赪等（2006）为有效监测、控制环境污染，保护城市环境，采用市场价值法、修正人力资本法和工程费用法等估算方法通过各项指标和数据分析环境污染情况，对污染造成的经济损失进行测算评估。张遂业（2005）从经济、生态环境、社会三个方面出发，运用定性和定量相结合的方法，建立水污染事件损失评价体系，以此来控制污染。李嘉竹等（2009）通过对 Logistic 方程曲线进行定量分析，根据曲线变化特征点和特征值，提出了物理意义明确的水体功能损害程度划分标准，即以综合污染损失率 1%、20%、50% 及 80% 为分级点，将水污染对水体功能的损害程度分为无损害、轻微损害、中度损害、重度损害和功能丧失 5 个等级，并将水体质量和功能损害程度与水环境状况发展过程相对应，将水污染发展过程分为安全阶段、初始阶段、发展阶段、恶化阶段和衰退阶段 5 个时期。谭嗃等（2012）根据詹姆斯"浓度—价值曲线"模型，分析水体环境质量对水环境功能特性的影响特点，水质对经济活动的影响过程大体呈"S"形上升曲线形态，即污染物的浓度越高，水污染造成的损失就越大。当水体中的污染物浓度达到或者超过时，水体环境将会丧失其功能。根据这个结果可以控制污染。张江山等（2006）运用基于污染物的环境污染损失机理性模型、Logistic 方程及环境价值的相关理论，建立了环境污染经济损失估算模型。该模型可以反映出污染物浓度、污染物排放量、环境资源价值与经济价值损失间的关系，而且还可以利用该模型定量地反映环境污染对环境资源价值造成的损害。黄进勇等（2003）将詹姆斯

"浓度—价值曲线"模型应用于实例上，通过实际计算，对水体污染经济损失有一个大致的了解，以此来控制水质，对污染有一个整体的把控。

综上所述，目前国内对内河航运污染排放的经济损失评估研究还比较少，且大都停留在定性描述上，研究比较零散，缺乏深入的理论研究，缺乏具体的实施方法，可操作性不强。

3.3
内河航运污染排放经济效率损失分析

3.3.1 内河航运污染排放经济效率损失的影响因素

1. 经济规模

国内生产总值（GDP）是衡量一个国家或地区经济发展水平和经济规模的一个重要指标。经济发展水平是环境污染的一个重要影响因素。根据格拉斯曼（Grossman）等研究，在经济发展初期，经济的增长会加剧生态环境污染，但是到了经济发展的中后期，经济增长会改善生态环境污染。

2. 产业结构

产业结构水平对生态环境污染起着重要的决定性作用。由于，不同产业结构性的差异导致对自然资源的消耗以及对生态环境污染的影响存在着明显的差异。因此，优化内河航运产业结构对改善内河航运环境污染具有重要的意义。

3. 能源消耗

随着内河航业的不断发展，内河航运能源消耗量也在不断地增加。化石能源的大量消耗造成了严重的环境污染。内河航运消耗的主要是低劣质量的燃油，排放的污染物占有很大比重，内河航运船舶燃油的污染成为我国内河航运对生态环境污染的首要原因。因此，优化内河航运能源消费结构，提高能源品质和利用率即降低内河航运船舶能耗对内河航运造成的环境污染的改善至关重要。

内河航运污染排放与燃油消耗这一影响因素具有显著的相关性。具体来看，内河航运造成的环境污染经济损失占 GDP 比重与内河航运能耗具有正相关性，也就是说，该比重随着内河航运船舶能耗的减小而减小，环境污染好转，反之，随着其增大而增大，环境污染恶化。

4. 科学技术

科学技术的发展与提高对降低内河航运造成的环境污染具有重要的支撑作用。科学技术的发展可以逐步淘汰高消耗、高污染的内河船舶及设备，研发绿色低碳的内河航运船舶，促进内河航运产业结构的优化升级，提高内河航运资源能源的利用效率，减少内河航运环境污染物的排放，从而缓解对生态环境的压力。

5. 环保投资

政府对内河航运环保投资力度的不断加大可以在一定程度上降低环内河航运对生态环境的污染，提高内河流域生态环境质量。

内河航运污染物排放与政府对内河航运环境保护投资具有负相关性，也就是说该比重随着政府对内河航运生态环境保护投资的增大而减小，内河流域生态环境污染好转，反之，随着其减小而增大，内河流域生态环境污染恶化。

3.3.2　内河航运污染排放经济效率损失分析

1. 内河航运污染排放的经济学分析

公共品是由公共部门提供，用来满足社会的公共需要的商品和服务。很显然，生态环境作为一种自然资源，具有公共品的属性。但是公共品也是分为两类，一类是纯公共品，另一类是准公共品。纯公共品具有非竞争性和非排他性，就是说纯公共品的边际成本为零，即多增加一个消费者对供给者的成本没有增加，而且不能将别人排斥在该产品的消费之外，不允许他享受这个产品的利益。而准公共品具有竞争性，准公共品的消费者之间彼此相互制约，特别是在达到一定数量之后，竞争关系更是明显，而且准公共品具有非排他性，自己在使用公共资源的时候，并不能排斥他人的使用，即每个人都有使用的权利。由于人们使用内河航运资源并不需要支付相应的费用，造成了内河航运污染，向河流和大气中排放各种污染物。负外部性就是造成内河航运污染的一个重要原因。所谓负外部性就是指一个人的行为影响了其他人，使之支付了额外的成本费用，但后者又无法获得相应补偿的现象。简单来说，就是内河航运污染并不影响内河航运相关企业的个体生产成本，一般情况下，他们只考虑自己的利益，不会考虑到造成污染从而产生的社会利益的缺失，而内河航运相关企业造成的污染需要政府或社会来承担，随即产生了社会成本。由于内河航运污染排放的负外部性的存在，内河航运相关企业在考虑自己利益最大化的同时，并没有考虑到社会利益，从而导致了内河航运污染的过度排放，对内河生态环境造成了严重的危害。

究其原因是政府宏观调控失衡，主要有政策失灵和管理失灵。政府政策失灵主要是因为没有合理估算环境损失的经济价值，也没有足够重视生态环境的保护，对于环境污染的处罚，相对于社会成本而言是不合理的。管理失灵一方面是某些政策在部门之间的协调不够，缺乏具体措施来保证有关政策的实施和执行，达不到政策的目标。为此，内河航运污染排放具有负外部性的经济特点。外部性也即"当生产或消费对其他人产生附带的成本或效益时，外部性或外部效应就发生了，就是说，成本或效益被施加于他人身上，然而施加这种影响的人却没有为此付出代价或为此获得报酬，从而使经济运行的结果不可能满足帕累托最优。"内河航运污染排放的负外部性可以表述如下：

假设船舶运营者 A 个人污染水平为 x，产生的污染损失为 D(x)，其挣利润为 R_N，则：

$$R_N = R_Z - c(x) - D(x) \qquad (3-1)$$

R_Z 为不减少排污量时的利润水平；c(x) 为排污控制带来的成本，c(x) 与 x 呈一定方向关系，也即 x 越大，c(x) 将越小，而 D(x) 也将越大。当排污水平为 x′时边际排污控制成本为零。由于船舶污染具有的物理特性，在没有有效的调控机制情况下，A 产生的 D(x) 的增大，但本身并没有为此付出代价，但却导致社会总成本的增加。

2. 内河航运污染排放经济效率损失分析

　　一般来说，当一家内河航运企业的生产经营活动直接影响到社会经济中的其他企业和个体以及公共利益，对社会公共健康利益造成影响，就说该经济中存在着外部性。外部性的影响会造成内河航运企业私人成本和社会成本之间，或私人收益和社会收益之间的不一致，因此容易造成内河航运市场失灵，导致内河航运市场的经济效率损失，见图 3 – 1。

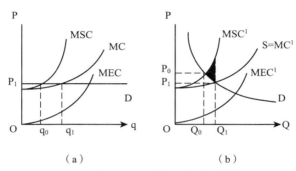

（a）　　　　　　　　　　　（b）

图 3 – 1　内河航运污染排放经济效率损失

　　由于外部性并不反映在内河航运市场价格——运价中，因此它们会成为经济无效率的一个来源，当内河航运企业没有将与负外部性伴随的成本纳入考虑时，结果就是过多的生产和不必要的社会成本。以内河航运企业向空气中和河中排放废气和废水为例来说明，图 3 – 1（a）显示内河航运企业在竞争性市场中的生产决策，图 3 – 1（b）假设所有内河航运企业都生产相似外部性时的内河航运市场需求和供给曲线。假设该内河航运企业的生产函数是固定比例的，因此，它不能改变它的投入比例（如果没有这个假设，内河航运企业就可以在产出和污染排放的一系列组合中进行选择），要减少废气和废水只有降低产出。当存在负的外部性时，边际社会成本（MSC）大约边际私人成本（MC）。在（a）图中，利润最大化的产量为 q_1，价格等于 MC。有效产出为 q_0，价格等于 MSC。在（b）图中，产业的竞争性产出为 Q_1，由产业的供给 MC^1 和需求 D 的交点决定。然而，有效产出 Q_0 要比它低，由需求和边际社会成本（MSC^1）的交点决定。

在上述例子里，无论是看一家内河航运企业的污染还是整个产业的污染，经济效率都显示生产过多，并且导致太多的废气和废水排入河中。外部成本造成了产品供给过度，无效率的来源是产品不正确的定价。图 3-1（b）中的无效率的社会成本由阴影部分的三角形表示，三角形的面积是社会边际收益不足以弥补社会边际成本而带来的效率损失。此时的价格 P_1 太低了，它只反映了内河航运企业的私人边际成本，而不是社会边际成本，只有在较高的价格 P_* 处，内河航运企业生产的产出水平才是有效率的。

因此，外部性导致了短期和长期的无效率。当存在负的外部性时，平均私人成本低于平均社会成本，结果，即使是在某些内河航运企业离开产业才有效率时，这些内河航运企业还是留在产业内。因而，负的外部性鼓励太多的内河航运企业留在产业内。

3.4

内河航运污染排放经济损失评估方法概述

根据国内外相关的环境经济学方面的学术著作研究成果显示，现在关于对污染排放经济损失评估方面，国内外学者提出了许多污染经济损失评估方法，主要针对不同的污染经济损失方面提出有针对性的评估方法，其中包括防护支出法、内涵资产定价法、享乐价格法、市场价值法、支付意愿法、旅行成本法、生产率变动法、剂量反应法、疾病成本法和人力资本法等。比如对交通产生的噪声方面普遍会利用内涵定价法，而在评估交通运输产生的大气污染方面普遍使用剂量反应法。

（1）防护支出法（preventive expenditure approach），又称为防务支出法或者防护行为法，它根据人们为防止环境退化所准备支出的费用多少推断出人们对环境价值的估价，属于揭示偏好法。重置成本法（replacement cost approach）则是估算环境被破坏后将其恢复原状所要支出的费用，属于直接市场评价法。

面对环境变化，人们可能会采取的防护行为主要包括采取防护措施；购买环境替代品；迁移；"影子/补偿"项目：用于重置受损环境服务的项目来补偿某项活动可能带来的环境损害。

防护支出法的步骤与方法：①识别环境危害。指出最基本的环境危害是很重要的，例如，城市交通的增长会带来噪声等级的增强和空气污染的增加，水体污染会可能会导致供水水质的下降和供水短缺的状况。②界定受影响的人群。对于某个给定的环境危害，应该确定受到威胁的人群范围，并区分出受到重要影响的人群和受到影响相对较小的人群范围。

防护支出法的信息来源：①直接观察；②对所有受到危害的人进行广泛的调查；③对感兴趣的人抽样调查；④专家意见。

防护支出法的使用范围：①空气污染，水污染，噪声污染；②土壤侵蚀，滑坡及洪水风险；③土壤肥力降低，土地退化；④海洋和沿海海岸的污染和侵蚀。

防护支出法应满足的条件：①人们能够了解和理解来自于环境的威胁；②人们能够采取措施保护他们自己免受影响；③能够估算并支付这些保护措施的费用。

防护支出法的总体评价：防护支出法相对简单，有很强的直觉感。他们利用观察到的行为，从各种经验素材中获得数据资料，包括抽样调查和专家意见法。另一方面，防护行为有不可靠和难以说明的缺点。特别是防护行为假定人们了解他们遇到的环境风险，并能够做出相应反应，以及人们不受条件的限制。当人们直接受到环境威胁时，并且人们能够采取有效的保护措施时，防护支出法对评估环境资产的使用价值来说是很直接的方法，然而这个方法不能评估存在价值，或者公共物品的价值。

防护支出法的局限性：①防护支出法假设"防护支出"是必然发生的；②当防护支出与减轻损害的费用之和少于所观察到的损害费用时，部分消费者将享受某种消费者剩余；③环境替代品的购买并不一定是环境损害程度的恰当体现；④采用防护支出法的另一个假设是不存在防护支出法或者重置成本法有关的第二个效益；⑤寻求环境质量的完美替代品是根本不可能的；⑥防护支出与重置成本都是基于处在特定的受威胁环境之中的社区人群的反应；⑦防护支出法的有效性，要求人们对他们受到损害的程度比较了解，并能相应计算出防护费用的大小；⑧即使人们知道应该采取的保护措施以及由此消耗的防护费用，然而由于市场的不完善，他们采取措施的想法会受到限制，特别是处于风险中的人群的支付能力会限制防护支出法和重置成本法的应用。

（2）享乐价格法（hedonic price method）又称作享乐成本估价法、内涵资产定价法。

享乐价格法是根据人们为优质环境的享受所支付的价格来推算环境质量价值的一种估价方法，即将享受某种产品由于环境的不同产生的差价，作为环境差别的价值。此方法的出发点是某一财产的价值包含了它所处的环境质量的价值。如果人们为某一地方与其他地方相同的房屋和土地支付更高的价格，且其他各种可能造成价格差别的非环境因素都加以考虑后，剩余的价格差别可以归结为环境因素。

享乐价格法的估价过程为：首先选择环境指标。选取的指标需与所研究资产的价格相关，且可以度量。其次确定资产价格函数。建立资产价格与其相关属性（包括环境属性）之间的功能关系。最后进行回归分析。采用回归分析法来研究房地产价值与相应的环境属性之间的相关性，并由此得出环境属性的价值。

适用性：

享乐价格法适用于下列环境影响的价值评估：

①居民区空气和水质的变化；

②居民区噪声骚扰，特别是飞机和公路交通噪声；

③对社区舒适程度的影响；

④对环境有不良影响的设施的选址；

⑤在城市贫穷地区、街区实施改进计划的影响。

缺陷：

享乐价格法建立在实际市场数据的基础上的，其估算的系统误差较小。但是此估算方法也存在一些问题：

①需要大量的数据，以及专业的统计知识；

②运用的前提条件是运作良好和透明度高的房地产市场，且环境属性被个体房主清楚地觉察和度量；

③计算结果随函数形式的选择和估算程序的不同而变化明显；

④没有估算环境的非使用价值，通常低估了总体的环境价值。

（3）市场价值法又称生产率法。利用因环境质量变化引起的某区域产值或利润的变化来计量环境质量变化的经济效益或经济损失。这种方法把环境看成是生产要素，环境质量的变化导致生产率和生产成本的变化，用产品的市场价格来计量由此引起的产值和利润的变化，估算环境变化所带来的经济损失或经济效益。例如，某地大气环境中 SO_2 浓度超过 SO_2 对农作物影响阈值，引起农作物减产。设此农作物亩产为 q，由于污染使农作物减产百分数为 α，污染农田面积为 S，该农作物价格为 P，则大气 SO_2 超标引起的农作物损失 L 为：$L = P \cdot S \cdot q \cdot \alpha$。

（4）意愿调查价值评估法（contingent valuation method，CVM），是一种基于调查的评估非市场物品和服务价值的方法，利用调查问卷直接引导相关物品或服务的价值，所得到的价值依赖于构建（假想或模拟）市场和调查方案所描述的物品或服务的性质。这种方法被普遍用于公共品的定价，公共品具有非排他性和非竞争性的特点，在现实的市场中无法给出其价格。环境物品是个很好的例子，对其经济价值的评估是意愿调查的一个重要应用。意愿评估调查法通过调查，推导出人们对环境资源的假想变化的评价。在意愿调查评估法中有两个广泛应用的概念，即对某一环境改善效益的支付意愿和对环境质量损失的接受赔偿意愿。

①意愿调查价值评估法实施的前提条件：意愿调查价值评估法必须建立在几个假设前提下：环境要素要具有"可支付性"和"投标竞争"的特征，被调查者知道自己的个人偏好，有能力对环境物品或服务进行估价，并且愿意诚实地说出自己的支付意愿或受偿意愿。

因此，意愿调查价值评估法的主要缺点是依赖于人们的观点，而不是以市场行为作为依据，存在许多偏差。但意愿调查法经过不断地完善，现在在西方国家是进行环境物品价值评估时用得最多的一种方法。

②意愿调查价值评估法的理论基础：假设在所有商品服务中，消费者有一个偏好集，即消费者对这些商品在逻辑上有一个稳定的偏好序列。如这个消费偏好序列用效用函数 $U(Q_i)$ 表示，最高的效用水平表示最偏好的消费集。如果消费者偏好 Q1 甚于 Q2，那么，$U(Q1) > U(Q2)$，效用水平的变化用消费者剩余来衡量，消费者剩余是效用的货币度量。在适当的约束条件（货币收入 M 和市场商

品价格 P 以及环境质量 Q0）下，环境质量变化时，消费者的支付意愿（WTP）和接受补偿意愿（WTAC）是建立在理性选择基础上的，因此是对偏好稳定一致的估计。

③评估技术。意愿调查价值评估法所采用的评估方法大致可以分为 3 类：

一是直接询问调查对象的支付或接受赔偿的意愿；

二是询问调查对象对表示上述意愿的商品或服务的需求量，并从询问结果推断出支付意愿或接受赔偿意愿；

三是通过对有关专家进行调查的方式来评定环境资产的价值。

④意愿调查价值评估法的分类（见表 3 - 1）：

表 3 - 1　　　　　　　　　意愿调查价值评估法分类

直接询问支付意愿	投标博弈法 比较博弈法
询问选择的数量	无费用选择法 优先评价法
征询专家意见	专家调查法（Delphi 法）

其一，投标博弈法。

投标博弈法（bidding game approach）要求调查对象根据假设的情况，说出他对不同水平的环境物品或服务的支付意愿或接受赔偿意愿。投标博弈法被广泛地应用于对公共物品的价值评估方面。投标博弈方法可分为单次投标博弈和收敛投标博弈。

单次投标博弈。向被调查者解释要估价的环境物品或服务的特征及其变动的影响（例如，河水污染所可能带来的影响），以及保护这些环境物品或服务（或者说解决环境问题）的具体办法，然后询问被调查者，为了改善保护河流不受污染他最多愿意支付多少钱（即最大的支付意愿），或者反过来询问被调查者，他最少需要多少钱才愿意接受该河流污染的事实（即最小接受赔偿意愿）。

收敛（重复）投标博弈。在收敛投标中，被调查者不必自行说出一个确定的支付意愿或接受赔偿意愿的数额，而是被问及是否愿意对某一物品或服务支付给定的金额，根据被调查者的回答，不断改变这一数额，直至得到最大支付意愿或最小的接受赔偿意愿。例如，询问被调查者是否愿意在接受一定数额的赔偿情况下，接受河流污染的事实，如果回答是肯定的，就继续降低该金额直到被调查者作出否定的回答为止。然后，再提高该金额，找出被调查者愿意接受的赔偿数额。

其二，比较博弈法。

比较博弈法（trade-off game）又称权衡博弈法，它要求被调查者在不同的物品与相应数量的货币之间进行选择。在环境资源的价值评估中，通常给出一定数额的货币和一定的环境商品或服务的不同组合。该组合中的货币值，实际上代表了一定量的环境物品或服务的价格。给定被调查者一组环境物品或服务以及相应价格的初始值，然后询问被调查者愿意选择哪一项。被调查者要对二者进行取舍。根据被调查者的反应，不断提高（或降低）价格水平，直至被调查者认为选择二者中的任意一个为止。此时，被调查者所选择的价格就表示他对给定量的环境物品或服务的支付意愿。此后，再给出另一组组合经过几轮询问，根据被调查者对不同环境质量水平的选择情况，进行分析，就可以估算出他对边际环境质量变化的支付意愿。

其三，无费用选择法。

无费用选择法（costless choice approach）是通过询问个人在不同的物品或服务之间的选择来估算环境物品或服务的价值。该法模拟市场上购买商品或服务的选择方式，给被调查者两个或多个方案，每一个方案都不用被调查者付钱，从这个意义上说，对被调查者而言，是无费用的。

⑤意愿调查价值评估法实施需要注意的问题，在设计意愿调查方案时，需要特别注意三个统计方面的问题：

一是样本数目。一般要求样本数要足够多，以便能反映出被调查区域的人群的情况。

二是对偏差较大的答案（或答卷）的处理。通常情况下要把那些特别极端的答案从有效问卷中剔除，因为这些出价可能是不真实的或是对问题的错误回答。

三是与汇总有关的问题。把估计出的平均支付意愿（或接受赔偿意愿）乘以相关的人数，即可简单得出总支付意愿（或接受赔偿意愿）。然而，如果作为样本的人群不能代表总人群的情况，那么就要建立起对支付意愿（或接受赔偿意愿）的出价与一系列独立变量（诸如收入、教育程度等）之间的关系式，用以估算总人口的支付意愿值。

⑥意愿调查价值评估法的适用范围：1）空气和水质量；2）无价格的自然资产的保护；3）生物多样性的选择价值和存在价值；4）生命和健康的影响或风险；5）交通条件改善等。

（5）剂量—反应方法。剂量—反应方法（dose-response technique）是通过一定的手段评估环境变化给受者造成影响的物理效果。目的在于建立环境损害（反应）和造成损害的原因之间的关系，评价在一定的污染水平下，产品或者服务产出的变化，并进而通过市场价格（或者影子价格）对这种产出的变化进行价值评估。

剂量—反应方法获得环境变化所造成的物理效果的有关数据的渠道：1）实验室和实地研究；2）受控实验；3）通常采用统计回归技术试图将某种影响与其他影响分离开，这在健康影响研究中较为常见；4）根据实际生活中大量的信息，建立各种关系模型。

（6）生产率变动法。生产率变动法（change in productivity approach）或称生产效应法（effect on production approach）认为，环境变化可以通过生产过程影响生产者的产量、成本和利润，或者是通过消费品的供给与价格变动影响消费者的福利。

①生产率变动法实施步骤：1）估计环境变化受者（财产、机器或者人等）造成影响的物理效果和范围；2）估计该影响对成本或者产出造成的影响；3）估计产出或者成本变化的市场价值。

②生产率变动法的公式：

$$E = \left(\sum_{i=1}^{k} p_i q_i - \sum_{j=1}^{k} c_j q_j\right)_x - \left(\sum_{i=1}^{k} p_i q_i - \sum_{j=1}^{k} c_j q_j\right)_y \qquad (3-2)$$

式中：p—产品的价格；c—产品的成本；q—产品的数量。

③生产率变动法所需的数据与信息。

1）生产或消费活动对可交易物品的环境影响证据；2）有关所分析物品的市场价格的数据；3）在价格可能受到影响的地方（时候），对生产与消费反应的预测；4）如果该物品是非市场交易品，则需要与其最相近的市场交易品（替代品）的信息；5）对可能的或已经实施的行为调整进行识别和评价。

（7）疾病成本法（cost of illness approach）和人力资本法（human capital approach）是用于估算环境变化造成的健康损失成本的主要方法，或者是通过评价反映在人体健康上的环境价值的方法。疾病成本法和人力资本法实施步骤与方法：

①识别环境中可致病的特征因素（致病动因），即识别出环境中包含哪些可导致疾病或死亡的物质；

②确定致病动因与疾病发生率和过早死亡率之间的关系；

③评价处于风险之中的人口规模；

④估算由于疾病导致缺勤所引起的收入损失和医疗费用：对疾病所消耗的时间和资源赋予经济价值。

$$I_c = \sum_{i=1}^{k} (L_i + M_i) \tag{3-3}$$

式中：I_c——由于环境质量变化所导致的疾病损失成本；

L_i——i 类人由于生病不能工作所带来的平均工资损失；

M_i——i 类人的医疗费用（包括门诊费、医疗费、治疗费等）。

⑤估算由于过早死亡所带来的影响：利用人力资本法来计算由于过早死亡所带来的损失，则年龄为 t 的人由于环境变化而过早死亡的经济损失等于他在余下的正常寿命期间的收入损失的现值。

$$V = \sum_{i=1}^{T-t} \frac{\pi_{i+1} \times E_{t+i}}{(1+r)} \tag{3-4}$$

式中：π_{t+i}——年龄为 t 的人活到 t + i 年的概率；

E_{t+i}——在年龄为 t + i 时的预期收入；

r——贴现率；

T——从劳动力市场上退休的年龄。

（8）内涵资产定价法。内涵资产定价法（hedonic property pricing）是基于这样一种理论：人们赋予环境的价值可以从他们购买的具有环境属性的商品的价格中推断出来。通常选用对房地产市场进行分析。它通过揭示不同的房地产价格与不同的房地产环境属性，采用多重回归方法来研究房地产价格与可能影响房价的许多变量的关系。工资差额比较法是用工资水平的差异（工时和休假的差异可以折合成工资）来衡量环境质量的货币价值的方法。

①内涵资产定价法的实施步骤与方法

1）建立房产价格与其各种特征的函数关系：

$$P_h = f(h_1, h_2, \cdots, h_k) \qquad (3-5)$$

假设上述函数是线性的，其函数形式为：

$$P_h = a_0 + a_1 h_1 + a_2 h_2 + \cdots + a_k h_k \qquad (3-6)$$

图 3-2 表示，当其他特性不变时，房产价格和空气质量之间的关系。它表明买主在接受市场价格的情况下，有一系列房产价格和空气质量的组合（购买方案）可供选择。沿曲线移动，直到边际支付意愿等于边际购买成本（边际购买价格）时，空气质量使买主的效用最大。

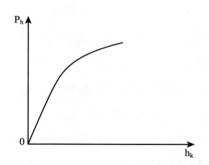

图 3-2　内涵资产定价法资产价格与其各种特征的函数关系

2）求出边际隐价格。边际隐价格表示在其他特性不变的情况下，特性 i 增加 1 单位，房产价格变动幅度。见图 3-3。

$$P_{h_i} = \frac{\partial P_h}{\partial h_i} \qquad (3-7)$$

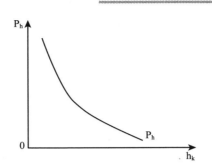

图 3 - 3　内涵资产定价法资产价格与其各种特征的边际函数关系

②内涵资产定价法适合评价的问题

1）局地空气和水质量的变化；

2）噪声；

3）工厂选址、铁路以及高速公路的选线规划等。

③内涵资产定价法实施要具备的条件

1）房地产市场比较活跃；

2）人们认识到而且认为环境质量是财产价值的相关因素；

3）买主比较清楚地了解当地的环境质量或者环境随着时间的变化情况；

4）房地产市场不存在扭曲现象，交易时明显而清晰的。

④内涵资产定价法存在的问题与局限性

1）由于房地产市场并不是十分活跃和顺利运转的，因此难以得到可靠的数据；

2）需要收集和处理大量的数据运用大量的统计和计量经济学方法；

3）环境变量可能难以度量；

4）价值评估的结果依赖于函数形式和估算技术，因为环境因子等于回归的余数，函数的界定十分重要；

5）财产的价格可能会反映人们对未来房地产市场的期望，包括可能的环境变化情况。

（9）机会成本法。在经济学原理中，我们知道资源是稀缺的，但是长期以来，我们却把空气、水、矿石等资源当作是取之不尽、用之不竭的无限资源，无穷无尽的使用这些资源，只考虑到了近期的直接利益，而忽视了给社会带来的长远的影响。如今人们无限制地使用航运资源，致使生态环境受到污染。使用机会成本法来进行污染的经济损失的估算，因为生态环境被污染或者破坏之后就会失去其原有的使用价值，所以可以将机会成本作为污染引起的经济损失，其公式如下：

$$W = \sum_{m=1}^{n} Q_m \times P_m \qquad (3-8)$$

其中，W 代表资源遭到污染或者破坏而产生的机会成本价值，Q_m 代表第 m 种资源的单位机会成本，P_m 代表第 m 种资源遭到污染或者破坏的数量。

（10）人力资本法。人力资本是指劳动者受到教育、培训、实践经验、迁移、保健等方面的投资而获得的知识和技能的积累，而这些知识和技能可以为人们带来各种收益，所以就形成了一种特定的资本——人力资本。人力资本法是基于人力资本损耗的角度去衡量污染的经济损失。周围生态环境的改变必然对人体健康造成一定的伤害，这种伤害一般表现为生病甚至是过早死亡从而引起收入的减少、额外医疗费用的支出，这个损失值可以大致估算为污染的经济损失值，其公式如下：

$$W = \{p[\sum T_i(r_i - r_0) + \sum H_i] + \sum C_i(r_i - r_0)\}M \qquad (3-9)$$

其中，W 表示环境遭到污染或者破坏时对人体影响的损失值，也就是污染造成的经济损失；T_i 表示 i 种疾病的人均丧失劳动时间，单位符号为年；C_i 表示 i 种疾病的平均医疗护理费用，单位符号为元/人；H_i 表示 i 种疾病陪床人员的评价丧失劳动时间，单位符号为年；r_i 表示 i 种疾病在周围生态环境遭到破坏的发病率，r_0 表示 i 种疾病在周围生态环境没有遭到破坏的发病率；M 表示污染区域的人口数量；p 表示人力资本，单位符号为元/（年×人）。污染的经济损失就是污染导致的劳动力的损失的净产值和产生的医疗费用的合计。

（11）重置成本法。就是在现有条件下，重新购置一个原始状态的对象所需要花费的成本。将重置成本法应用在计算航运污染损失计量中时，是通过航运资源遭到破坏或者损失后，恢复该航运资源所需要支付的费用来代替污染损失的经济价值，其公式如下：

$$W = \sum_{m=1}^{n} C_m \times Q_m \qquad (3-10)$$

其中，W 表示恢复被污染的航运资源所需要支付的费用，C_m 表示恢复第 m 种资源所需要支付的单位费用，Q_m 代表已经被污染的第 m 种资源的总量。

①环境重置成本法是将重置成本法应用于环境污染损失的评估，其前提条件是：

1）评估对象必须是可再生的，不能再生、复制的评估对象不能采取环境重置成本法来计算污染的经济损失；

2）评估对象的功能效用必须与假设重置的资产具有可比性；

3）可获得污染区域的环境背景值，也就是自然本底值，反映的是环境质量的原始状态。

②环境重置成本法的评估程序

1）辨认环境威胁，明确遭到破坏的环境资产可以提供的功能服务；

2）确定被评估的污染区域的基本情况，用现时（评估基准日）市价估算其恢复成本；

3）确定本评估的污染区域的污染物情况，估算清楚污染物，将环境恢复到污染之前所需的时间；

4）估算环境恢复期间造成的经济损失；

5）估算确认被评估的环境资产的净价。

③影响成本计量因素

1）污染种类。内河航运污染中，不同的污染物产生的经济的损失也是不同的。比如同样是石油，石油的种类不同，环境恢复成本也是参差不齐的，越是黏稠的石油，它的环境重置成本越高。而像汽油或者其他轻质的油，它们可以相对较快地散发，所以不需要很多清理行动，经济损失也就相对较少。

2）污染物数量。污染物的数量也是影响经济损失的重要因素。一般情况下，污染物的数量越大，需要清理所花费的费用越多。但是环境重置成本和污染物的数量不是线性关系，例如石油，可能小的石油污染比大的石油污染所需成本很高。

3）地理位置。区域位置往往也决定了环境的重置成本。对于水流速较快的开放区域，水运动频繁，其自净能力较强，故环境重置成本也相对较低，水运动较少的区域环境重置成本就会偏高。而在一些经济较为发展的区域，对于航运污染较为重视，一旦发生污染，常常会面临广泛的媒体报道，对污染治理施予一定的压力，在这种压力下，往往会采取更加积极的应急措施才应对航运污染，来降低环境重置成本。

4）天气。污染事故发生后，若是大风大雨的天气，则会加快水的流速，导致污染面积的进一步扩大，也会阻碍污染物的清理行动，增加环境重置成本。

从上述各污染经济损失评估方法可以看出，这些评估方法各有自己的优点，也都存在各自的局限性。对于不同的实证标的，要根据标的的特性，选择相应的测算评估方法综合运用。因此，应该根据不同污染排放的表现特性，选择不同的量化指标及货币计算方法和评估方法。

3.5

内河航运污染排放经济损失评估

3.5.1　我国内河航运和船舶污染概述

1. 我国内河航运发展概述

2017 年末全国内河航道通航里程 12.70 万公里。等级航道 6.62 万公里，占总里程 52.1%。其中三级及以上航道 1.25 万公里，占总里程 9.8%。各等级内河航道通航里程分别为：一级航道 1546 公里，二级航道 3999 公里，三级航道 6913 公里，四级航道 10781 公里，五级航道 7566 公里，六级航道 18007 公里，七级航道 17348 公里。等外航道 6.09 万公里，详见图 3 - 4。全国各水系内河航道通航里程分别为：长江水系 64857 公里，珠江水系 16463 公里，黄河水系 3533 公里，黑龙江水系 8211 公里，京杭运河 1438 公里，闽江水系 1973 公里，淮河水系 17507 公里。长江干线航道年平均日船舶流量 702.9 艘，其中，上游航道年平均日船舶流量 188.9 艘，中游航道年平均日船舶流量 295.1 艘，下游航道年平均日船舶流量 942.3 艘。

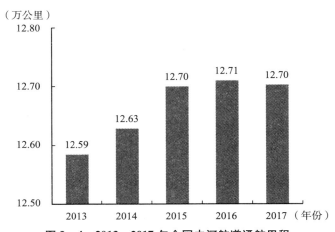

图 3 - 4　2013~2017 年全国内河航道通航里程

资料来源：2017 年交通运输行业发展统计公报。

2017 年末全国拥有水上运输船舶 14.49 万艘，净载重量 25651.63 万吨，载客量 96.75 万客位，集装箱箱位 216.30 万标准箱，详见图 3 - 5、表 3 - 2、表 3 - 3。

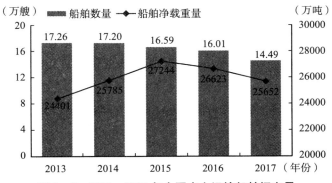

图 3 - 5　2013~2017 年全国水上运输船舶拥有量

资料来源：2017 年交通运输行业发展统计公报。

表 3-2　　　　　　　　　2017 年全国港口万吨级及以上泊位数量　　　　　　单位：个

泊位等级	全国港口	沿海港口	内河港口
合计	2366	1948	418
1 万~3 万吨级（不含 3 万）	834	651	183
3 万~5 万吨级（不含 5 万）	399	285	114
5 万~10 万吨级（不含 10 万）	762	653	109
10 万吨级及以上	371	359	12

资料来源：2017 年交通运输行业发展统计公报。

表 3-3　　　　　　　　2017 年全国水上运输船舶构成（按航行区域分）

指标	计量单位	实绩	比上年增长（%）
内河运输船舶：			
运输船舶数量	万艘	13.23	-10.1
净载重量	万吨	13149.73	-1.6
载客量	万客位	72.30	-6.6
集装箱箱位	万 TEU	32.48	9.3
沿海运输船舶：			
运输船舶数量	艘	10318	-1.9
净载重量	万吨	7044.41	4.5
载客量	万客位	22.36	9.9
集装箱箱位	万 TEU	50.17	19.7
远洋运输船舶：			
运输船舶数量	艘	2306	-4.3
净载重量	万吨	5457.50	-16.3
载客量	万客位	2.08	-13.7
集装箱箱位	万 TEU	133.66	11.9

资料来源：2017 年交通运输行业发展统计公报。

　　2017 年完成客运量 2.83 亿人，旅客周转量 77.66 亿人公里，完成货运量 66.78 亿吨，货物周转量 98611.25 亿吨公里，详见图 3-6、图 3-7，其中，内河运输完成货运量 37.05 亿吨、货物周转量 14948.68 亿吨公里；沿海运输完成货运量 22.13 亿吨、货物周转量 28578.71 亿吨公里；远洋运输完成货运量 7.60亿吨、货物周转量 55083.86 亿吨公里。2017 年全国港口完成旅客吞吐量 1.85 亿人，其中，沿海港口完成 0.87 亿人，内河港口完成 0.98 亿人，全年我国邮轮旅客运输量 243 万人。

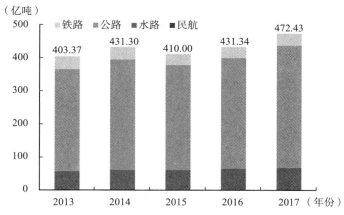

图 3 - 6　2013～2017 年全国营业性货运量（按运输方式分）

资料来源：2017 年交通运输行业发展统计公报。

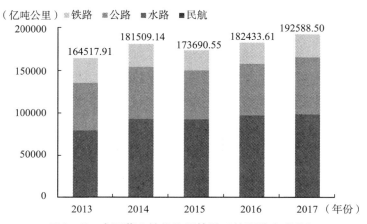

图 3 - 7　全国营业性货物周转量（按运输方式分）

资料来源：2017 年交通运输行业发展统计公报。

2017 年全国港口完成货物吞吐量 140.07 亿吨，其中，沿海港口完成 90.57 亿吨，内河港口完成 49.50 亿吨。全国港口完成外贸货物吞吐量 40.93 亿吨，其中，沿海港口完成 36.55 亿吨，内河港口完成 4.38 亿吨，全国港口完成集装箱吞吐量 2.38 亿 TEU，其中，沿海港口完成 2.11 亿 TEU，内河港口完成 2739 万 TEU，全国规模以上港口完成集装箱铁水联运量 348 万 TEU。详见图 3-8~图 3-10。

图 3-8　2013~2017 年全国港口货物吞吐量

资料来源：2017 年交通运输行业发展统计公报。

图 3-9　2013~2017 年全国港口外贸货物吞吐量

资料来源：2017 年交通运输行业发展统计公报。

图 3 – 10　2013 ~ 2017 年全国港口集装箱吞吐量

资料来源：2017 年交通运输行业发展统计公报。

2. 内河航运船舶污染排放概述

与世界船舶相比，我国内河航运船舶缺陷明显，散货船比例较高，油轮和集装箱船比例偏低，低端柴油机大量应用，船舶平均吨位小，平均船龄较老。在柴油机大气污染物排放方面，我国内河船舶大气污染物排放量显著高于欧美发达国家同等功率船舶，加之船舶使用年限一般在 30 ~ 40 年，更新换代周期长。随着内河航运业不断发展壮大，船舶尾气排放对大气的污染也越来越严重。沿海和东部地区是我国内河航运业最为发达、船舶最为密集的地区。有关研究显示，对于上海等港口城市，船舶尾气污染占当地大气污染的比重高达 40%，根据油耗排放系数简单粗略估算，船舶消耗 2000 万吨柴油的 CO、HC、NO_X、PM 排放量分别是 30 万吨、6.3 万吨、112 万吨、6 万吨，合计 154.3 万吨。其中船舶氮氧化物排放量在全国机动车氮氧化物排放量中占比 20% 左右，在全国氮氧化物排放量中占比 5% 左右。

2017 年全国共发生运输船舶水上交通事故 196 件，死亡失踪 190 人，沉船 80 艘。2017 年公路水路交通运输行业环境保护投入 206.28 亿元，其中公路环境保护投入 165.65 亿元，水路环境保护投入 40.63 亿元。公路环境保护投入中，生态保护措施投入 108.07 亿元，污染防治设施投入 31.07 亿元。水路环境保护投入中，生态保护措施投入 6.66 亿元，污染防治设施投入 23.59 亿元。

3.5.2 江苏省内河航运污染排放概述

1. 江苏省内河航运发展概述

江苏省拥有得天独厚水资源，有四通八达的水运网络，连接了江苏省所有的省辖市和80%以上的县（市）。全省有大小河道2900多条，天然湖泊近300个，水域面积1.73万平方公里，占全省面积10.26万平方公里的17%。截至2014年底，全省共有内河航道通航总里程24342公里，占全国近1/5。全省设有通航船闸109座，属于交通部门管理的有45座，其余由水利部门管理。2017年江苏省交通船闸平均过闸时间5.32小时。在国家规划建设的长三角"两纵六横"4200公里高等级航道网中，江苏占67%，里程达2811公里。江苏拥有通航条件最好、船舶通过量最大、社会经济效益最为显著的两大水运主通道——横贯东西370公里的万里长江，纵穿南北687公里的京杭运河。截至2017年底，全省共拥有四级以上高等级航道3081公里。以京杭运河、连申线、芜申线、盐河、苏南干线航道网"两纵两横一网"，航道密度高达23.7公里/百平方公里，居全国第一位。2017年江苏省完成水路货运量8.57亿吨、水路货物周转量6382亿吨公里，分别占全省综合运输总量的36.63%、65.7%，占比居全国前列。

在国内率先开展绿色循环低碳交通运输示范省建设，创建一批绿色交通城市、绿色公路和绿色港口，其中宁宣绿色公路、连云港港绿色港口率先通过交通运输部验收，分别成为国内首个绿色公路和绿色港口，建设芜申线（南京段）和丹金溧漕河（常州段）绿色航道示范项目，营运船舶天然气应用实现从无到有的转变，完成7艘LNG动力船舶的改造工作，启动58艘LNG动力船舶新建工作，水上加气服务体系也正在推进。船型标准化工作得到推进，全省累计拆解改造船舶4984艘。港口装卸机械使用清洁能源和新能源的比例不断提高，完成107台集装箱码头轮胎式起重机（RTG）"油改电"改造，集装箱码头电动RTG占比已达到80%以上，码头电动起重机覆盖率已达95%。在航道推广实施生态护岸技术，加强船舶垃圾回收站、油污水回收装置的建设，在建水上服务区的垃圾回收和船舶废油处理装置覆盖率达到100%；加强码头、场站等地装卸作业及物料堆场的扬尘防治，全省老旧散货码头粉尘防治率达到 70%，新建码头粉尘防治率达到 100%。组织研发排放达标、实用可靠的船舶生活污水处理装置，全省符合规定条件的 400 总吨及以上吨位 3470 艘船舶均完成了改造，完成量居全国第一，约占全国累计完成量的 47%。

2. 江苏省内河航运船舶污染物排放

江苏省有机动船约 3.3 万艘，其中长度大于 60 米有 2300 艘，55 ~ 60 米的有 700 艘，50 ~ 55 米的有 724 艘，45 ~ 50 米的有 2000 艘，35 ~ 45 米的有 1.3 万艘，小于 35 米的有 1.4 万艘，船龄在 7 年以内的有 1.4 万艘，8 ~ 15 年的有 1.8 万艘，超过 15 年的有 1000 艘。详见表 3 – 4、表 3 – 5。

表 3 – 4　　　　　　　　　　江苏省机动船大小分布

船舶长度	数量（艘）
L > 60m	2300
55 ~ 60m	700
50 ~ 55m	724
45 ~ 50m	2000
35 ~ 45m	13000
L < 35m	14000
合计	32724

表 3 – 5　　　　　　　　　　江苏省机动船船龄分布

船龄	数量（艘）
7 年以内	14000
8 ~ 15 年	18000
15 年以上	1000
合计	33000

35 米左右的船舶发动机功率约 50 马力（约 37kW），载重量 200 ~ 300 吨；45 米左右的船舶发动机功率约 200 马力（约 147kW），载重量 1000 吨；50 米左右的船舶发动机功率约 400 马力（约 300kW），载重量 1500 吨；55 米左右船舶

发动机功率约 600 马力（约 441kW），载重量 2000 吨；60 米左右的船舶发动机功率约 700 马力（约 515kW），载重量 3000 吨，详见表 3 - 6。各功率段船舶单位周转量污染物排放系数见表 3 - 7。

表 3 - 6   江苏省机动船大小与功率关系

船舶长度	载重（吨）	单船功率	
		马力	换算成千瓦
60m	3000	2×350	514.5
55m	2000	2×300	441
50m	1500	2×200	294
45m	1000	200	147
35m	200~300	50	36.75

表 3 - 7   各功率段船舶单位周转量污染物排放系数

功率段	CO（g/km·t）	HC（g/km·t）	NO_X（g/km·t）	PM（g/km·t）
<100	0.083	0.057	0.346	0.012
100~150	0.043	0.015	0.227	0.009
>200	0.042	0.010	0.205	0.008

表 3 - 8   综合单位货物周转量污染物排放系数

CO（g/km·t）	HC（g/km·t）	NO_X（g/km·t）	PM（g/km·t）
0.060	0.032	0.274	0.010

表 3 - 9   江苏省内河船舶航道大气污染物排放系数

内河航道		长度（公里）	CO排放系数	HC排放系数	NO_X排放系数	PM排放系数	污染物总排放系数
全省		24600	0.182	0.097	0.830	0.030	1.16
京杭运河江苏段		687	5.1	2.7	23.3	0.9	32
其中	苏北段	475	3.4	1.8	15.3	0.6	21
	苏南段	212	9.0	4.8	41.2	1.5	56.5

3.5.3　内河航运污染排放经济损失评估实证研究

航运污染排放已成为继机动车尾气污染、工业企业排放之后第三大大气污染来源。对内河航运污染排放造成的经济损失进行定量研究，不仅可以使公众更加直观地看到内河航运污染排放造成的危害，同样有利于政府科学合理地制定生态环境政策。

1. 内河航运污染排放经济损失评估方法

核算污染损失主要有成本法和损失法。成本法核算污染损失操作简单，但存在理论缺陷，一是治理污染的成本与污染造成的损害并不相等；二是利用这种方法计算得到的结果仅仅是防止环境功能退化所需的治理成本，并不是实际造成的环境退化成本。实际上，成本法会低估污染造成的经济损失。污染损失法则通过确定污染排放对环境质量的物理损害，进而以货币为单位量化这些损失。显然，污染损失法估算的是真正意义上的环境退化成本。本章采用污染损失法核算大气污染的经济损失。

综合江苏省的实际情况和江苏省环境监测中心的《江苏省船舶大气污染物排放研究》的内河船舶大气污染排放的研究成果，本书对以下项目进行核算，主要包括人体健康损失、农作物损失、腐蚀损失、清洗费用损失。造成以上损失的原因多种多样，但是都与大气污染之间存在必然联系，如造成人体健康损失的原因虽然有很多，例如大气污染、所从事的职业、人体内在因素等，但是大气污染所产生的影响必不可少。借鉴前人的研究成果，本书在对各种损失进行核算时，主要对内河航运大气污染排放造成的损失进行核算，其他原因暂且忽略不计。

2. 人体健康损失

大气污染会对人体的呼吸系统产生影响，人体吸入有害物质可引发呼吸系统疾病，进而影响人类的身体健康，造成人力资本损失。

以人力资本法核算人体健康损失。人力资本法认为，污染导致过早死亡损失了期望寿命的同时，也丧失了人这种生产要素在期望寿命年内获取人力资本投资回报的机会。该方法将丧失的预期收入现值作为过早死亡造成的经济损失。

人力资本法主要用来估算环境污染对人体健康造成的经济损失，其造成的经济损失具体包括医疗费用、误工损失和过早死亡的收入损失、陪护损失三个方面，计算公式如下：

$$V = M\left[P\sum T_iL_i + \sum Y_iL_i + P\sum H_iL_i\right] \qquad (3-11)$$

式中 V 为内河航运污染排放造成的人体健康的损失值，M 为污染覆盖区域内人口总数，P 为人力资本（即人均工资水平），T_i 为患第 i 类疾病的病患者人均丧失劳动时间，Y_i 为患第 i 类疾病的病患者年均医疗费用，H_i 为患第 i 类疾病的病患者陪床人员的平均误工时间，L_i 为受污染地区患病率与没有受污染地区患病率差值。

如表 3 - 10 ~ 表 3 - 12 所示，大气污染对人体健康造成的危害主要体现为人体的呼吸系统受损，所以在核算人体健康损失时，主要对慢性支气管炎、肺心病和肺癌造成的经济损失进行核算。慢性支气管炎、肺心病和肺癌 3 种疾病归因大气污染的百分比分别为 20%、50% 和 100%。2013 年江苏省城镇居民平均工资水平为 57985 元。由于按照《环境空气质量标准》（GB3095 - 2012）二级标准限值进行年评价，江苏省 13 个省辖城市环境空气质量均未达标，主要超标污染物为 PM2.5、PM10 和二氧化氮。以江苏省 13 个省辖市区作为空气污染区，江苏省城镇人口数作为污染区人口总数，2013 年江苏省全省城镇人口数量为 5090.01 万人。关于 T_i 的取值，根据以往调查以及查阅相关文献可知，慢性支气管炎病人丧失的劳动时间为 1 年，肺心病病人丧失的劳动时间为 2 年，肺癌病人丧失的劳动时间为 12 年。根据国家对 L_i 的调查，结果为慢性支气管炎发病率为 9.4‰，肺心病发病率为 11‰，肺癌发病率为 8.33/10 万。关于人均医疗费用，根据 2013 年《中国卫生年鉴》可知，当年肺心病为 14804 元，慢性支气管炎为 5226 元，肺癌为 31160 元。因此可以估算出 2013 年江苏省人均医疗费用，肺心病为 16445 元，慢性支气管炎为 77682 元，肺癌为 128017 元。关于 H_i 的取值，结合以往研究结果可知，慢性支气管炎病人的陪床时间为 0.06 年，肺心病病人的陪床时间为 0.07 年，肺癌病人的陪床时间为 0.1 年。将以上数据代入公式计算可得江苏省内河航运污染排放对人体健康造成的经济损失（见表 3 – 13）。

表 3 – 10　　　　　　　　　　大气污染造成的损失项目

损失项目	具体表现
人体健康损失	因过早死亡造成的经济损失、因疾病造成的医疗费用支出、因误工造成的经济损失
农作物损失	农作物质量和产量下降
腐蚀损失	加快材料、建筑的腐蚀和老化，使用年限减少带来的损失
清洗费用损失	家庭清洗费用、车辆清洗费用

表 3 – 11　　　　　　　　　　污染区与清洁区发病率差异

病种	肺心病	慢性支气管炎	肺癌
发病率差异	11%	9.4%	8.33/10 万

表 3 – 12　　　　　　　　　　大气污染物的剂量反应关系

大气污染物浓度	对健康的影响	单位	额外增加数量
每增加 1（ug·m⁻³）	死亡率增加	人/百万人	6
	呼吸道疾病门诊率上升	例/百万人	12
	急救病例增加	例/百万人	235
	受限制活动天数	天/百万人	57500
	下呼吸道感染/儿童气喘病例增加	例/百万人	23
	气喘病例增加	例/百万人	2068
	慢性支气管炎病例增加	例/百万人	61

表 3 – 13　　　　江苏省内河航运污染排放造成的人体健康损失　　　　单位：亿元

项目	过早死亡和误工损失费用	医疗损失费用	陪护人员误工损失费用	合计
经济损失	671.4	382.6	27.1	1081.1

3. 农作物损失

采用市场价值法来估算内河航运污染排放造成农作物的经济损失。市场价值法把环境质量看作一个生产要素，环境质量的变化会引起生产成本和生产率的变化，从而导致产品价格和产量的变化，再通过价格和产量的变化来计算价值变化，最后将经济损失货币量化，其计算公式如下。本书主要分析二氧化硫对江苏省农作物损失的消极影响。农作物与大气污染物中的 SO_2 和酸雨会产生一系列的物理化学反应，使得农产品质量受损，产量降低，造成大量的经济损失即为农作物损失。根据根据江苏省统计年鉴和如下公式可知江苏省农作物的减产损失如表3－14所示。

$$V = \sum QP \times \frac{R}{1-R} \qquad (3-12)$$

其中，Q 为受污染时某农作物的实际年产量，R 为在某浓度影响下的减产率，P 为某农作物的收购价格。

表 3－14　　　　江苏省内河航运污染排放对农作物造成的经济损失

农作物	实际产量（万吨）	减产率（%）	单价（元/千克）	产量损失（万吨）	经济损失（亿元）
粮食	3422.98	5	2.6	171.149	444.86
油料	150.37	5	5.35	7.5185	40.223975
棉花	20.93	15	16.5	3.1395	51.80175
水果	274.58	15	3.50	41.187	144.1545
合计					681

4. 材料、建筑物腐蚀损失

建筑物、材料的腐蚀损失按建筑物和材料的损失系数来计算的，具体计算公式为：

$$V = I \times \alpha \qquad (3-13)$$

其中，V 为大气污染对材料、建筑物的腐蚀损失费用，a 为损失系数，I 为基本建设投资。

大气污染将加快材料、建筑物的腐蚀和老化，减少其使用年限，由于建筑物尤其是文物建筑物被腐蚀的损失很难估算，比较有效的估算此项经济损失的方法是按当年基本建设资产投资的 2% ~4% 来估算，这里去损失系数为 2%。江苏省 2013 基本建设投资为 35982.52 亿元，为此，内河航运污染排放造成材料、建筑物的腐蚀损失为 719.6504 亿元。

5. 清洗费用损失

清洗费用损失反映在家庭清洗费用损失和车辆清洗费用损失上。

（1）家庭清洗费用损失。大气降尘会在衣服、车辆等物体上沉积，从而增加清洗的次数和费用，所以家庭清洗费用的增加主要表现在两方面：一方面表现在人力资本的浪费，另一方面是清洗物料的增加。大气污染造成家庭清洗费用的增加计算公式为

$$V = H \times Wf \times Df + a \times H \times Wf \times Df \qquad (3-14)$$

其中，V 为大气污染造成的家庭清洗费用，H 为家庭户数，Wf 为人均日工资，Df 为家庭清洗次数增加而耗费的天数，α 为清洁用品消耗的价值占劳务费的比率。通过查阅相关文献知，α 取值为 0.2。2013 年江苏省家庭户数为 2593.31 万户，人均日工资为 80 元，居民每人每年家庭清洗时间为 4 天，计算出 2013 年江苏省内河航运污染排放引起的家庭清洗费用损失为 16.5971 亿元。

（2）车辆清洗费用损失。车辆清洗费用的核算主要考虑各类机动车辆的清洗费用，即：机动车清洗费用损失 = 车辆数 × 增加清洗的次数 × 每辆车的清洗费用。截至 2013 年 12 月底，江苏省机动车拥有量为 1381.88 万辆，平均清洗费用为 25 元，因大气污染导致的额外增加的机动车清洗次数为 11 次/车/年。为此，内河航运污染排放造成的车辆清洗费用损失为 38 亿元。

大气污染引起的清洗费用总损失为 54.6 亿元，其中家庭清洗费用损失和车辆清洗费用损失占比分别为 30.4% 和 69.6%。

综上所述，2013 年江苏省内河航运污染排放造成的经济总损失为 2536.3 亿元，其中人体健康损失最大，为 1081.1 亿元，占 42.6%，其次是建筑物、材料

腐蚀损失为 719.65 亿元，占 28.4%，农业损失为 681 亿元，占 26.9%，清洗费用损失为 54.6 亿元，占总损失的 2%。

目前我国的内河航运污染排放还是比较普遍的，通过这次对内河航运污染排放经济损失评估，大致了解了内河航运污染排放的严重性。如今对内河航运污染排放的经济损失评估在国内还未成熟，同时内河航运污染排放评估所需的相关数据资料很难获得，这更增加了评估研究工作的难度。本书借鉴已有的文献的研究成果，尝试通过选择合适的评估方法，多角度多层次进行分析，深入观察，通过了解内河航运污染排放系统分析，来使估算的结果更具科学性。同时通过对内河航运污染排放经济损失进行评估，尝试对内河航运污染防治提供定量决策依据。

第 *4* 章

环境规制对内河航运绿色低碳
发展的影响

4.1

概　　述

1. 研究背景

"绿水青山就是金山银山"。党的十九大报告指出，我们要建设的现代化是人与自然和谐共生的现代化，既要创造更多物质财富和精神财富以满足人民日益增长的美好生活需要，也要提供更多优质生态产品以满足人民日益增长的优美生态环境需要。从产业发展、生态保护、措施创新等各个方面看，中国正在形成人与自然和谐共生的绿色发展新格局。绿色低碳发展是当代世界发展的共同主题，同时也是内河航运的最大优势。江河湖泊是生态系统和国土空间的重要组成部分，具有不可替代的资源功能、生态功能和经济功能。航运具有占地少、能耗低、运能大等比较优势，经济高效、节能环保。近年来，我国内河航运发展成效显著，内河航运服务能力明显提升，为区域乃至全国经济社会发展提供了有效支撑。但是内河航运仍然存在发展方式相对粗放、绿色发展水平不高、航运比较优势未得到充分发挥等问题，不能完全适应新形势下"创新、协调、绿色、开放、共享"发展理念的新要求。随着社会各界对内河航运污染排放认识日益深入，治理污染、保护环境，事关人民群众健康和社会经济的可持续发展，必须强力推进，为此，把保护环境、治理污染的关注点，放在了水路运输行业中航运船舶的污染排放控制之上，重拳治理大气雾霾和水污染，严控船舶污染排放，走经济发展与环境改善双赢之路，已成为社会的广泛共识。因此，面对社会、经济和环境多重压力，通过环境规制解决内河航运绿色低碳发展是各级政府面临的日益迫切问题。

目前我国开始加大对内河航运污染排放社会外部性的环境规制的力度，以实现内河航运、社会、经济与生态环境的友好发展，达到内河航运可持续发展的目标。我国有自己的特殊的国情，社会福利相对来说偏低，我国的城市化和工业化还在发展过程中，以及内河航运发展相对落后等的特殊情况都促使我国必须审视好环境规制对于内河航运和经济发展带来的负面问题。这就要求必须在内河航运、经济发展和环境规制之间找到一个平衡点。

本章以浙江省的内河航运绿色低碳发展为例，综合考虑浙江省的实际情况，研究浙江省的环境规制对于内河航运绿色低碳发展的影响，例如内河航运内部结构的调整，整体的运营成本，未来的发展方向等方面。通过对内河航运企业的实际调研，实证研究内河航运绿色低碳发展，得出客观的结论，提出自己的建议，使之希望能够在不牺牲经济发展的基础上，制定出合理的环境规制，使之能够达到内河航运、经济发展和生态环境多赢的目的。因此在保护环境已经刻不容缓的趋势下，探索环境规制对于内河航运绿色低碳发展所带来的影响具有较强的理论意义和现实意义。

2. 研究意义

（1）推进生态文明建设要求内河航运实现绿色低碳发展

党的十八大以来，生态文明建设被提到了前所未有的高度，被纳入中国特色社会主义事业"五位一体"总体布局。党的十八大报告提出"把生态文明建设放在突出地位，融入经济建设、政治建设、文化建设、社会建设各方面和全过程，努力建设美丽中国，实现中华民族永续发展"。中共中央、国务院印发出台了《关于加快推进生态文明建设的意见》和《生态文明体制改革总体方案》，对生态文明建设进行了顶层设计和总体部署，要求努力在生态文明建设的重要领域和关键环节取得突破。内河航运是发展的"先行官"，其绿色发展较之于其他行业覆盖面更广、系统性更强、辐射意义也更大；不仅覆盖内河航运业，还涉及区域规划、装备制造、工程建设、科技创新、营运管理等诸多方面。因此，内河航运的绿色发展是生态文明建设的重要基础性要素。

（2）强化环境污染防治要求内河航运实现绿色低碳发展

我国当前的环境质量形势十分严峻，大气、水和土壤污染问题已严重威胁人民群众健康和社会稳定发展。内河航运作为对生态环境影响较大的行业之一，内河航运沿线的噪声污染，船舶与港口污染物排放对大气、水的污染，船舶溢油、危险品运输泄漏等突发性事件的环境影响等问题日益受到公众的关注。

"十三五"时期，是落实国家《大气污染防治行动计划》《水污染防治行动计划》《土壤污染防治行动计划》的关键时期，并且随着 2015 年国家新《环境保护法》的实施，对于污染治理提出了更为严格的排放控制要求和责任追究制度。内河航运污染排放、船舶与港口污染防治等已列入国家污染防治行动计划。

（3）加快内河航运现代化发展要求实现绿色低碳发展

近年来，交通运输以加快转变发展方式、发展现代交通运输业为主线，将努力建设资源节约型、环境友好型行业作为重要着力点，加快建立以绿色低碳为特征的交通运输体系。内河航运绿色低碳发展对于推进交通运输现代化具有引领作用，成为行业发展的重要抓手、"四个交通"战略的重要组成部分，是加快现代交通运输发展的本质要求和必然选择。同时，还应当看到绿色经济、低碳经济已成为引领世界经济复苏与应对环境问题的新引擎，节能环保已成为新时期内河航运业提升核心竞争力的必然要求。

3. 研究的思路与方法

（1）研究的思路

以内河航运绿色低碳发展和生态文明建设作为切入口，循序渐进，层层深入，逐项展开各部分的研究。首先在文献整理和资料收集的基础上，对内河航运绿色低碳发展、生态建设以及环境规制带来的影响进行综述。其次通过走访相关政府部门和内河航运企业，实际调研目前我国内河航运发展状况及趋势以及我国环境规制的强度及发展变化。最后利用统计学、计量经济学的理论和方法，将收集到的数据进行分析、筛选、整理，并得出结论，再提出自己的建议和看法。

（2）研究的方法

文献研究法：通过"中国知网""万方数据库"等平台收集整理与环境规制和绿色内河运输相关的资料，为研究做好理论基础准备。

调查分析法：一方面通过对航运企业的人员以及内河两侧的居民进行访谈，问卷，统计分析等，了解内河运输以及内河环境现状。另一方面通过查询环保局的统计数据大概了解目前总体的水运环境情况和我国环境规制的强度。

SPSS 相关性分析：主要研究变量间的依存关系，通过计算变量间相关系数，判断两变量间是否存在显著性差异。

VAR 模型：在没有约束条件的前提下，对变量之间进行动态关系分析。

4.2

内河航运绿色低碳发展和环境规制概述

4.2.1 内河航运绿色低碳发展概述

内河航运绿色低碳发展是以"节约资源、提高能效、控制排放、保护环境"为目标，按照生态文明、资源节约、环境友好、循环经济、节能减排、低碳经济的发展理念，是内河航运业加强生态文明建设和实现绿色低碳发展的战略举措，是实现内河航运可持续发展的重要抓手，对于转变交通运输发展方式、推进交通运输现代化进程具有引领作用。

具体落实到内河航运企业在日常的经营活动中，把企业的经济效益和生态环境保护相互平衡，以绿色低碳可持续发展为核心，将现代的科学管理方法和技术运用到内河船舶和企业日常的管理，使内河航运能够达到生态绿色节能高效的目的。

内河航运绿色低碳发展不仅仅是众所周知的降低船速，还需要现代化的物流体系来支撑。例如船只对于原来的速度来说晚一定的时间到达，但是如果物流体系能及时妥善处理好转运航班或者卸货，反而可以减少船舶的码头停靠费，这样既能降低成本增加收益，又能达到低碳的目标。所以现代的绿色航运是一个循环的物流系统。

低碳战略。以可持续发展的思想为核心，通过技术革新，开发新能源，产业的升级，管理创新等各种方法，尽可能减少煤炭，石油等的使用。航运业可以使用双燃料电力技术，减少二氧化碳等的排放，达到经济和环境的和谐发展。

绿色造船。在制造轮船的流程中既要做到对资源的合理利用，又要做到对环境的加以保护。在船舶设计和制造过程中，要做到对废弃物和排放物的妥善处理，以降低对于整个环境的污染，同时要注意资源的节约和循环利用，以提高企业的经济效益。

绿色的供应链体系。以供应链和可持续发展的指导体系下，对供应链的内部所有参与者之间的信息、资金、货物，进行统筹规划，优化整个供应链的速度，可靠性，以及对环境的保护程度，达到资源得以最优配置，环境得以最好保护，达到经济效益和环境保护相互和谐发展的目标。

4.2.2　环境规制的概述

20 世纪 70 年代以后，国外学术界逐渐致力于环境规制理论的研究，但是关于环境规制的概念和内涵存在许多种解释和观点，到目前为止尚未有一个具有普遍意义的对"环境规制"做出清晰而准确的概念阐述。根据环境规制的基本要素，从主体、对象、目标、手段和性质五个维度对环境规制进行理解。环境规制的主体是社会公共机构，环境规制的客体是个人和组织，具体是指消费者和企业，环境规制的目标是消除环境污染的负外部性，加强生态环境的保护，环境规制的手段主要是命令控制型、市场激励型、公众参与型和自愿性环境规制；环境规制的性质是社会性规制和经济性规制的结合体。

综上所述，环境规制是因为环境污染具有外部性的特征，社会公共机构为了保护生态环境而制定的相关政策和措施，对企业或个人的非绿色环保的经济行为进行直接和间接地干预和约束，内部化企业或者个人的环境成本，达到经济效益和生态环境保护共赢。

借鉴学者王红梅等梳理的分类标准，把环境规制政策工具分为四种类型，即命令—控制型、市场激励型、公众参与型和自愿行动型①。

1. 命令—控制型环境管制

命令—控制型环境管制是指国家行政管理部门根据相关法律、法规、规章和标准，对生产、生活行为进行直接管理和强制监督。根据环境管制政策工具实施效力的不同，命令—控制型环境管制主要分为三类：一是国家层面的法律法规；二是各级地方政府颁布的地方性法律法规；三是各级环保部门和行业组织制定的环保技术标准和制度，具体包括：事前控制类的环境规划制度、环境标准制度、环境影响评价制度、投资项目"三同时"制度、排污许可证制度等；事中控制类的污染物排放浓度标准、排放总量控制标准、排污申报登记制度等；以及事后救济类的限期治理制度、污染事故应急处理制度、违法企业挂牌督办制度、强制污染"关停并转"等强制性制度。

2. 市场激励型环境管制

市场激励型环境管制是通过收费或补贴的方式，运用显性的经济激励，推动企业在排污的成本和收益之间进行自主选择，决定企业的生产技术水平和排污量。

市场激励型环境管制进一步可分为两类：一是主张采用政府干预使得外部性内部化的政策工具，具体包括对排污征收罚款的惩罚性措施和对节能、生态项目提供补偿补贴的正向鼓励型工具；二是强调利用市场机制本身来解决外部性问题的新制度经济学派的政策工具，其主要政策工具便是排污权交易制度。

3. 公众参与型环境管制

公众参与型环境管制是通过社会公共舆论、社会道德压力、劝说等措施间接推动相关环保法律法规、技术标准得到更严格地落实和执行。公众参与型环境管

---

① 王红梅. 中国环境规制政策工具的比较与选择——基于贝叶斯模型平均（BMA）方法的实证研究. 中国人口·资源与环境，2016（9）.

制的核心是通过公众参与，能够影响全社会的环境治理绩效。公众可以通过多种渠道向政府部门反映自身关于环境政策问题的基本诉求和立场。

根据参与途径和方式的差异，公众参与型工具可以分为两类：一类是政府部门主导的方式，包括政府发布社会关注的环境监测信息，环境保护主管部门主导的征求意见、问卷调查、座谈会、专家论证会、听证会等；一类是公众主动积极反映自身环保诉求的方式，公民借助于社交媒体、信访等方式表达自己的环境保护诉求。

4. 自愿行动型环境管制

自愿型环境管制是指居民、企业、民间组织根据自身对于可持续发展的认识，自发开展的一系列在生产和生活中减少自然资源消耗和浪费的自愿型环境保护行动。

根据发起主体的不同，自愿型环境管制可以分为两类：一类是社会公益组织、行业协会发起认可的自愿行动的标准环境管理体系；二类是中国政府相关部门发起的自然保护区、生态示范区、生态产业园、环境友好型城市评选等区域划分性自愿环保行动。

环境规制的实施对于企业的技术改革和生产率的提升以及布局有一定的影响，但是不一样的行业，不一样的企业规模之间其影响程度是不一样的，对于企业的创新能力在不同的区域以及不同的经济发展状况下都有所差异，但总体来说是有一定的创新激励。环境规制同时也会增加企业的成本，但是同时也会促进资源利用率的提高，提高工作人员的工作效率，从而经济能够得到增长。

对于航运企业来说，实行环境规制后，从短期内看来治理污染投资增加，技术进步却不明显，会减少航运业的利润，甚至造成亏损。但是从长期内看来，航运企业会提高资源配置率，调整产业结构，增加技术方面的创新，提高自身的竞争力。

4.3
环境规制对内河航运业绿色低碳发展的影响

1. 环境规制对产业转型升级的影响

波特理论表明，严格的环境规制，对于企业尤其是有污染的企业，能带来一定的创新补偿。因为环境规制的严格性，会促使企业在注重生产效率和盈利的同时，会更加关注环境污染所带来的不利影响，从而注重污染的排放和对于污染排放社会外部性的治理。虽然成本会因为环境规制严格性的增强而导致不断上升，但是同时会增加比治理污染成本更高的创新补偿，提升企业在公众中积极形象。政府对于环保企业和个人绿色低碳行为进行财政上的补贴支持，税收上有优惠激励，并且投入大量资金为企业建立环保服务体系，为企业减轻负担。所以，从长期来看环境规制可以提升企业的生产效率，增加企业的核心竞争力，促进经济的增长。

（1）环境规制对产业转型升级的影响

产业转型升级是综合诸多经济方面因素和非经济方面因素一起共同推动作用的结果，经济发展方面的影响因素都会直接或间接地影响产业转型升级。环境规制对于产业结构调整来说，主要来源于环境规制中的税收，即庇古税。通过税率的变化，来影响产业的结构调整。部分污染比较严重的企业，会面临金额较大的费用和税收，在追求利益最大化的前提下，这部分企业会考虑对淘汰落后产能和转型升级或者往税收较低的地区进去搬迁。这样那些税收较低的地区，就会成为这些企业的首选之地。一些污染较少的企业，因为税收较少，所以会选择控制排污行为，缴纳相关的税收，而不会选择搬迁。这样一来，就会使得在税收较高的地区，以低污染为主的企业聚集在一起，在税收较低的地区，以高污染为主的企业聚集，从而产业布局能到得到优化。

环境规制实施的目的是通过环境污染成本内部化，促使企业行为绿色低碳化，减少企业污染物排放量。一方面，环境规制迫使企业把环境污染内部化为生产成本，生产成本的增加会间接筑起市场壁垒，对其他企业的进入起到吓阻效应，进而促使产业转型和结构调整；另一方面，环境规制迫使企业把非绿色低碳行为内部化为企业经营成本，成本的增加直接会影响企业产品的销售，进而对企业利润造成影响，这将驱使企业采取绿色低碳行为，提升企业的市场竞争力，降低企业的生产成本。首先，企业可以通过技术创新达到环境规制的标准和要求，通过直接减少生产过程中所产生的污染物排放而降低企业的生产成本，技术创新在降低企业生产成本的同时，也优化了产业结构；其次，企业提高产品价格，使消费者承担由环境规制引起的环境污染成本内部化所增加的生产成本，产品价格的提高会引起消费者对产品需求量的变化，导致企业销售和生产发生变化，进而影响企业经营行为做出调整，促使企业产品升级，导致产业转型。

（2）环境规制对行业竞争力的影响

政府通过对环境规制的加强，促使企业加强对排污的控制，对生态环境环保引起足够重视，有利于环境的可持续发展，但是同时缴纳相关的排污费用以及处理污染带来的费用，减少企业的利润，降低其竞争力。企业加强对排污的控制，能树立企业绿色环保的形象，可以起到灵活应对竞争的作用，使得企业处于有利地位，增强其竞争力。在满足环境规制的基本要求之上，积极开发环境友好型的产品，来迎合新的市场需求，获得更大的市场份额，得到达到更多的利润。企业对污染物的处理以及缴纳相关的税费，使得企业的盈利空间变小，而盈利水平的降低，势必会影响企业的竞争力和未来的发展水平。

2. 环境规制对区域经济转型升级影响

在我国，无论是短期来看，还是从长期来看，环境规制对于区域经济的影响来说都是呈现"U"形，并不是线性关系。在短期内看，环境规制对经济增长的影响较低，且偏于负面。即随着环境规制的加强，经济增长的速度会慢慢减弱。环境规制的加强，在短期内使得整个区域经济发展暂时受到一定的抑制作用，会促使整个经济体的单纯追求产出增长，而不管对环境有多大危害的生产方式进行转型升级，会采用既可以增加产出，对环境又是友好的可持续发展的生产方式，使得整个区域经济转型成为更加绿色更加环保。从长期来看，环境规制对经济增长的影响是非常明显的，而且是具有明显的正向影响。在我国的绝大多数地区，环境规制的加强不但能够加强对环境的保护，提升环境的质量，而且还能促进经济又好又快发展，提升人民的生活质量。

环境规制对于区域经济转型升级有明显的促进作用，但是同时也需要有差异化的环境规制政策，来缓解不同区域之间不同的负面影响。针对不同地区的经济发展的水平不平衡的特点，为了更好地促进不同区域经济的转型升级，环境规制应该有所差异化，对于经济基础较差的地区，环境规制的加强会对其经济发展造成重大影响，国家应该需要适度考虑提供政策支持和财政补贴，帮助这些区域更好更快地进行区域转型升级。

3. 环境规制对内河航运绿色低碳发展的影响

交通运输和自然环境以及社会发展关系十分密切，随着运输业的不断发展，运输量越来越大，在推动国民经济发展的同时，也消耗了大量的资源，而且交通运输业体系中的以石油、天然气、煤等矿物燃料为主，据统计全社会70%的石油都是被交通运输业所消耗，其所排放出来的气体中含有大量的碳氢化合物、氮氧化物、一氧化碳、二氧化碳等有害气体，对环境和生态影响非常大。

短期内，环境规制会限制交通运输业中有害气体的排放，减少化石能源的消耗，还会增加相应的税收，这样短期内必然提高运输成本，限制我国的交通运输业的发展。

从长期来看，环境规制能减少交通运输业对环境的污染，能促进资源的最大限度地利用，强化环境的价值观念，实现社会发展，经济发展和环境发展的协调统一。而且能够促进企业的创新，提升企业的生产效率，提高其竞争能力。

内河航运虽然一直视为较清洁运输方式，但是因为航运业占据了全球90%的以上的货物运输，其污染物排放量也是相当巨大的。而环境规制对于污染物的排放有着严格的要求，所以环境规制的加强短期对于内河航运来说会大大增加成本，降低盈利能力，影响其长远发展，但是长期会使航运企业进行技术创新，企业间加强合作，增强竞争能力和盈利水平。

环境规制会让航运企业支付相应的污染治理费用，这会导致企业生产成本提高，降低航运企业的生产率。对于污染治理的投资，会挤占生产投资从而降低产业利润率。

环境规制的加强，使得目前的一些船舶不适应新的排放要求，导致这部分船舶只能被淘汰，这对企业来说，会极大地影响他们的成本和正常的运营。同时目前内河运输的相关工作人员水平参差不齐，很多管理人员都不是专业人员，对于内河运输的绿色意识也十分淡薄，环境规制的加强，会让企业的很多员工以及管理人员不适应新的环境，使得企业的发展受到很大的阻碍。

　　环境规制能促使航运企业降低的污染物的排放，促使企业减少物资、能源等的消耗，促使企业提升自己的技术水平和创新能力，增强企业的竞争力。

　　环境规制能让航运企业提高自身的绿色环保形象，增加企业品牌的附加价值，更好提升企业的声誉，从而得到更多的市场份额。环境规制能够促使航运企业积极的发展绿色航运，申请绿色认证，破除各国的绿色贸易壁垒，在国际市场中能够占据更大的市场份额。

　　环境规制会促使航运企业之间加强合作，通过信息共享，资源共享来降低企业的日常成本，并且达到节能减排的目的。同时企业的工作人员的整体素质也会有较大的提升，通过学习专业的知识，能够在最少的成本和排放最少污染物的前提下，实现效益最大化，能大大提高企业的竞争力。

4.4

环境规制对内河航运绿色低碳发展的实证研究

1. 指标选择

　　环规规制对于内河航运业的影响十分巨大而且复杂，本书主要从以下几个主要的影响方面进行分析：

　　水路运输货运量：在一定的期间内，内河航运企业运输的货物总数量，不考虑运输距离和货物的种类。本书用货运量作为航运业发展的指标。

　　内河船舶环保设备政府补贴总额：内河船舶环保设备政府补贴支出总额指政府为了激励内河航运企业为内河船舶安装环保设备而支出的费用。本书以内河船舶环保设备政府补贴支出总额作为环境规制强度的一项参考指标。

　　内河船舶污染排放的化学需氧量：内河航运船舶排放入内河水域的污染物导致内河水体水质被污染，选用内河船舶污染物排放化学需氧量作为环境污染的一项指标。

　　内河船舶监控艘数：海事港航部门加强内河航运监管，严管船舶污染物、船舶垃圾排放，对内河航行的船舶进行监控的艘数越多，表示监管强度越大。本书以内河船舶监控艘数作为环境规制强度的另一项参考指标。

2. VAR 模型构建

向量自回归（VAR）是基于数据的统计性质建立模型，VAR 模型把系统中的各个变量和因变量之间求出滞后值，然后再利用该滞后值的函数来构造出模型，再通过该模型做脉冲分析，方差分析，协整检验，来得出变量和因变量之间的关系。本书以内河船舶监控数量和内河船舶环保设备补贴支出总额作为自变量，内河船舶污染物排放化学需氧量和内河航运货运量作为因变量，进行建模分析。

3. 内河船舶监控艘数与内河航运污染排放化学需氧量的实证研究

（1）数据收集与处理以及模型建立

通过海事港航部门搜集相关数据，得到相应数据如表 4 - 1 所示。进而采用 Eview6.0 软件构建向量自回归（VAR）模型。

表 4 - 1　　　　　　　　　　内河船舶监控艘数与化学需氧量

序号	内河船舶监控艘数	化学需氧量
1	785	20.60
2	794	19.80
3	787	18.40
4	801	17.60
5	842	16.80
6	892	16.40
7	1111	17.20
8	1117	18.60
9	1089	18.50
10	1091	16.30
11	1213	14.90
12	1193	14.50
13	1146	14.70

序号	内河船舶监控艘数	化学需氧量
14	1198	14.20
15	1275	13.50
16	1261	12.30
17	1279	12.00
18	1290	10.80
19	1329	9.40
20	1344	8.60

资料来源：浙江省海事港航部门。

（2）相关性分析

相关性分析是指几个变量之间的相关密切程度。存在相关性的数据才能进行 VAR 模型的建立。对内河船舶监控艘数与内河航运污染排放化学需氧量之间的相关性进行测算，从统计结果可知内河船舶监控艘数与内河航运污染排放化学需氧量呈负相关关系，相关系数 −0.840，可视为高度相关。

（3）建立 VAR 模型及滞后阶数检验

滞后阶数检验，滞后阶数是指变量的滞后期。VAR 模型的滞后期长度的选择有时很敏感。其原因可能是被检验变量的平稳性的影响，或是样本容量的长度的影响。不一样的滞后期对于后期的检验结果可能是完全不一样的，所以要先计算出该模型的滞后期再进行后期的计算。确定滞后阶数是为了确保后期做脉冲分析和方差分析检验的准确性。

在 EVIEWS 的 VAR 模型中建立新序列，并命名。将收集到的数据录入，会自动建立 VAR 模型。在生成的 VAR 模型中先输入最大滞后阶数，一般选用的最大滞后阶数为 4，本节输入的最大滞后阶数也是 4。进行数据检验，然后在输出结果中选择星号最多的一阶作为最优选择，如图 4 − 1 中可以看出，3 阶是最优的阶数。

Lag	LogL	LR	FPE	AIC	SC	HQ
0	– 134. 6149	NA	89450. 22	17. 07687	17. 17344	17. 08181
1	– 105. 3147	47. 61288	3818. 303	13. 91434	14. 20406	13. 92917
2	– 99. 40002	8. 132668	3110. 389	13. 67500	14. 15787	13. 69973
3	– 89. 88182	10. 70798 *	1695. 974 *	12. 98523	13. 66124 *	13. 01984
4	– 84. 53502	4. 678445	1697. 743	12. 81688 *	13. 68604	12. 86139 *

图 4 – 1　滞后阶数检验

因此，该 VAR 模型显示滞后三阶。

（4）脉冲响应分析

脉冲响应是指，变量产生一个单位标准差的冲击对因变量的影响，以及该变量在不同时期的影响程度。

在生成的 VAR 模型中，进行内河船舶监控艘数对于内河航运污染排放化学需氧量之间的脉冲响应分析。如图 4 – 2 所示。

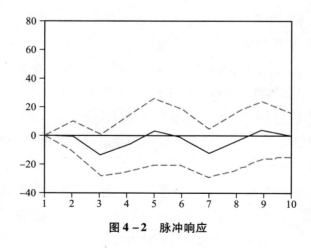

图 4 – 2　脉冲响应

图 4 – 2 表示在一开始随着内河船舶监控的数量的增多，内河航运污染排放化学需氧量也迅速响应，在第二期达到一个负的波谷，即随着环境规制强度的增强，内河航运污染排放化学需氧量的比例迅速减少。但是随着时间的推移，内河

船舶监控的数量的变化对于内河航运污染排放化学需氧量的影响来说在慢慢减弱，第四期达到一个波峰，数值为 0，表明随着时间的推移，环境规制对于内河航运污染排放化学需氧量影响在开始慢慢减弱，但内河航运污染排放化学需氧量依旧在减少。从第四期开始，内河航运污染排放化学需氧量又开始迅速响应，且在第六期达到一个最低波谷，表明随着环境规制的进一步加强以及时间的推移，内河航运污染排放化学需氧量继续快速减少。再从第六期之后，随着环境规制的加强，内河航运污染排放化学需氧量继续减少，但是响应程度开始减弱。

（5）方差分解

方差分解是指：在不同的时间内变量的预测方差可以释放出对因变量不同的冲击能量，即在不同的时间内变量的变化，对因变量变化程度的解释分析。

在生成的 VAR 中进行各变量间的方差分解。如图 4 - 3 所示。

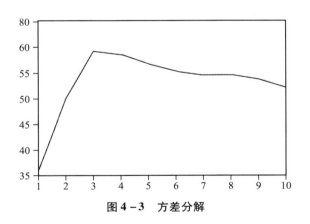

图 4 - 3　方差分解

图 4 - 3 表明，在第一到第三阶段，内河船舶监控的数量对于内河航运污染排放化学需氧量的影响程度快速增加，在第三阶段达到一个峰值60，在第四阶段到第十阶段，内河船舶监控的数量对于内河航运污染排放化学需氧量的影响程度开始慢慢减弱，但是依旧有 50 以上的影响。这说明随着环境规制的增强，内河航运污染排放化学需氧量快速减少，但是随着时间的慢慢推移，虽然环境规制对于内河航运污染排放化学需氧量影响依旧很大，但影响力度开始慢

慢减弱。

（6）协整检验

协整检验是指变量和因变量之间具有长期的稳定关系情况的检验，用来检验VAR模型的合理性。当协整检验中的关系大于0时，我们就认为两个因素之间是有长期稳定关系的。协整检验显示见图4-4。

Hypothesized No. of CE（s）	Eigenvalue	Trace Statistic	0.05 Critical Value	Prob. **
None *	0.569229	19.53329	15.49471	0.0116
At most 1 *	0.368743	6.900629	3.841466	0.0086

图4-4　协整检验

由图4-4可以看出内河船舶监控的数量和内河航运污染排放化学需氧量之间存在两个协整关系，表明它们之间存在着长期稳定的关系。所以通过之前上述VAR模型中的滞后阶数测算，脉冲响应分析、方差分析所得出的关系都是合理的。

（7）计算结果分析

通过上述的图表我们可以发现，环境规制对于内河航运绿色低碳发展有着长期稳定的关系。一开始在环境规制刚刚开始加强的时候，内河航运绿色低碳发展问题改善的非常明显，但是随着时间的推移和环境规制的继续加强，对环境的影响开始减弱，但是影响依旧很大，随着进一步的加强，环境改善的效果又会变得非常明显。

4. 内河船舶监控的数量与内河航运货运量的实证分析

（1）数据收集与处理以及模型建立

通过海事港航部门搜集相关数据，得到相应数据如表4-2所示。进而采用Eview6.0软件构建向量自回归（VAR）模型。

表 4 - 2　　　　　　　　　内河船舶监控的数量与内河货运量

序号	内河船舶监控数量（艘）	内河货运量（万吨）
1	785	14960
2	794	18682
3	787	19300
4	801	19915
5	842	15052
6	892	18998
7	1111	19073
8	1117	20666
9	1089	15962
10	1091	19646
11	1213	19680
12	1193	20002
13	1146	15889
14	1198	19501
15	1275	18925
16	1261	19952
17	1279	15417
18	1290	18967
19	1329	19787
20	1344	20630

（2）相关性分析

对监控污染企业与货运量之间的相关性进行测算，从统计结果可知内河船舶监控的数量与内河货运量呈正相关关系，相关系数 0.794，可视为高度相关。

（3）建立 VAR 模型及滞后阶数检验

在 EVIEWS 的 VAR 模型中建立新序列，并命名。将收集到的数据录入，会自动建立 VAR 模型。在生成的 VAR 模型中先输入最大滞后阶数，一般选用的最大滞后阶数为4，本节的最大滞后阶数也是4。进行数据检验，然后在输出结果中选择星号最多的一阶作为最优选择，从图4-5中可以看出，4阶是最优的阶数。

Lag	LogL	LR	FPE	AIC	SC	HQ
0	-243.2943	NA	7.10e+10	30.66178	30.75836	30.66673
1	-226.2117	27.75919	1.40e+10	29.02646	29.31618	29.04130
2	-209.0070	23.65642	2.77e+09	27.37588	27.85874	27.40060
3	-202.5432	7.271827	2.22e+09	27.06790	27.74391	27.10251
4	-187.3809	13.26699 *	6.50e+08 *	25.67261 *	26.54177 *	25.71712 *

图4-5　滞后阶数检验

因此，该 VAR 模型显示滞后四阶。

（4）脉冲响应分析

在生成的 VAR 模型中，对监控污染企业数量和货运量之间的脉冲响应分析。如图4-6所示。

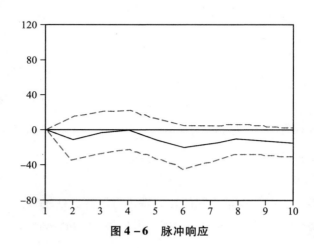

图4-6　脉冲响应

图4-6表示在第一到第二阶期，随着内河船舶监控的数量的增多，内河货运量逐渐响应，达到一个负的波谷，即随着内河航运监管力度加大，环境规制强

度的增强，不符合环保规定的内河船舶减少航运业务，货运量迅速减少。但是随着时间的推移，内河船舶对船舶环保设备的安装和更新，航运公司加强船舶规范化管理，监控内河船舶的数量的变化对于内河航运量的影响来说在慢慢减弱，第四期达到一个波峰，表明随着时间的推移，内河航运环境规制对于内河航运量的影响在开始慢慢减弱，货运量依旧在减少，直到第六期达到谷底。从第六期开始，货运量又开始增加，并保持相对稳定，表明随着环境规制的加强以及时间的推移，内河船舶排放符合内河航运环境规制的排放要求，环境规制与内河货运量保持稳定良性互动关系，环境规制有力地激发了内河航运绿色低碳行为，环境规制促进内河航运可持续发展。

（5）方差分解

在生成的 VAR 中进行各变量间的方差分解。如图 4 - 7 所示。

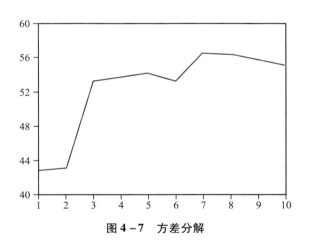

图 4 - 7　方差分解

图 4 - 7 表明，在第一到第二阶段，监控内河船舶的数量对于内河货运量的影响程度逐渐变化，在第二到第三阶段影响程度十分剧烈，暂时达到一个峰值53，在第三阶段到第六阶段，监控内河船舶的数量对于内河货运量的影响程度继续增加，但影响幅度趋缓，但是依旧有 52 以上的影响。在第六阶段到第八阶段，影响又开始变得剧烈，达到最大峰值 56，从第八阶段到第十阶段，监控内河船舶的数量对于货运量的影响程度开始减弱，但是依旧有 54 的以上的影响。这说

明随着环境规制的增强，对内河货运量的影响开始较小，但是随着时间的慢慢推移，环境规制对于内河货运量的影响突然会很大，然后在未来的一段时间里会基本保持稳定的影响程度。

（6）协整检验

协整检验如图4-8所示。

Hypothesized No. of CE（s）	Eigenvalue	Trace Statistic	0. 05 Critical Value	Prob. **
None*	0. 848060	30. 98861	15. 49471	0. 0001
At most 1*	0. 166096	2. 724559	3. 841466	0. 0988

图4-8　协整检验

由图4-8可以看出监控内河船舶的数量和内河货运量之间存在一个协整关系，表明它们之间存在着长期稳定的关系。所以通过之前上述VAR模型中的滞后阶数测算，脉冲响应分析、方差分析所得出的关系都是合理的。

（7）计算结果分析

通过上述的图表我们可以发现，环境规制对于内河航运绿色低碳发展来说有着长期稳定的关系。一开始在环境规制刚刚开始加强的时候，对于内河航运企业来说影响是微乎其微的，但是随着时间的推移和环境规制的继续加强，对内河航运企业的影响开始迅速影响，且影响很大。随着时间的推移，环境规制对于内河货运量的影响程度会基本保持稳定。

5. 内河船舶环保设备政府补贴支出金额与内河航运污染排放化学需氧量的实证分析

（1）数据收集与模型的建立

通过海事港航部门搜集相关数据，得到相应数据如表4-3所示。进而采用Eview6. 0软件构建向量自回归（VAR）模型。

表 4-3　　　　　　　　　内河船舶环保设备政府补贴与化学需氧量

序号	内河船舶环保设备政府补贴支出金额（万元）	化学需氧量（万吨）
1	4258	20.6
2	4789	19.8
3	4956	18.4
4	4939	17.6
5	5681	16.8
6	5839	16.4
7	5879	17.2
8	5906	18.6
9	5478	18.5
10	5587	16.3
11	5348	14.9
12	5689	14.5
13	5238	14.7
14	5403	14.2
15	5347	13.5
16	5625	12.3
17	5781	12
18	5589	10.8
19	5848	9.4
20	6014	8.6

资料来源：浙江海事港航部门。

（2）相关性分析

对内河船舶环保设备政府补贴支出金额与内河航运污染排放化学需氧量之间的相关性进行测算，从统计结果可知内河船舶环保设备政府补贴支出金额与内河航运污染排放化学需氧量呈负相关关系，相关系数为 -0.765，可视为高度相关。

（3）建立 VAR 模型及滞后阶数检验

在 EVIEWS 的 VAR 模型中建立新序列，并命名。将收集到的数据录入，会自动建立 VAR 模型。在生成的 VAR 模型中先输入最大滞后阶数，一般选用的最大滞后阶数为 4，本节的最大滞后阶数也是 4。进行数据检验，然后在输出结果中选择星号最多的一阶作为最优选择，从图 3 - 9 中可以看出，2、4 阶都是最优的阶数。本书选用第四阶数计算。

Lag	LogL	LR	FPE	AIC	SC	HQ
0	- 148. 9515	NA	536870. 1	18. 86894	18. 96551	18. 87388
1	- 125. 8412	37. 55427 *	49680. 83	16. 48015	16. 76987 *	16. 49499
2	- 123. 9491	2. 601678	66911. 99	16. 74363	17. 22650	16. 76836
3	- 116. 4410	8. 446539	46906. 62 *	16. 30513	16. 98114	16. 33975
4	- 111. 5056	4. 318532	49432. 97	16. 18820 *	17. 05736	16. 23270 *

图 4 - 9　滞后阶数检验

因此，该 VAR 模型显示滞后四阶。

（4）脉冲响应分析

在生成的 VAR 模型中，进行内河船舶环保设备政府补贴支出金额和内河航运污染排放化学需氧量之间的脉冲响应分析。如图 4 - 10 所示。

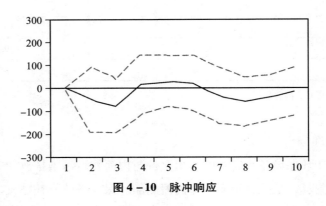

图 4 - 10　脉冲响应

图 4 - 10 表示在第一到第三阶期，随着内河船舶环保设备政府补贴支出金额的增多，内河航运污染排放化学需氧量迅速响应，达到一个负的波谷，数值为 - 100，即随着环境规制强度的增强，内河航运污染排放化学需氧量迅速减少。

但是随着时间的推移，第三阶段到第四阶段，内河船舶环保设备政府补贴支出金额的变化对于内河航运污染排放化学需氧量的影响来说在慢慢减弱，第五期达到一个波峰，数值为 20，表明随着时间的推移，环境规制对于内河航运污染排放化学需氧量影响在开始慢慢减弱，直到第五阶段内河航运污染排放化学需氧量开始有所增加。从第六阶段到第八阶段开始，内河航运污染排放化学需氧量又开始迅速的响应，且在第八阶段达到另一个波谷，数值为 −85，表明随着环境规制的进一步加强以及时间的推移，内河航运污染排放化学需氧量继续快速减少。最后从第八期到第十阶段，内河航运污染排放化学需氧量响应程度开始减弱，随后保持稳定。

（5）方差分解

在生成的 VAR 中进行各变量间的方差分解。如图 4 − 11 所示。

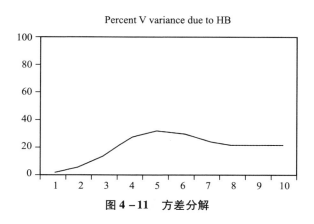

Percent V variance due to HB

图 4 − 11　方差分解

图 4 − 11 表明，在第一到第五阶段，内河船舶环保设备政府补贴支出金额的变化对内河航运污染排放化学需氧量的影响程度快速上升，达到一个波峰 40%，在第六到第七阶段影响程度开始慢慢减弱，影响程度在 30% 左右，在第七阶段到第十阶段，内河船舶环保设备政府补贴支出金额对内河航运污染排放化学需氧量的影响程度保持不变，有 20% 的影响。这说明随着环境规制的增强，内河航运污染排放化学需氧量的变化一开始会显得非常剧烈，但是随着时间的慢慢推移，虽然环境规制对于内河航运污染排放化学需氧量的影响会慢慢减少，然后在未来的一段时间里会基本保持这种影响程度。

（6）协整检验

协整检验如图 4 – 12 所示。

Hypothesized No of CE（s）	Eigenvalue	Trace Statistic	0.05 Critical Value	Prob.**
None*	0.669088	23.15963	15.49471	0.0029
At most 1*	0.354720	6.571074	3.841466	0.0104

图 4 – 12 协整检验

由图 4 – 12 可以看出内河船舶环保设备政府补贴支出金额和内河航运污染排放化学需氧量之间存在两个协整关系，表明它们之间存在着长期稳定的关系。所以通过之前上述 VAR 模型中的滞后阶数测算，脉冲响应分析、方差分析所得出的关系都是合理的。

（7）计算结果分析

通过上述的图表我们可以发现，环境规制对于内河航运绿色低碳发展来说有着长期稳定的关系。一开始在环境规制刚刚开始加强的时候，环境问题改善的非常明显，但是随着时间的推移和环境规制的继续加强，对环境的影响开始减弱，减弱至一定程度的时候，会趋于平稳，但是整个影响程度来说影响依旧不小。

6. 内河船舶环保政府补贴支出金额与内河航运货运量的实证研究

（1）数据收集与模型的建立

通过浙江海事港航部门搜集相关数据，得到相应数据如表 4 – 4 所示。

表 4 – 4　　　　内河船舶环保设备政府补贴支出金额与内河航运货运量

序号	内河船舶环保设备政府补贴支出金额（万元）	内河航运货运量（万吨）
1	4258	14960
2	4789	18682
3	4956	19300
4	4939	19915

序号	内河船舶环保设备政府补贴支出金额（万元）	内河航运货运量（万吨）
5	5681	15052
6	5839	18998
7	5879	19073
8	5906	20666
9	5478	15962
10	5587	19646
11	5348	19680
12	5689	20002
13	5238	15889
14	5403	19501
15	5347	18925
16	5625	19952
17	5781	15417
18	5589	18967
19	5848	19787
20	6014	20630

（2）相关性分析

对内河船舶环保政府补贴支出金额与内河航运货运量之间的相关性进行测算，从统计结果可知内河船舶环保政府补贴支出金额与内河航运货运量呈负相关关系，相关系数为 -0.817，可视为高度相关。

（3）建立 VAR 模型及滞后阶数检验

在 EVIEWS 的 VAR 模型中建立新序列，并命名。将收集到的数据录入，会自动建立 VAR 模型。在生成的 VAR 模型中先输入最大滞后阶数，一般选用的最大滞后阶数为 4，本节的最大滞后阶数也是 4。进行数据检验，然后在输出结果中选择星号最多的一阶作为最优选择，从图 4 - 13 中可以看出，4 阶是最优的阶数。

Lag	LogL	LR	FPE	AIC	SC	HQ
0	−251.4220	NA	1.96e+11	31.67775	31.77432	31.68269
1	−249.5112	3.104947	2.57e+11	31.93891	32.22863	31.95374
2	−246.8679	3.634580	3.15e+11	32.10849	32.59136	32.13322
3	−222.6251	27.27322*	2.73e+10	29.57813	30.25415	29.61275
4	−214.0570	7.497068	1.82e+10*	29.00712*	29.87628*	29.05163*

图 4 – 13　滞后阶数检验

因此，该 VAR 模型显示滞后四阶。

（4）脉冲响应分析

在生成的 VAR 模型中，进行内河船舶环保政府补贴支出金额与内河航运货运量的脉冲响应分析。如图 4 – 14 所示。

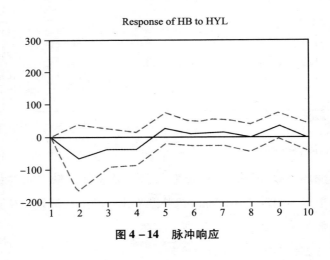

图 4 – 14　脉冲响应

图 4 – 14 表示在第一阶段到第二阶段，随着内河船舶环保政府补贴支出金额的变化，内河航运货运量响应，达到一个波谷，数值为 − 50，在第三道第五阶段，内河船舶环保政府补贴支出金额对内河航运货运量的影响，是慢慢减弱，直到第五阶段，内河航运货运量才开始有所增加。从第五阶段到第八阶段，随着内河船舶环保政府补贴支出金额的增加，内河航运货运量的增速开始慢慢减慢，在

第八阶段，内河航运货运量不在增加，此时数值为 0，在第九阶段有一个短暂的增加之后，内河航运货运量增速又开始减弱，直到 0。

（5）方差分解

在生成的 VAR 中进行各变量间的方差分解。如图 4 – 15 所示。

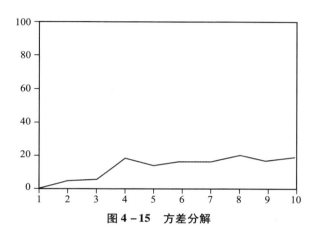

图 4 – 15　方差分解

图 4 – 15 表明，在第一到第三阶段，内河船舶环保政府补贴支出金额的变化对于内河航运货运量的影响程度稳定上升，在第三到第四阶段影响程度开始迅速增强，影响程度在 20% 左右，在第四阶段到第十阶段，内河船舶环保政府补贴支出金额的变化对于内河航运货运量的影响程度基本保持不变，维持在 15% 的影响。这说明随着环境规制的增强，内河航运货运量的变化会慢慢增强，但是随着时间的慢慢推移，环境规制在未来的一段时间里会基本保持这种影响程度。

（6）协整检验

协整检验如图 4 – 16 所示。

Hypothesized No of CE（s）	Eigenvalue	Trace Statistic	0.05 Critical Value	Prob. **
None *	0.922604	43.15325	15.49471	0.0000
At most 1 *	0.272446	4.771004	3.841466	0.0289

图 4 – 16　协整检验

由图 4-16 可以看出内河船舶环保设备政府补贴支付和内河航运货运量之间存在一个协整关系，表明它们之间存在着长期稳定的关系。所以通过之前上述 VAR 模型中的滞后阶数测算，脉冲响应分析、方差分析所得出的关系都是合理的。

（7）计算结果分析

通过上述的图表我们可以发现，环境规制对于内河航运货运量来说有着长期稳定的关系。一开始在环境规制刚刚开始加强的时候，对于航运企业来说影响是慢慢增加的。随着时间的推移，环境规制对于航运业的影响程度会快速增加，最后基本保持稳定。

7. 结论建议

通过研究分析发现，环境规制的加强对于航运企业来说，一开始对航运企的货运量影响不大。但是随着环境规制的慢慢加强，影响程度会快速增强，并且影响程度会一直在峰值附近，这对于企业的正常的经营发展来说是一次很大的考验。而且还要支付相应的污染治理费用，这也会导致企业生产成本提高，降低产业利润率。

环境规制的加强对于内河航运绿色低碳发展来说是非常显著的，环境规制加强，会减少化石能源的消耗，限制内河运输中有害气体的排放，环境就会得到显著的改善。但是随着时间的推移，环境规制的影响力会慢慢降低，随着环境规制的进一步加强，环境问题又会得到明显的改善。

（1）加快航运业的技术研发和创新

航运技术是发展绿色内河运输的核心，内河航运业要加快技术研发和创新，使得船舶绿色化、自动化信息化，以及航运材料的可降解性和可重复利用，大力推进新型节能环保船舶投入运行，同时配备专业化的清污船舶，提升航运水运处理污水的技术和能力，为内河航运业的绿色发展提供强有力的技术作为支撑。

（2）加强对于航运企业成本的控制

环境规制的加强，会让航运企业的人员和技术等的成本增加，而现在我国航运业的融资比较困难，加强对成本的控制有利于缓解企业的资金问题。为此，本文从以下方面加强成本控制：①对企业进行科学预算，制定标准，使成本控制在合理的区间范围内。②在日常经营过程中，采取经济航速，合理选择航道，多使用岸电等，以减少燃油的消耗，既满足绿色航运的发展要求，又降低了成本。

（3）加强航运企业间的合作

每个航运企业都有自己的优势，当存在瓶颈现象时，企业单靠自己的力量在短时期内难以突破时，建立企业之间的战略联盟，采取共赢的方式，才是未来发展的趋势。航运企业之间的合作，在短期内不仅可以解决资金、货源等问题，而且能够有效避免同行之间的过度竞争、无序竞争，提高整体的服务水平，节约社会资源，实现共同发展。

（4）加强船舶污染物收集处置检查督查

内河航运企业自身要加强对环境保护的意识，加强企业工作人员对于废弃物处理能力的培训，对于运输过程中的废弃物要先处理，达到排放标准再排放，对于某些特殊的排放物，要集中收集起来，上交至统一的处理机构进行处理。同时相关的政府机构要做好自己的监管职能，加强检查的力度，学会采用多种方式同时监管，以确保监管到位。对于不按照相关法律法规处理船舶废弃物的企业，一经查出，要按照相关的法律从严处罚。

（5）加大航运污染防治支持保障力度

治理航运污染是一项浩大的工程，不仅需要很长的时间，还要投入大量的人力、物力以及财力才能确保污染的治理。这就需要各级交通部门、港航管理部门提高思想认识，增强做好环境保护工作的责任感和紧迫感，给治理航运污染的任务提供足够的资金保障，还要因地制宜地配合好各地航运企业治理航运污染，同时还要加强对于防治污染设施设备的建造。

（6）加强航运污染防治规章建设和宣传工作

政府要研究制定出关于船舶废弃物排放标准，以及废弃物收集和送交的相关法律法规，以及严格的监督机制，要使航运污染的防治工作得到法律的保障，而且相关的政府部门之间要建立良好沟通机制，统一执法标准，使各部门能够紧密配合，共同推进防治污染工作的展开。同时要利用电视、互联网、报纸等的媒介宣传治理水污染的必要性和重要性，提高广大船员的环保意识，要引导航运的工作人员能够自觉守法，并且正确地使用船舶污染防治设施设备。

绿色低碳发展是内河航运可持续发展过程中的重要内容和环节，通过分析环境规制的内涵、分类，分析环境规制与内河航运绿色低碳发展的现状，研究环境规制对内河航运绿色低碳发展的作用路径、机制，以及在不同的作用路径下环境规制对内河航运绿色低碳发展的影响效应。环境规制强度对内河航运绿色低碳发展具有直接影响效应，还会通过技术创新、产业结构升级等间接带来的影响，对内河航运绿色低碳发展产生不同的影响效应研究是一个比较具有挑战性的研究领域。尽管本书对环境规制监管强度、内河航运绿色低碳发展以及生态效应等进行了相关分析和探究，但是由于指标设置和统计口径不一致、相关数据资料收集、整理归纳的难度较大，再加上本书作者研究水平能力有限，在较短研究时间内，未能展开深入研究，本书仅仅只是一个粗浅的开端，还有大量的研究等待进一步的开展，因此，关于环境规制与内河航运绿色低碳发展及内河航运业产业结构升级研究还有待于进一步研究、探索和完善。

第一，继续深入探究环境规制及其不同环境规制工具对内河航运绿色低碳发展的作用机理，进一步挖掘环境规制作用于内河航运绿色低碳发展的中间变量，不断充实并完善环境规制对内河航运绿色低碳发展的作用机理框架，使本书的理论基础更加丰富和全面。

第二，环境规制和内河航运绿色低碳发展的衡量指标。目前环境规制的衡量指标及其度量问题，学术界存在很多观点，没有统一的说法，并且我国环境规制体系尚不完善，尚未建立环境规制的监测数据库，也不存在一个完善的环境规制指标体系。关于内河航运绿色低碳发展的衡量，也不存在统一的指标体系，不同学者对内河航运绿色低碳发展的理解不尽相同，缺乏一个统一、清晰而且全面的认识，所以目前关于内河航运绿色低碳发展的衡量指标也不存在一个普遍意义的形式。由此可见，如何准确而全面地衡量环境规制对内河航运绿色低碳发展是有待进一步研究的理论问题。

第三，鉴于数据的可获得性，本书实证研究了环境规制对内河航运绿色低碳发展的影响，仅涉及内河航运监管范围与强度对内河航运绿色低碳发展总体分析。环境规制对内河航运绿色低碳发展的作用效果及其影响效应较为复杂，需要继续搜集补充数据，扩展研究，使得本书更加充实，因此研究并考察不同类型环境规制工具对内河航运绿色低碳发展的作用效果是有待进一步研究的问题。

第 5 章

内河航运绿色发展测度与实证研究

5.1

概　　述

　　内河航运是由航道、港口、船舶、通航建筑物（船闸、通航隧道等）和支持保障系统五部分组成。内河航运绿色发展要求是指内河航运发展对环境的友好程度，是以可持续发展理念为指导，以理念创新、技术创新、模式创新、机制创新为手段，采用标准化、环保能源和节能环保技术，提高能源利用效率、减少温室气体排放，抑制航运对内河环境造成危害，实现内河航运对环境的净化，使内河航运得到最大限度的利用，实现经济社会发展与生态环境保护双赢。内河航运绿色发展测算问题，就是评价内河航运的绿色发展状况，是对内河航运发展的环境协调性、经济性和技术先进性的综合评价，从而为内河航运发展的绿色属性提出一个直观的数值。

　　（1）新环境规制的要求。我国内河航运船舶的污染排放问题长期得不到重视，不仅没有限制船舶污染排放的法律法规，而且相关部门颁布的行业标准也没有强制实施。面对环境污染日益严重，国家切实加大污染防治力度。2013 年 9 月国务院颁布了《大气污染防治行动计划》，提出加大综合治理力度，强化移动源污染防治，减少多污染物排放，调整优化产业结构，推动产业转型升级，加快大气污染防治法修订，加快修改环境保护法，加强对地方人民政府执行环境法律法规和政策的监督。十二届全国人大常委会第八次会议 2014 年 4 月 24 日经表决，通过了修订后的环境保护法，修订后的环保法自 2015 年 1 月 1 日施行。2015 年 4 月国务院颁布了《水污染防治行动计划》，全面控制污染物排放，推动经济结构转型升级，加强船舶港口污染控制，积极治理船舶污染。目前全国人大常委会正加快修改《大气污染防治法》和《水污染防治法》。随着国家对环保问题的日益重视，内河航运污染防治将得到加强。

（2）浙江内河航运转型升级的要求。本质上来说，绿色内河航运发展是一个内河航运绿色转型和质量提升的过程。浙江内河航运转型升级已成为"五水共治"和"美丽浙江"建设的一种基础需要，是解决浙江区域经济长期稳定发展的现实基础。浙江内河航运的绿色发展对于活跃浙江经济、转变生产方式至关重要，内河航运绿色发展能有效缓解浙江经济发展与交通资源的矛盾，改善环境和培养生态文化。因此，浙江内河航运转型升级不到位，不仅影响浙江区域经济短期促转型目标的实现，还将严重制约浙江经济可持续发展。

（3）生态环境倒逼。经济发展新常态下，浙江内河航运发展方式面临诸多调整，生态环境问题对浙江内河航运转型升级形成了倒逼机制。随着内河航运迅速发展，内河船舶大气污染排放、船舶垃圾、船舶油污水上岸处理和内河航运水污染防治严重滞后。提高应对内河船舶突发性水污染事故的应急处置能力、内河航运水污染监管能力，建成畅通、高效、平安、绿色的浙江省内河航运体系是贯彻落实浙江省委、省政府"五水共治""美丽浙江"重大决策的重要内容。为此，加快推进绿色内河航运发展，实现内河航运与生态环境的可持续协调发展，以应对浙江经济发展方式转变对航运服务提出的新需求。

5.2 内河航运绿色发展的影响因素实证研究

5.2.1 调查设计与方法

由于内河航运绿色发展是一个多维度概念，从系统角度来考虑，必须先弄清楚哪些影响因素对系统的功能有较大的影响，哪些影响因素相互之间有密切的联系，而哪些影响因素之间的联系不太密切，对系统的影响较少。在内河航运绿色发展过程中，总会从不同的方面表现出其绿色发展状况的特征，这里的关键是要尽可能详细全面地找出内河航运绿色发展的这些特征表现，把它们作为内河航运绿色发展测算指标，从而通过这些指标能够准确地测度出内河航运绿色发展状态。

1. 目的

通过实证分析筛选出测算内河航运绿色发展的有效的、主要的因素、指标，并构建内河航运绿色发展测算体系。

2. 调查表设计

按照对内河航运绿色发展影响因素的理论分析，并分别调研了多家港航局、海事局、环保局、船公司、船代公司和航运专家等，通过调研访谈，听取他们对设计的调查表的意见、看法以及修改意见，经过多次修改，并进行指标重要性调查问卷，问卷用 5 级列举比量表，详细表格见附录。

3. 选择问卷调查对象及问卷回收

问卷调查对象选择浙江省市港航局、海事局、环保局和内河航运企业负责人、各部门经理以及经验丰富的部门员工，请被调查对象按照极重要 ＝ 5，很重要 ＝ 4，重要 ＝ 3，应考虑 ＝ 2，意义不大 ＝ 1 的设定进行逐个指标进行打分，填入相应的表格中。

4. 分析方法

首先对内河航运绿色发展测算指标调查表进行问卷的信度分析，测量指标数据和结论的可靠性程度；其次用因子分析法筛选出内河航运绿色发展测算指标，并根据因子分析的结果确定内河航运绿色发展体系。

5.2.2 调查表的可靠性分析

在实际研究内河航运绿色发展的过程中，需要借助内河航运绿色发展测算指标体系来评估内河航运绿色发展的状况，作为实施的目标及评估、分析的手段，由于没有现成的内河航运绿色发展测算指标体系可以借鉴、参考，在征询和听取多方意见、建议基础上，设计了内河航运绿色发展测算指标体系调查表。而对于这个调查表是否可行、可靠？就需要对调查表的可靠性或信度进行分析，本书采用信度分析。信度是评估结果的前后一致性，也就是评估得分使人们可以信赖的程度有多大。一个好的调查表，它的结果应是可靠的，多次反复测量，其结果应保持一致。

在测量学中，信度的定义为：一组测量分数的真变异数与总变异数（实得变异数）的比率，即：

$$r_{xx} = \frac{S_T^2}{S_x^2} \tag{5-1}$$

其中，r_{xx} 为信度系数。在实际测量中，真值是未知的，因此信度系数不能由上式直接得到，而只能根据一组实得分数来做出估计。测验分数的误差来源不同，估计信度的方法也不同。信度系数的估计方法可以分为再测信度、分半信度、同质性信度等几种。

同质性信度也称为内部一致性，指的是测验内部所有项目间的一致性。使用最多的同质性信度计算方法为 α 系数，是由克伦巴赫（L. J. Cronbach）提出的，计算公式如下：

$$\alpha = \frac{K}{K-1}\left(1 - \frac{\sum S_i^2}{S_x^2}\right) \tag{5-2}$$

其中，K 为测验项目数，S_i^2 为某项分数的变异数，S_x^2 为测验总分的变异数。

本书采用的可靠性分析模式是 Alpha，即 Cronbach α 模式，用 Cronbach 同质性信度 α 系数来表示信度的大小。α 系数介于 0~1，一般认为 α 系数值大于 0.6 即可。结果见表 5-1 和表 5-2。

表 5 - 1   内河航运绿色发展测算指标体系调查表的可信度分析

	平均得分	方差	相互关系系数	α 值（信度）
大气污染	127.2083	275.6504	0.5157	0.7070
水体污染	127.5833	273.3841	0.5789	0.4058
固体废物	127.5000	283.4783	0.3626	0.7094
噪音污染	127.6250	293.5489	0.1449	0.4119
清洁能源比例	127.9583	298.9112	- 0.0174	0.7340
能源利用率	127.4167	294.9493	0.0976	0.7126
效能比	127.7083	296.0417	0.0676	0.4129
能源消耗量	127.1667	286.5797	0.5896	0.4086
能源回收率	126.7083	291.3460	0.5762	0.4098
单位 CO_2 排放	127.1250	291.6793	0.6152	0.4008
船舶岸电	126.0417	290.0417	0.5273	0.4085
船舶标准化	126.6250	285.6359	0.5386	0.5080
节能技术应用	126.2083	284.7808	0.4611	0.7077
环保技术应用	126.7500	278.1087	0.1907	0.7258
节能减排组织	126.7500	287.9348	0.4054	0.7084
节能减排制度	126.7500	290.7174	0.5763	0.4099
节能减排能力	127.1250	273.0707	0.3436	0.7247
节能减排机制	126.4583	284.8678	0.5141	0.4083
节能减排宣传	126.5417	285.3895	0.5312	0.5081
单位周转能耗	126.5417	286.5199	0.5707	0.4089
信息化管理	126.2500	274.3696	0.3898	0.7043
物流衔接效率	126.5000	270.1739	0.3689	0.6729
集装箱化	126.5833	269.8188	0.3122	0.6535
土地资源	126.0000	287.0435	0.5703	0.4088
设备资源	125.9583	290.9982	0.5726	0.4099
人力资源	126.0833	290.3406	0.5418	0.4091

	平均得分	方差	相互关系系数	α 值（信度）
经济效益	126.2917	288.6504	0.5541	0.4081
内河航运保障	126.2917	284.6504	0.5780	0.5067
港口污染防治	126.3750	287.6359	0.5190	0.4083
社会成本	126.5833	278.2536	0.2002	0.7157
港口智能调度	127.0000	270.8696	0.5963	0.4027
公共信息平台	126.8750	278.1141	0.5433	0.4064
航道生态化	127.0000	277.5652	0.5217	0.4054
船舶防污设备	127.0000	285.7391	0.4403	0.6080
船员环保教育	126.4583	283.5634	0.4129	0.6084
危化品监管	126.6667	279.3623	0.5570	0.7063
垃圾油污接收	126.7917	278.5199	0.4384	0.6053

表 5 - 2 方差分析

方差来源	平方和	自由度	均方	F 值	P 值
变量间值	224.1351	36	6.2260	18.5714	0.0000
可靠性系数					
各类别频数	58.0	项目个数	37	Alpha 值	0.7102

结果分析

上面结果是 SPSS11.5 可靠性分析的输出结果，表 5 - 1 中输出结果第一部分为每个指标与量表得分的关系：将某个指标从量表中剔除情况下，量表的平均得分（Scale Mean if Item Deleted）、方差（Scale Variance if Item Deleted）、每个指标得分与剩余各指标得分间的相互关系系数（Corrected Item – Total Correlation），以及删除某指标后的 α 值（信度）（Alpha if Item Deleted）各是多少。表 5 - 2 中输出结果第二部分为方差分析，F = 18.5714，P = 0.0000 < 0.001，即该量表的度量效果良好。输出结果的最后部分为量表的同质性信度，Alpha = 0.7102，该信度表

明该量表的信度较好，但还有待再进一步的开发完善。

5.2.3 基于因子分析的内河航运绿色发展测算指标筛选实证分析

1. 因子分析法适用性检验

对样本数据进行 KMO 测度和巴特利球体检验，结果如表 5 - 3 所示，KMO 值为 0.821，说明该数据表适合做因子分析。表中的巴特利特球体检验的 x^2 统计值的显著性概率是 0.000，小于显著性水平 0.01，因此拒绝巴特利球体检验的零假设，可以认为该数据表适合做因子分析。

表 5 - 3　　　　　　　　　　　KMO 测度和巴特利球体检验

KMO 值		0.821
巴特利特球体检验的 x^2 统计值	卡方检验	213.410
	离差	66
	P 值	0.000

2. 方差解释量测度

利用 SPSS11.5 统计软件进行因子分析并进行正交旋转，输出结果见表 5 - 4，该表是因子分析后提取和因子旋转的结果。其中第二列是因子变量的方差贡献（特征值），它是衡量因子重要程度的指标。例如第一个因子的特征值为 11.194，表示第一个因子描述了原有变量总方差中的 11.194，后面因子描述的方差依次减少。第三列是各因子变量的方差贡献率，表示该因子描述的方差占原有变量总方差的比例，例如第一个因子变量的方差贡献率为 30.253%，说明第一个因子变量很重要。第四列是因子变量的累计方差贡献率，表示前 m 个因子描述的总方差占原有变量的总方差的比例。第五列到第七列是旋转以后得到的因子对原变量总体的刻画情况，含义和前述的一样。

表 5 - 4 　　　　　　　　　　　**总方差分解** 　　　　　　　　单位：%

因子序号	未经旋转提取因子的载荷平方和			经旋转提取因子的载荷平方和		
	方差贡献	方差贡献率	累计方差贡献率	方差贡献	方差贡献率	累计方差贡献率
1	11.194	30.253	30.253	7.226	19.531	19.531
2	6.872	18.572	48.825	7.165	19.365	38.897
3	4.804	12.983	61.808	5.234	14.146	53.043
4	3.427	9.263	71.071	3.549	9.591	62.634
5	1.948	5.266	76.336	3.267	8.831	71.464
6	1.624	4.388	80.724	2.788	7.534	78.999
7	1.446	3.907	84.631	2.084	5.632	84.631
8	1.031	2.787	87.418			
9	0.860	2.325	89.743			
10	0.748	2.020	91.763			
11	0.709	1.917	93.680			
12	0.522	1.410	95.090			
13	0.478	1.291	96.381			
……	……	……	……			
37	-1.305E-15	-3.527E-15	100.000			

从表 5 - 4 的输出结果的累计方差贡献率一栏可以看出，前面的 7 个因子变量的累计方差贡献率为 84.631%，而后面 30 个因子的累计方差贡献率只有 15.37%，通常，因子分析要求因子的累计方差贡献率大于 80%。因此，可以认为前 7 个因子能解释指标变量的大部分信息，可以概括数据的特性。由于前 7 个因子变量的累计方差贡献率解释了总体方差的 84.631%，已基本包含了 37 个指标变量的信息而具有代表性，所以，初步确定选取前 7 个因子进一步分析是可行的。

因子碎石图也验证了上述选取因子数。图 5 - 1 是因子碎石图，它的横坐标为因子个数，纵坐标为因子的特征值。从图中的每个点可以看出，前面 7 个点（因子），特别是前 6 个点之间的高度（距离）明显陡峭，特征值变化非常明显，这种坡则称为"碎石坡"（Attell，1960），而第 7 个点后面的各个点之间的坡度相对地平坦些而形成"平坡"，特征值变化趋于平稳。说明在"山脚下"，它包含了许多无关紧要的因子（碎石），而平坡与陡坡之间的断点起着分界的作用，从断点开始的左边各"陡点"是有决定意义的成分，即因子。因此本节抽取 7 个因子可以对原变量的信息描述有显著作用。从表 5 - 4 的结果中也可以看出这样的结果。

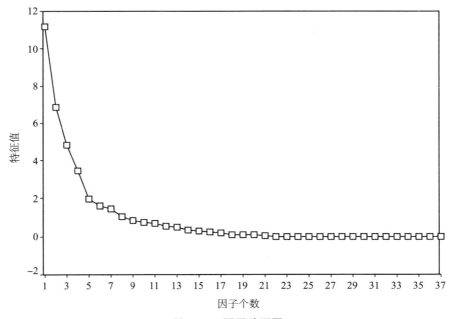

图 5 - 1　因子碎石图

3. 因子的共同度

如表 5 - 5 所示，其均值为 0，标准偏差为 1，即因子方差的初始值（Initial）均为 1，如表中第二列所示；第三列是根据因子分析最终计算出的指标变量的共同度，这时由于因子的个数少于原始指标变量的个数，因此每个指标变量的共同度必然小于 1。因此，由 7 个因子提供的信息量包含了原有指标变量体系的大部分信息，对原指标变量的信息描述有显著作用，反映了原始数据的特性。

表 5 – 5 共同度

	因子方差的初始值	指标变量的共同度
大气污染	1.000	0.897
水体污染	1.000	0.894
固体废物	1.000	0.824
噪音污染	1.000	0.823
清洁能源比例	1.000	0.937
能源利用率	1.000	0.752
效能比	1.000	0.687
能源消耗量	1.000	0.864
能源回收率	1.000	0.764
单位 CO_2 排放	1.000	0.706
船舶岸电	1.000	0.891
船舶标准化	1.000	0.825
节能技术应用	1.000	0.708
环保技术应用	1.000	0.892
节能减排组织	1.000	0.700
节能减排制度	1.000	0.848
节能减排能力	1.000	0.719
节能减排机制	1.000	0.947
节能减排宣传	1.000	0.937
单位周转能耗	1.000	0.969
信息化管理	1.000	0.844
物流衔接效率	1.000	0.854
集装箱化	1.000	0.872
土地资源	1.000	0.865
设备资源	1.000	0.929
人力资源	1.000	0.895

	因子方差的初始值	指标变量的共同度
经济效益	1.000	0.816
内河航运保障	1.000	0.912
港口污染防治	1.000	0.876
社会成本	1.000	0.854
港口智能调度	1.000	0.883
公共信息平台	1.000	0.942
航道生态化	1.000	0.898
船舶防污设备	1.000	0.772
船员环保教育	1.000	0.896
危化品监管	1.000	0.752
垃圾油污接收	1.000	0.872

4. 指标体系分析

对提取的 7 个因子建立原始因子载荷矩阵，如表 5 - 6 所示，从表 5 - 6 可以看出：在原始因子载荷矩阵中，由于因子在许多指标变量上都有较高的载荷，以至于它的涵义就会比较模糊，导致原始负载矩阵很复杂，很难对因子进行解释，必须对因子进行旋转，使得每个因子的载荷的平方按列向 0 或 1 两极分化，并将同一因子上不同载荷的指标变量进行排序，因子的载荷小的指标变量将从因子从删除，进行因子旋转的目的在于使在一个因子上有高载荷的指标变量数减至最少，这将增强因子的可解释性。表 5 - 7 为经过旋转后的因子载荷矩阵。由表 5 - 7 可知，旋转后的因子结构得到了有效简化，指标变量由原来的 37 个缩减为 15 个。根据各因子所负载的指标变量的总体内涵，可把 7 个因子的涵义分别定义为污染因子、能源因子、节能因子、管理因子、生态因子、智能因子、教育因子。由此，15 个指标变量进一步聚合成 7 个主要因子。由此，得到内河航运绿色发展测算指标体系结构，见图 5 - 4。

表 5 - 6　　　　　　　　　　　　　　因子矩阵

	因子						
	1	2	3	4	5	6	7
大气污染	0.141	0.224	0.190	0.035	-0.245	0.218	0.230
水体污染	0.310	0.652	-0.146	0.383	-0.034	0.438	0.107
固体废物	0.050	0.710	-0.255	0.315	-0.015	0.389	-0.036
噪音污染	-0.287	0.745	0.417	-0.011	-0.028	-0.104	-0.013
清洁能源比例	-0.377	0.646	-0.355	0.084	0.430	0.244	-0.005
能源利用率	-0.321	0.682	0.268	-0.015	0.311	0.112	0.038
效能比	-0.317	0.637	0.330	0.004	0.076	0.225	-0.125
能源消耗量	0.002	0.702	0.470	0.128	0.157	-0.242	0.225
能源回收率	0.014	0.475	0.571	-0.321	0.095	-0.182	0.259
单位 CO_2 排放	-0.085	0.546	0.423	-0.210	0.376	-0.090	-0.168
船舶岸电	0.310	-0.076	0.625	-0.262	0.161	0.180	0.327
船舶标准化	0.303	0.442	0.338	-0.491	-0.336	0.025	-0.264
节能技术应用	0.379	0.392	0.204	-0.369	-0.186	-0.438	-0.075
环保技术应用	0.655	0.234	-0.373	-0.036	-0.254	0.032	0.451
节能减排组织	0.219	0.546	0.077	-0.217	-0.382	0.129	-0.371
节能减排制度	0.297	0.234	-0.357	-0.270	-0.324	-0.116	0.622
节能减排能力	0.502	0.560	-0.309	-0.032	0.068	0.115	-0.198
节能减排机制	0.404	0.126	0.177	0.794	0.118	-0.287	0.100
节能减排宣传	0.387	0.207	0.107	0.794	0.047	-0.304	-0.089
单位周转能耗	0.288	0.252	0.309	0.755	-0.244	-0.310	0.045
信息化管理	0.821	0.065	0.245	0.053	-0.288	0.050	-0.131
物流衔接效率	0.879	0.148	-0.069	0.040	-0.182	0.005	-0.143
集装箱化	0.889	0.030	-0.139	0.069	-0.116	0.189	-0.085
土地资源	0.607	-0.313	0.554	0.050	0.223	0.141	0.143
设备资源	0.551	-0.423	0.600	0.114	0.139	0.226	0.036
人力资源	0.590	-0.349	0.633	0.094	0.065	-0.077	-0.071

续表

	因子						
	1	2	3	4	5	6	7
经济效益	0.718	−0.280	0.341	−0.039	0.079	0.020	−0.313
内河航运保障	0.800	−0.187	0.395	−0.021	−0.141	0.247	0.017
港口污染防治	0.773	−0.399	0.177	−0.081	−0.011	0.279	0.057
社会成本	0.665	0.147	0.064	−0.428	0.430	−0.132	0.025
港口智能调度	0.734	0.464	−0.303	−0.158	−0.010	−0.107	−0.027
公共信息平台	0.674	0.152	−0.392	−0.459	0.253	−0.188	0.003
航道生态化	0.635	0.329	−0.417	−0.211	0.254	−0.308	−0.092
船舶防污设备	0.536	0.046	−0.389	0.268	0.497	0.115	−0.011
船员环保教育	0.785	−0.361	−0.237	−0.053	0.214	0.075	0.200
危化品监管	0.716	0.070	−0.408	0.158	−0.083	−0.160	−0.098
垃圾油污接收	0.818	0.034	−0.410	0.077	0.109	−0.032	−0.124

表 5 − 7　　　　　　　　　　　旋转因子矩阵

	因子						
	1	2	3	4	5	6	7
大气污染	0.939						
单位 CO_2 排放	0.900						
水体污染	0.878						
噪音污染							
危化品监管							
港口智能调度							
物流衔接效率							
固体废物							
清洁能源比例		0.933					
能源利用率		0.915					
效能比		0.852					

续表

	因子						
	1	2	3	4	5	6	7
能源消耗量							
单位周转能耗							
能源回收率							
信息化管理							
土地资源							
设备资源							
节能减排宣传							
船员环保教育							
节能减排机制			0.836				
节能技术应用			0.806				
环保技术应用			0.777				
节能减排组织							
节能减排能力							
节能减排制度							
垃圾油污接收				0.922			
船舶防污设备				0.905			
港口污染防治				0.845			
集装箱化					0.842		
船舶岸电					0.809		
经济效益							
人力资源							
船舶标准化						0.757	
社会成本							
公共信息平台							
航道生态化							0.855
内河航运保障							

经过筛选，由此可得内河航运绿色发展测算指标体系。

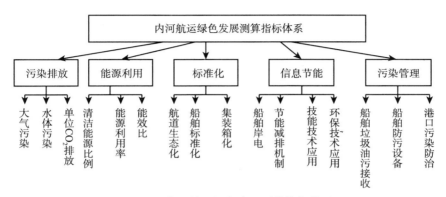

图 5 - 2　内河航运绿色发展测算指标体系

5. 3

内河航运绿色发展模糊评价模型构建

根据研究目标，影响因素及其相关关系，将复杂问题分解成递阶层次结构，然后将下一层次的各因素相对于上一层次的各因素进行两两比较判断，构造模糊判断矩阵，通过对模糊判断矩阵的计算，进行层次单排序和一致性检验，最后进行层次总排序，得到各因素的组合权重，并通过排序结果分析和解决问题。这种方法具有需要的信息量少、决策效率高等特点。

1. 构造递阶层次结构模型

根据研究目标、影响因素及其相互关系，把所研究的问题条理化、层次化，构造出一个层次分析的结构模型，将涉及的各影响因素和隶属关系层次化。通常包括目标层、准则层和指标层。同一层元素对下一层的某些元素起支配作用，同时它又受上一层次元素的支配。每一层次中各元素所支配的下一层次元素一般不超过 9 个，否则将会给两两比较判断带来困难。一个好的层次结构对于分析和解决问题是极为重要的。

2. 构造模糊判断矩阵

对递阶层次结构中各层上的元素，根据各元素对于其上一层元素的重要性进行两两比较，对因素相互进行比较，建立模糊判断矩阵。模糊判断矩阵 $R = (r_{ij})_{n \times n}$，具有下述性质：

$$a_{ij} > 0, \quad a_{ij} = \frac{1}{a_{ji}}, \quad a_{ii} = 1, \quad i, j = 1, 2, \cdots, n \qquad (5-3)$$

式中 a_{ij} 表示元素 U_i 与 U_j 相对于其上一层元素重要性的隶属度，一般为 $1 \sim 9$ 的值。标度法及其含义如表 5-8 所示。

表 5-8　　　　　　　　　　　　　标度及含义

标度	含义
1	两指标对绿色发展效果同样重要
3	一指标比另一指标对绿色发展效果稍微重要
5	一指标比另一指标对绿色发展效果明显重要
7	一指标比另一指标对绿色发展效果更重要
9	一指标比另一指标对绿色发展效果绝对重要
2、4、6、8	处于两相邻判断的中值
倒数	考核指标 x_i 与 x_j 相比的值为 a_{ij}，则 x_i 与 x_j 相比为 $\frac{1}{a_{ij}}$

3. 模糊判断矩阵的权重计算

本书采用模糊判断矩阵权重计算方法[1]，包含了模糊判断矩阵的一致性检验的优点及其判断信息，计算量小。模糊判断矩阵权重的计算公式如下：

$$W_i = \frac{\sum_{j=1}^{n} r_{ij} + \frac{n}{2} - 1}{n(n-1)}, \quad i = 1, 2, \cdots, n \qquad (5-4)$$

---

[1]　徐泽水. 模糊互补判断矩阵排序的一种算法 [J]. 系统工程学报，2001，16（4）：311-314.

4. 组合权重计算

根据模糊判断矩阵，先计算出模糊判断矩阵的特征向量 W，然后经过归一化处理，使其满足 $\sum_{i=1}^{n} W_i = 1$，就可求出 R_i 关于 A_m 的相对重要程度，即权重。

在计算了各级指标对上一级指标的权重以后，即可从最上一级开始，自上而下的求出各级指标关于评价目标的组合权重。某一级指标的组合权重是该指标的权重和上一级指标的组合权重的乘积值，由最高级开始，依次往下递推计算。

5. 确定指标隶属函数和计算隶属度

指标隶属函数确定是实施模糊层次评价法的关键问题之一。隶属函数的确立方法是比较多的，根据不同的研究和处理对象，采取不同的方法。常用的确定隶属函数方法主要有直线型无量纲化方法、折线型无量纲化方法和曲线型无量纲化方法三种，根据上述确定的隶属函数，即可计算出各指标的隶属度（见表 5－9）。

表 5－9　　　　　　　　　　　隶属度计算

实际测量值	隶属阈	隶属函数	隶属度
x	[a，b]	升半梯形分布	$(x-a)/(b-a)$
x	[a，b]	降半梯形分布	$(b-x)/(b-a)$

6. 综合评价

本书采用线性加权和法计算出综合评价得分，即把求出的各指标的隶属度，乘以相应的各指标的组合权重，得出评价对象的总评分。

$$P = \sum_{i=1}^{n} W_i \mu_A(x_i) \qquad (5-5)$$

5.4

浙江内河航运绿色发展测算研究

5.4.1 概述

浙江河流众多，水网密布，丰富的水资源使浙江成为内河航运大省。2013年浙江内河航道通航里程达 9704 公里，四级及以上高等级航道 1398 公里，支线航道众多。现有杭州港、湖州港、嘉兴内河港、绍兴港、宁波内河港、金华兰溪港、丽水青田港等 7 个内河重点港口，2013 年完成货物吞吐量 3.75 亿吨（见表 5 - 10），居全国第二位，集装箱吞吐量达到 23.1 万标箱。2013 年通航船舶 174 余万艘次，并呈现增长态势。目前，浙江省辖区共有登记在册的运输船舶 24000 余艘，其中危险品运输船舶 98 艘，在浙江省营运的外省籍危险品船舶 200余艘；注册船员 30000 余名，危险品作业码头、锚地 170 余处。2013 年浙江全省共回收船舶废油约 360 余吨。

表 5 - 10　　　　　　　浙江省内河港口货物吞吐量　　　　　　单位：万吨

港口 \ 年份	2013	2012
杭州港	9381.6092	9097.0459
嘉兴内河港	11106.9621	10855.5495
湖州港	15311.8033	17840.4484
绍兴港	1344.5611	1205.1643
宁波内河港	52.4946	52.3883
兰溪港	69	20.2
丽水港	3.8	3.22
青田港	188.489	97.183
合计	37458.7593	39171.1994

资料来源：浙江省港航局。

5.4.2　浙江内河航运绿色发展实证研究

1. 建立判断矩阵计算指标权重和隶属度

内河航运绿色发展测算指标体系见图 5 - 2，建立浙江内河航运绿色发展测算的递阶层次结构模型，见图 5 - 3。

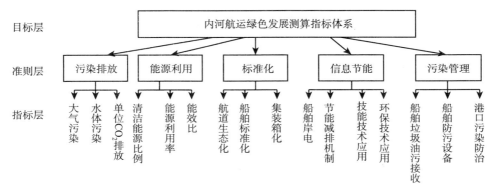

图 5 - 3　内河航运绿色发展测算递阶层次结构模型

相对于污染排放、能源利用、信息节能、标准化和污染管理 5 个评价准则，依据专家打分，建立准则层模糊判断矩阵（见表 5 - 11 ~ 表 5 - 16）。

表 5 - 11　　　　　　　　　　准则层模糊判断矩阵

	污染排放	能源利用	信息节能	标准化	污染管理	权重
污染排放	1	5	5	5	5	0.3204
能源利用	1/5	1	1	3	1/3	0.2041
信息节能	1/5	1	1	3	1/3	0.2041
标准化	1/5	1/3	1/3	1	1/5	0.0786
污染管理	1/5	3	3	5	1	0.1928

表 5－12   污染排放指标权重判断矩阵和隶属度

	单位 CO_2 排放	水体污染	大气污染	权重	实测值	隶属阈	隶属度
单位 CO_2 排放	5	1/5	1/4	0.0974	0.3751mg/m³	[0.3, 0.5]	0.6245
水体污染	5	1	2	0.5695	41.2mg/l	[35, 60]	0.752
大气污染	4	1/2	1	0.3331	0.1628mg/m³	[0.15, 0.25]	0.872

表 5－13   能源利用指标权重判断矩阵和隶属度

	清洁能源比例	能源利用率	效能比	权重	实测值（%）	隶属阈	隶属度
清洁能源比例	1	1/3	1/3	0.1428	26	[10, 30]	0.8261
能源利用率	3	1	1	0.4286	39.85	[25, 48]	0.6456
效能比	3	1	1	0.4286	82	[65, 90]	0.8473

表 5－14   信息节能指标权重判断矩阵和隶属度

	节能技术应用	节能减排机制	环保技术应用	船舶岸电	权重	实测值（%）	隶属阈	隶属度
节能技术应用	1	1/3	1/7	1/5	0.0535	12.5	[10, 20]	0.556
节能减排机制	3	1	1/5	1/3	0.1146	32	[30, 52]	0.5185
环保技术应用	7	5	1	3	0.5484	15	[10, 20]	0.6456
船舶岸电	5	3	1/2	1	0.2835	2.2	[1.5, 3]	0.472

表 5－15   标准化指标权重判断矩阵和隶属度

	航道生态化	船舶标准化	集装箱化	权重	实测值（%）	隶属阈	隶属度
航道生态化	1	1	3	0.4286	16	[10, 30]	0.7269
船舶标准化	1	1	3	0.4286	9	[5, 12]	0.6456
集装箱化	1/3	1/3	1	0.1428	32	[30, 50]	0.6283

表 5 - 16　　　　　　　　污染管理指标权重判断矩阵和隶属度

	船舶垃圾油污接收	船舶防污设备	港口污染防治	权重	实测值（%）	隶属阈	隶属度
船舶垃圾油污接收	1	1	3	0.4482	23	[10, 30]	0.5269
船舶防污设备	1	1	3	0.4482	12	[10, 30]	0.5456
港口污染防治	1/3	1/3	1	0.1036	36	[30, 50]	0.6721

2. 数据分析和结果

对浙江内河航运绿色发展的数据进行综合分析，见表 5 - 17，得出结论：

表 5 - 17　　　　　　　　浙江内河航运绿色发展综合评价

	指标	组合权重	隶属度	指标得分
污染排放	单位 CO_2 排放	0.0227	0.5286	0.0012
	水体污染	0.1328	0.0128	0.0017
	大气污染	0.0777	0.0180	0.0014
能源利用	清洁能源比例	0.0149	0.0872	0.0013
	能源利用率	0.0446	0.3884	0.0381
	效能比	0.0446	0.3857	0.0372
信息节能	节能技术应用	0.0125	0.7681	0.0096
	节能减排机制	0.0267	0.8727	0.0036
	环保技术应用	0.1297	0.7625	0.0049
	船舶岸电	0.0661	0.4720	0.0012
标准化	航道生态化	0.1507	0.8971	0.1352
	船舶标准化	0.0208	0.9327	0.0194
	集装箱化	0.0769	0.8361	0.0643
污染管理	船舶垃圾油污接收	0.0295	0.5304	0.0157
	船舶防污设备	0.0295	0.5694	0.0168
	港口污染防治	0.0192	0.0192	0.0137
综合评价	P = 0.4296			

（1）浙江内河航运绿色发展的评价结果为 0.4296，表明浙江内河航运绿色发展状况较差。评价结果符合内河航运粗放式发展实际，缺乏有效地对内河航运污染控制和管理，内河航运基本以民营、个体运输船舶为主，航运市场主体活力不足、功能不全、规模小，环保意识淡薄。不过，随着国内环境日益恶化，内河航运绿色发展也引起政府的重视，内河航运有很大空间来提升绿色发展，这也是生态文明建设、美丽中国和浙江"五水共治"的必然要求。

（2）污染排放得分为 0.0043，占总评分的 10%，远远小于期望值的 32.04%（权重）；能源利用得分为 0.0766，占总评分的 17.8%，小于期望值 20.41%；信息节能得分为 0.0193，占总评分的 4.49%，小于期望值 20.41%；标准化得分为 65.92%，大于期望值 7.86%；污染管理得分为 10.75%，小于期望值 19.28%。可以看出，只有标准化方面比较好，污染排放、能源利用、信息节能和污染管理方面较差。

5.5

结论与建议

（1）加快培育绿色内河港航市场要素。梳理港航管理"权力清单"，加快港航发展政策研究运用，推进航运资源要素市场化建设，加快培育内河航运市场主体，鼓励企业联合、兼并重组，探索以联合经营为先导，逐步构建内河港航企业联盟机制，推动港航中小企业规模经营。

（2）强化内河航运污染全过程管理。建立信息通报和沟通协调机制，形成船舶检验部门、地方海事管理机构、港航管理部门等内河航运污染防治工作合力，建立健全船舶污染物收集接收处理和运营管理机制，共同推进绿色内河航运建设。

（3）加快绿色内河港口建设。整合优化内河港口岸线资源，加快内河港口规模化、集约化、现代化发展，加强资源节约型、环境友好型绿色港口建设。加快内河港口码头船舶垃圾接收点、船舶油污水回收点建设，加强船舶垃圾及油污水接收上岸和船舶污染物收集处置监管，加快现有港口、码头船舶垃圾接收等相关功能的配套设施改造建设。

（4）着力推进船舶运力结构调整转型，加快内河船舶绿色能源化。采取政府引导、企业为主的方式，采用经济政策鼓励淘汰老旧船舶、内河船舶绿色能源化改造，加快现有船舶改造为 LNG 动力船、电动驱动船的试点示范工作，加快研发安全、环保、节能和技术先进的标准船型，大力推进运力结构调整，实施船型标准化，积极推广内河液化天然气（LNG）、电动等新能源船舶，积极引导内河船舶向更高效、安全、环保的现代化方向发展。研究加气点和充电设施布局建设，组建了 LNG 燃料供应企业，在内河沿线规划建设水上及陆上加注站。

（5）"互联网＋"内河港航。将物联网概念与技术引入内河航运领域，加快内河船联网建设，加快内河港航信息化管理，完善内河港航综合管理系统。建立港航网站、短信平台、GPS 信息发布、"12395"呼叫中心等互动平台，加强与船舶的直接交流沟通。推出手机应用"港航服务站"，方便船户获取航行通告、气象水位等信息，推动内河港口航运向着自动化、智能化方向发展。加快跨区域航运数据交换平台、集装箱内支线信息系统、内河航运信息服务、内河物流公共信息服务平台、内河港航安全管理信息系统以及内河水运应急救援平台的建设，以信息服务促进内河港航物流发展，提升内河航运经营效率。

（6）加快浙江绿色内河航运法规体系建设。加快内河航运大气污染和水污染防治地方法规建设研究，完善内河航运法规体系，严格内河航运、港口等相关方的污染防治责任，加快试行内河船舶污染损害责任保险。

（7）加快浙江绿色内河航运文化建设。借助大众媒体、网络平台和移动通信网络平台宣传绿色内河航运法律、法规和规章制度，增强内河港口、航运企业、港航从业人员环保意识，宣传绿色内河航运文化。

本章对内河航运绿色发展进行了研究，在咨询港航专家和内河航运企业管理人员意见的基础上，对内河航运绿色发展影响因素进行问卷调研，并采用信度分析和因子分析构建内河航运绿色发展测算指标体系，进而采用模糊层次评价法对浙江内河航运绿色发展进行测算。但是，本章的研究也存在很大的不足，研究内容没有涉及内河航运绿色发展模式、内河航运相关企业绿色行为特征、内河航运相关企业绿色航运管理能力等，这些内容都有待于进一步研究。

第 *6* 章

内河航运低碳化发展的
影响机制、测度研究

6.1

概　　述

1. 研究背景

2015 年 12 月在法国巴黎召开的第 21 届联合国气候变化大会就 2020 年以后的全球应对气候变化新机制达成协议并要求各国采取更加积极的行动。习近平主席在本次气候大会开幕式上的讲话，展现了中国积极应对气候变化和坚持走低碳发展道路的坚定决心。我国是世界上最大的温室气体排放国，为实现巴黎协议中提出的全球应对气候变化长期目标，需要改变当前的发展模式并向绿色低碳发展转型。绿色低碳发展转型也是落实中央最近提出的"创新、协调、绿色、开放、共享"发展理念的重要体现。随着中国经济结构的转型升级，节能减排潜力巨大。中国已明确到 2030 年左右二氧化碳排放争取提前达峰。中国已确定到 2020年，实现在 2005 年基础上，单位国内生产总值二氧化碳排放降低 40% ~ 45% 的目标，争取 2030 年碳强度在 2005 年的基础上降低 60% ~ 65%，非化石能源占一次能源比重达到 20% 左右，森林蓄积量要增加 45 亿立方米。同时。中国在 7 个省市碳排放权交易试点工作基础上，2017 年已经启动开展全国统一的碳市场。鉴于国内日趋紧张的资源环境约束和国际社会携手应对气候变化的大势所趋，努力降低温室气体排放强度，积极推动发展方式的绿色低碳转型已经成为我们的必然选择。

中国作为最大的发展中国家，在绿色低碳之路上已经开始坚定地走下去。随着大气污染与温室效应的加剧，中国的相关环境保护立法在不断的加快。2014年 4 月 24 日，全国人大通过了新的环境保护法，以严格执法，强化监管监督机制，革新技术手段等方式改善环境。2015 年 8 月 29 日，修订后的《中华人民共和国大气污染防治法》获得通过，主要以改善大气环境质量为目标，明确了地方政府责任，加强了对地方政府的监督。交通作为能源消耗和碳排放的大户，在各国节能减排中都占据着重要地位。中国的交通碳排放更属于高碳排放。相关数据显示，中国交通部门的二氧化碳排放量从 1991 年的 151.6Mt 增长到 2009 年的 602.3Mt，年均增长率为 15.6%。这与中国的经济发展水平不断提升有很大的关系。随着我国经济持续快速发展的趋势，交通运输占全国能源消耗的比重将继续稳步上升。近年来中国内河航运业发展势头迅猛，其中长江航运运输现已成为内河航运运输量最大的内河运输线路。内河航运在标准化、大型化以及货运量等方面的齐头并进使得内河航运业迅速兴起，与此同时也带来了碳排放的快速增长。而内河航运与海运最大的不同点在于内河的航线沿岸几乎都是人类活动区域，海运航线附近大部分为广阔海域。当前中国有集装箱、杂货船、散装船等几类船型，以柴油和重油为主要燃料，具有耗油量高、污染排放量大等特点，其尾气中所含的颗粒物、NO_2、SO_2 等污染物质会对物理化学性质敏感的内河空气造成严重的影响。内河航运业的迅速发展所带来的气体污染已经影响到了人类正常生活以及周边生态环境。因此，无论是从经济的可持续发展还是从提升人民的生活质量来看，都需要对内河航运业的碳排放重视起来，寻求有效减少内河航运业碳排放的相关办法。

近年来，交通运输业的能源消耗的增长速度逐年递增，现今已显著超越了社会能源消费的增长速度，这无疑导致了碳排放的剧增。同时，交通运输作为石油消耗的最大行业，也是导致我国石油消费增长的主要原因，有效进行交通运输业的节能减排探究对我国有着特别的战略意义。2015 年我国"十三五"规划的出台，更将交通低碳发展作为重要一环去实践落实。内河航运业作为一种低能耗低排放的运输方式，促进内河航运业的发展与探究其碳减排对策不失为减少交通运输业碳排放量的好方法。因此，对内河航运业的碳排放进行研究是十分必要的。

2. 研究意义

绿水青山都是金山银山。坚持低碳发展，必须以节约资源和保护环境为基础，走可持续发展、建设生态文明道路，加快步伐成为资源节约型、环境友好型社会，形成人与自然生态和谐发展的新局面，推进美丽中国建设，为全球生态做出新贡献。在社会经济发展的同时，以环境污染作为代价是一个非常不明智的做法，要做到人与生态环境和谐发展，推动低碳循环经济体系发展。内河航运业是国民经济的基础性产业，是国民经济的重要组成部分之一，是关系到国家安全以及国民经济发展命脉的重要行业。随着我国内河航运业迅速发展，内河航运业在节约能源、降低碳排放实现绿色航运发展有待加强，为此，进一步加强内河航运船舶水污染防治工作，加快低碳航运建设的步伐，实现航运经济发展和环境保护共赢的目标，对我国绿色低碳发展、推动经济可持续发展和产业结构的调整意义非凡。

从学术价值来看，我国对航运业碳排放的分析主要集中在国际海运方面，在内河航运业碳排放分析这一块相当缺乏。采集合适的数据对内河航运业进行测度分析，研究内河航运业碳排放的影响因素，能够为这一领域提供重要的理论依据。同时有利于为相关政策决策提供支持。

从实际意义来看，第一，内河航运业的发展带来的温室效应与气体污染已经影响到内河航线沿岸居民的正常生活，通过内河航运业碳排放测度研究能够了解相关影响因素及影响程度，从而做出调整，达到改善居民生活的目的。第二，该项研究能为绿色内河航运发展提供有力的支持和为政府的制定科学的政策提供参考意见，从而对"五水共治"这一重大决策更好地落实到每一个细节，同时强化内河航运污染治理工作，推动绿色航运发展，实现内河航运与生态环境的可持续协调发展。第三，该项研究积极响应了"十三五"规划中交通低碳发展这一相关内容，为圆满完成"十三五"规划确定的各项目标任务打下了良好的基础。

3. 国内外研究现状及述评

在大部分人眼中，碳排放就是二氧化碳的排放。其实不然，碳排放是温室气体排放的总称。在京都协议书中，规定控制的 6 种温室气体为：二氧化碳（CO_2）、甲烷（CH_4）、氧化亚氮（N_2O）、氢氟碳化合物（HFCs）、全氟碳化合物（PFCs）、六氟化硫（SF_6）。后三类气体造成温室效应的能力强于前三类气体，然而由于二氧化碳在大气中的含量最多，其对全球升温的贡献率是最大的，约为 55%。

希施勒（Hirschler）于 1967 年最早提出碳排放一词，指出在全球碳排放总量中，人类通过焚烧化石燃料向大气中排放的二氧化碳占总量的 90% 以上。1988 年 11 月，政府间气候变化委员会研究发现，始于 20 世纪中叶可观测的全球气温上升，90% 以上由人类活动产生的碳排放引起。20 世纪 90 年代，各国共同签署了《京都议定书》和《联合国气候变化框架公约》，目标是将避免气候系统受到人为破坏，使大气中的温室气体浓度稳定在一个标准水平上。由于全球对碳排放增温效应的关注，经济学界逐渐对碳排放问题予以重视。从此，碳排放成为一个经济学研究常常用到的名词而不再仅仅是一个科学认知。

内河航运低碳化发展，就是以可持续发展为前提，通过技术创新、研发新能源、能源以及产业结构的调整等方式，降低二氧化碳等温室气体的排放量。

与固定源排放的工业的碳排放来说，内河航运碳排放属于移动源排放，内河航运碳排放影响因素、碳排放特征、机制及演变趋势等存在较多的不确定性。国内外关于碳排放方面的研究主要集中在工业、公路运输和海上运输等。

（1）碳排放影响因素机制的相关研究

碳排放影响因素研究是研究碳排放机制的一个重要方面，侧重探讨碳排放与影响因素之间的关系。张郁峰（2009）提出对船舶设备的改进与科学管理是实现减排的两大重要途径。孙宁（2010）采用 LMDI 法分析了制造业碳排放的影响因素，验证了技术进步作为主要碳减排手段的合理性和必要性。因此，加大技术研究力度是实现碳减排的战略对策。张英俊（2012）从上海地区的航运模式现状入手，用理论分析和实证分析证明低碳航运模式对提升航运竞争力的积极作用，指出传统运输模式的问题与相应对策。许欢等（2012）通过科学的数学方法，说明降低船舶航速对碳减排的有效作用，提出政府引导航运企业降低营运航速、减少碳排放量的措施和方法。胡宗义（2014）提到中国政府公共支出的"双刃剑"作用，认为中国想要实现"低碳社会"目标，需要根据不同省份经济发展的实际情况来实施不同规模和结构的公共支出政策。俞姗姗（2015）的研究表明，定额征收碳税的碳排放政策调控效果要优于定量征收碳税和基于碳排放权交易处理碳排放的碳排放政策调控效果。彭传圣（2012）认为尽快强制实施船舶燃料消耗限值和营运船舶 CO_2 排放限值这两个标准，能够促进水运市场不断取得节能减排的效果。

（2）碳排放的测度方法相关研究

目前，国内外碳排放度量方法的比较常用的是投入产出法、生命周期法、模型法、实测法、物料衡算法等方法。刘强等（2008）借助了全生命周期评价的方法计算了中国出口货物贸易中的 46 种主要产品的载能量以及碳排放量，根据比较分析的结论提出了相应的政策建议。黄凌云（2010）借助 GTAP 模型实证模拟了在征收碳关税政策的情形下，可能对我国经济造成的冲击与影响，结果表明征收碳关税会造成我国能源密集型产品的出口量大幅减少，商品价格上涨，企业的营运成本剧增，使我国社会福利和经济状况不断恶化，削弱我国的国际竞争力。刘竹等（2011）根据 IPCC 温室气体排放清单的编制方法，利用修正后的城市能源消费碳排放核算方法实证分析计算了北京市的碳排放量，认为碳排放因子对碳排放的核算有着不确定性的影响。关海波等（2012）通过建立交通运输碳排放模型，定量分析交通运输部门碳排放量。纪建悦（2012）提出专门核算海洋交通运输碳排放的 STIRFDT 模型，并对海洋交通运输业的碳排放进行了估算，结果认为货运量对海洋交通运输业的碳排放量有着最为重要的拉动作用。张秀媛等（2014）以北京市公共交通系统为例，对公共交通进行全生命周期的能源消耗和碳排放测算方法分析，并提出城市交通系统节能减排措施及政策建议。欧阳斌等（2015）采用基于 IPCC 推荐方法对江苏省公路运输、水路运输（含港口）和城市客运领域的能耗与碳排放进行测算，并提出低碳交通运输发展需以降低能耗与碳排放强度为核心、以公路货运为突破重点、以优化综合运输结构和优先发展公共交通为战略导向、以发展清洁低碳能源为重要途径等政策。池熊伟（2012）分析了内河运力结构的不科学、航道基础设施投入不足、船运市场无序竞争以及中小型航运企业管理水平的低下对水路运输的碳排放效率的影响。高晓月（2013）从可持续发展的角度说明选择合适运输船舶船型，发展内河集装箱运输的重要性。许欢等（2014）的研究表明全球经济的增长是国际航运碳排放量增加的主要因素，并在最后对航运业节能减排提出了技术、营运以及市场三方面的建议措施。孙刚（2014）在他的文章中以弯曲航道、浅水效应、狭窄渠道三方面对船舶航行燃料消耗的影响进行分析，说明不同通航环境导致的船舶阻力不同而引起的额外油耗进而增加了碳排放的增长。

综上所述，通过对文献的梳理，可以看出近年来关于碳排放的研究越来越多。虽然涉及的领域不同，使用的方法数据也不同，但是这些研究都说明了碳排放对经济与环境的日益增长的影响力。然而，在研究对象方面，大量的文献都将研究重点放在国际出口海运过程中或者中国整体交通运输的碳排放分析，对中国内河航运过程中产生的碳排放缺乏系统研究。在研究方法方面，如碳排放的测度，大多文献采用投入产出分析法，该方法常常忽略运输产生的碳排放，因此缺乏针对性，并不适用于内河航运业的碳排放测度。内河航运业作为一个正在不断发展的行业，其碳排放量的显著增长不仅破坏了大自然的生态系统，更严重影响了人的健康生活与社会的经济增长。本着可持续发展的科学理念，国家与航运企业将达成减少碳排放的共识，共同致力于碳减排效应的研究和进步。而碳排放的测度以及影响因素的更多研究成果，能带来更多碳减排对策的启发思路与方法。因此，科学精确的碳排放测度、碳排放影响因素的实证分析将成为碳减排效应研究的关键。

6.2

中国内河航运低碳化发展的现状及存在问题

内河航运是一种具有悠长历史的运输方式，作为中国交通运输体系以及水资源合理利用中重要的一环，一直以来为推动社会进步和经济发展做出了重要的贡献。内河航运作为一种载重量大而在成本与能耗上偏低的运输方式，据统计，内河航运在国内的货物周转量占所有货物周转量的一半，国外货运量占比超 90%，按运输成本来说，内河水运产生的运费仅为铁路运输的 1/5，公路运输的 1/12。

我国的内河运输体系布局合理，辐射范围广，内河水运已成为一种众所周知的具有发展潜力的绿色运输方式。

中国内河运输除了在成本和载重量上优于其他运输方式外，在资源上也颇占地利。我国的内河资源相当丰富，有 1580 多条 1000 平方公里以上的河流，5 万多条 100 平方公里以上的河流，河流总长 43 万公里，还有大小湖泊 900 多个。经过多年的发展，截至 2012 年末，全国航道通航里程达到 12.5 万公里，整个内河运输体系以京杭运河、长江、珠江、淮河、黑龙江和松辽水系为核心，各水系内河航道通航里程分别为：京杭运河 1439 公里，长江水系 64052 公里，珠江水系 15995 公里，淮河水系 17264 公里，黄河水系 3488 公里，黑龙江水系 8211 公里，闽江水系 1973 公里。内河航运的服务腹地得到了延伸和扩展，服务质量也有了显著提升。

内河航运业在如此快速的发展时期，也暴露了一些在发展低碳经济中的问题：

第一，内河航运业技术水平总体不高，船舶吨位水平偏低。技术水平的低下带来了船舶能耗过高从而导致碳排放量快速增长的问题。同时，平均吨位偏小也意味着我国成为平均能耗高于世界航运发达国家的国家。

第二，船舶往返空载率高，运输效率低。无法在第一时间把握航运信息，信息传递速度慢使得船舶空载率大幅增加，运输效率被严重影响。究其原因，在于内河航运的信息管理水平过低，没有一个平台来提供及时有效的商品供求信息。

第三，现存的内河船舶在船型和种类上具有多、杂、老龄化的特点，这种特点一方面会使得一些基础设施无法得到高效的利用，另一方面增加了制造和维修船舶的成本，一些老旧船舶技术的落后，还容易造成安全隐患。专业、大型化运输船舶的发展，远远不及一些发达国家。

第四，船舶企业不重视油耗统计，节能减排技术落后。船舶运输企业的船舶交易频繁，缺乏科学企业管理制度，使得船舶企业无法科学系统的统计船舶燃油消耗，因此企业无法根据燃油消耗的情况引进科学技术。总之，内河运输企业的油耗情况依然没有达到令人满意的水平。

6. 3

内河航运业碳减排国际经验借鉴

1. 美国经验借鉴

为了遏制碳排放加剧，美国在 1997 年签署《防止船舶造成大气污染规则》，开始控制船舶带来的碳污染，在 2005 年协议开始生效。与此同时，美国联邦环保署对船舶发动机作出严格的等级分类，鼓励船舶采用低能耗、低碳排的发动机，以减少船舶所带来的碳排放和大气污染。《防止船舶造成大气污染规则》对于限制碳排放的作用虽然很有限，但是依然为抑制航运业的碳排放做出了努力。

美国环保署 1999 年 10 月推出自愿认证程序，规范了船舶发动机碳排放指标，促使其制造商按标准制造，防止船舶造成大气污染。洛杉矶拥有美国最忙碌的港口，也是美国碳排放量最大的区域。为了减少碳排放，洛杉矶于 2004 年执行"冷靠船"规定，要求停靠在港的船舶采用岸电，停止使用船用发电机，并且对实行该规定的船舶企业给予一定程度的补助，通过依靠清洁能源技术减少碳排放和污染；自 2009 年起，在加利福尼亚州的海岸线 24 英里以内航行的船只，无论国内还是国外的，均要使用清洁能源；2010 年知名船公司总统轮船公司选用大量高科技船舶设施来降低能耗。可见美国政府通过实施各项政策建议、资金鼓励等手段促进本国船舶企业采用节能环保船舶、清洁燃料油，以降低企业营运成本，来达到节能减排与企业节资的共同目标。在减少航运业碳排放和大气污染的同时，也提高本国航运业的国际竞争力。

2. 欧盟经验借鉴

欧盟对内河航运业的重视在 1996 年颁布的 TEN－T 导则中就足以预见，其旨在建立一个竞争力和资源节约型的交通运输系统。经过近十多年的修改以及其他政策的协调，一方面加快了内河航运的基础建设，另一方面使得内河航运业的运输比重大大提升，在低碳航运上取得了长足进步。

在控制航运公司的燃油成本方面，欧盟的航运企业一直在尽最大努力推动世界海运组织在全球范围内达成节能减排协议，促进各行业的节能减排工作，积极运用和推广节能减排技术，以降低企业的营运成本，实现可持续发展。大量航运公司开始改装船舶，如最大的集装箱船公司——马士基集团通过改造十艘集装箱船的船鼻达到节约2%能耗的目的。除了对船舶、船用配套设备等进行技术调整外，欧洲的航运企业也采用信息技术等手段对船舶营运进行合理管理，芬兰船用公司推出了可以密切观察船舶实际运营的节能管理软件，据统计配置该软件可以有效降低燃料消耗，每年可节省320吨燃料，约计21万美元，为航运事业发展提供了坚实的硬件技术和软件基础。除此之外，德国劳氏船级社于2013年建议为船运公司提供充分的技术支持、融资支持、人力资源等，对中小的航运企业提供专业的航运节能知识培训，保证航运企业营运的经济性和低碳发展。

3. 日本经验借鉴

日本的能源消耗位列世界前茅，但自身拥有资源有限，需要大量进口资源来维持发展。因此，低碳经济是其保证经济稳定发展的发展模式。

从20世纪60年代到今天，交通运输部门的能源消耗增长了4.4倍，货运能源消耗基本呈快速增长态势。为了降低航运企业营运成本和节能减排，日本政府与航运企业合作，共同创建了"绿色物流伙伴会议"机制，由政府对减排项目给予补助及表彰。日本交通局对二氧化碳减排效果明显的企业予以资金赞助，促进绿色航运事业发展。

2014年日本邮船株式会社与日本东京大学开展合作，合作研发采用"混合动力"的新型风帆商船，计划打造超级环保节能的集装箱船。这种船型借助风力和燃料相结合的混合动力系统，降低了船体的重量和船底空间，有效地减少了船体摩擦。据估算这种船型可降低30%能耗，在顺风前进的情况下风帆可帮助船舶节省一半燃料，大幅减少航运碳排放量。

4. 总结与启示

通过对多国的碳减排及发展内河航运业经验借鉴，不难发现，无论是同处东亚的日本，还是发达的欧美各国，都已经在碳减排领域做出了一系列的政策与措施，并取得了相当的成绩与效果。当然，内河航运业的碳减排是一个长期的计划和目标，它需要正确的政策引导以及企业和政府强大的执行力加以配合。上述国家的减排政策和措施将正确引导我国的低碳经济走向，不过在借鉴的同时，也需要我们结合我国内河航运业的具体情况，做出正确的决策。

6.4

内河航运低碳化发展的影响因素

目前公认的对碳排放造成影响的主要因素是：经济发展、能源效率、产业结构和能源结构。而对于中国内河航运业来说，这四种因素也在很大程度上决定了碳排放量。但是对于一个相对更小更微观的概念，一个行业——内河航运业，本书倾向于对影响因素和影响机理做一个更细致的研究和分析，主要分成航运企业、地理位置以及社会因素对内河碳排放的影响三个方面来阐述。

1. 航运企业对内河碳排放的影响

（1）企业管理水平

航运企业的管理水平在很大程度上影响着内河航运业碳排放的效率。

第一，很多国内的航运企业缺乏完整的管理制度，也没有科学的燃油消耗统计机制，大多数的企业统计能源消耗只是为了计算成本而并没有对燃油的种类和具体的用量进行统计，少数企业根本不进行燃料消耗统计。而对这种数据的忽视，一方面无法根据已有的能耗数据进行分析减排措施，一方面大大提升了能耗成本。

第二，由于航运企业的信息化管理水平的低下以及航运信息的不对称性，导致内河航运的船舶空载率较高，很多时候返途中的船舶都是没有载运货物的。空载所带来的能耗完全是可以避免的，因此，内河航运的供求信息平台的建立应该早日提上日程。

第三，企业对船舶航速的规划设定问题。降低航速已被证明是一种减少燃油消耗的管理手段。内河运输作为一种航线基本固定，河流周期性变化明显的水路运输方式，降低船速的方法是十分适用于这种运输方式的。因此对内河船舶采用降速手段非常有必要。在固定航线和规定到港时间到达的前提下，对航速合理规划，可以将航行燃油消耗量和碳排放量都降低到最大限度，从而达到降低燃油成本和节能减排的目的。

（2）船舶专业性和船型大小

交通部《2008 年公路水路交通运输行业发展统计公报》显示：截至 2008 年末，中国内河运输船舶保有量近 20 万艘，净载重量 5500 万吨，船舶平均吨位 372 吨/艘。长江干线船舶的平均吨位虽已达到近 800 吨/艘，但与美国的 1200 吨和德国的 1400 吨仍有不小的距离。目前国内的运输船舶可分为：货船和客船。而货船根据不同的用途可以分成油槽船和干货船这两个船型。其中干货船的种类有：杂货船、冷藏船、干散货船、木材船和集装箱船等；油槽船的种类有：油轮和液化天然气船。还有一些专用运输船舶和特种船舶分类更加详细，而每种船舶又具有很多型号。船舶类型的多样使得每个船舶型号都配有不同的零件。而零件的多样性会提高船舶的制造成本，同时带来更多的碳排放。其中一些零件报废后不能循环利用也在一定程度上加重了环境的负担。船舶种类的复杂和型号种类的繁多造成了内河航运运力结构的低下以及较为落后的船舶平均吨位水平。而平均吨位水平低意味着船舶运输效率不高，因此，每单位货物运输所产生的碳排放量也会更多。

（3）用能耗油种类

航运企业用能耗油种类主要是燃料油和柴油两种。燃料油和柴油的能耗折算系数差不多，但二者的价格差异很大，燃料油比柴油的价格大约低了 30%，因此企业更倾向于用燃料油。从环境污染的角度，燃烧燃料油对环境造成的危害更大，造成的碳排放量也更多。

港口装卸机械可分为用电和用油。电能转化为功的效率比燃油机械的效率高，能使能源单耗下降。更深一层来讲，由于电是二次能源，其在由煤变电的过程中、能的传输过程中以及在装卸机械用电过程中都存在能量的损失。只是在现行能源折算系数下，用电比用油更节能。另外，原油码头装卸作业需要用蒸汽加热原油，蒸汽的供热来源分为油和煤，用油的能源单耗要比用煤更低。

（4）科技水平

首先，船舶制造技术高，船舶往大型化、专业化、标准化方向发展，提高吨位水平能够有效提升船舶的运输效率以及降低内河航运业的能源消耗，这一点毋庸置疑。

另外，一些科技产物的使用，也能达到节能减排的目的。例如，燃料油中加入化学添加剂，能够提高燃油的燃烧效率。对各种类型的船舶的燃油消耗进行跟踪记录，从而做出相应措施。还有其他的一些技术节能措施包括：采用最佳船体纵倾、利用柴油机余热、气象导航节约能源等。

然而目前中国内河航运业对于低碳技术的推广和使用上，普遍情况是效益好的的企业不会考虑到低碳减排问题，效益差的企业又没有能力去做有效的技术投入。科技对于内河航运业的影响，还远远没有达到它应该能够达到的程度。

2. 航道情况对内河航运碳排放的影响

航道的具体情况不同，会导致船舶的油耗相应地增加或者减少。

（1）浅水效应

船舶在水较浅的航道受到的阻力比较大，相对于深水区域在同样的船速条件下会消耗更多的燃料。设船舶在直流航道深水区受到的阻力为 R，船舶在浅水航道受的阻力为 R_s，则有如下关系：

$$R_s = K_s \times R \tag{6-1}$$

其中：K_s 为船舶阻力换算系数，其表达式为：

$$K_s = 1 + \frac{0.0065V^2}{(h/T-1)\sqrt{T}} \tag{6-2}$$

式中：h 是航道水深；T 是船舶吃水；V 是船舶实际航速

（2）狭窄航道

船舶在狭窄航道中行进时，船舶的两弦离岸距离较短，导致船体与水流之间的摩擦增加。另外，狭窄航道易发生拥水现象，从而进一步增加船舶的额外阻力。设船舶在深水航道中受到阻力为 R，相同航速下狭窄水道船舶受到的阻力为：

$$R_N = K_N \times R \tag{6-3}$$

式中：R_N 为狭窄航道阻力，K_N 为阻力换算系数。K_N 表达式为：

$$K_N = 1.1 \left[\frac{H}{n - (1 + 0.28\delta^2 V^2)} \right] \tag{6-4}$$

式中：H 是船舶方形系数；n 是航道过水断面系数（航道过水断面与船舶横向中剖面入水面积之比）。

（3）弯曲航道

当船舶驶过弯曲的航道时，如果偏至航道一侧会发生岸推、岸吸现象，船舶会受到额外的阻力。从而导致船舶能耗增加。该附加阻力的大小与船舶在航道中的位置和速度有关，公式为：

$$R_b = K_b \times R \tag{6-5}$$

式中：R_b 是船舶在弯曲的航道中受到的阻力；K_b 是阻力换算系数（$K_b > 1$，K_b 与弯道半径和 V^2 有关）；R 是船舶在深水航道中受到的阻力。

（4）航道基础设施

航道基础设施的建设与船舶吨位水平的提升息息相关。航道通航等级越高，可通航的船舶吨位水平越高。那么航道级数的提升，有利于高吨位船舶进出港口以及进行相关装卸作业，从而有效降低能耗水平，减少碳排放量。同时，船闸，升船机等通航建筑物的建设，也为船舶的运输与装卸提供了方便，提升了船舶的工作效率，减少了船舶的运营时间，从而达到节能减排的目的。

我国 12.5 万公里的内河航道中，千吨航道里程 8821 公里，仅占全部里程的 7%，而美国千吨航道占全部里程的 61%，德国占 76%。航道、港口以及基础设施方面的落后，限制了内河运输优势的发挥，同时，从某些方面说，也使得能耗更大，碳排放更多。

3. 社会因素对内河碳排放的影响

（1）市场竞争

中国航运企业的船舶交易较为自由，松散的船舶管理和买卖使得一些老旧或者高油耗的船舶不断被买卖然后投入使用中。这种无序的市场交易和船舶管理制度带来的结果是船舶无法进行"低碳"运输。

另外，市场上燃油和燃油添加剂价格的变化，使得企业对于使用不使用添加剂、选择船舶航速等方面的决策产生影响，从而带动碳排放量变化。

（2）政府作为

政府对于节能可以发挥至关重要的作用。节能技术的出现虽然能够激化市场竞争来促使企业争相引进新技术来降低成本，但市场调节的作用毕竟有限，市场调节存在的缺陷也会导致出现"市场失灵"。政府可通过两个方面有所作为。

第一是当企业节能与节资目标不一致时，如何采取政策措施使二者一致，从而由企业自身的趋利行为引导企业节能。例如当使用燃油催化剂所达到的节能成本不够购买燃油催化剂的成本，则对购买燃油催化剂数量达到一定程度的企业进行补贴，以及对一些能源价格结构的调整；

第二是企业能源消耗的负外部性没有在企业的投入产出中体现，这需要政府的规制来使负外部性内部化。例如征收单位货物运输能耗的燃油税来提高航运企业船舶的运输效率。

总之，政府行为对内河碳排放起到的是一个正向作用。优秀的政府行为能有效减少内河航运业的碳排放量。

（3）经济和贸易的发展

近年来，经济与贸易的发展带动了内河航运业的整体发展。可以说，经济和贸易的发展是一把双刃剑。一方面，推动了资源的合理配置，从而减少了内河航运业的碳排放。另一方面，发展过快导致行业滋生了许多的问题以及一些行业隐患开始显现，危害了行业的发展以及增加了内河航运业的碳排放量。解决这些问题和隐患，就能够使经济和贸易的发展对内河航运业的碳排放带来积极、正面的作用。

6.5

内河航运低碳化发展的驱动机制

为了降低内河航运的碳排放量，促进内河航运低碳化发展，从研究内河航运低碳化的动力机制，从内部驱动因素和外部驱动因素来分析。若能找出发展低碳航运的驱动因素，低碳航运的实现将指日可待。通过阅读大量的相关参考文献，其中内部驱动因素就是航运企业自身和航运人员，外部驱动因素包括节能减排碳汇压力、环境资源压力、政府、科技发展。

1. 内河航运低碳化发展内部动力分析

（1）航运企业驱动分析

航运业想要达到真正意义上的低碳化发展，最关键的原因还是航运企业自身。一些航运企业为了降低运输成本，使用成本相对较低但碳排放含量较高的能源而不使用成本相对较高但碳排放含量比较低的清洁能源，使用结构简单、性能低的高碳排放船舶而不使用性能好的低碳排放船舶。因此作为航运企业不能只仅仅考虑到眼前利益，而要用长远的眼光来考虑。除此之外，航运企业要注重和加强员工的低碳化意识以及航运技术，提高船员的低碳化意识和掌握专业的航运技术。航运业积极使用低排放的新能源代替煤炭石油等高碳排放能源，广泛运用节能减排技术，减少温室气体的排放量，发展绿色低碳经济，对航运业的低碳发展和推动低碳航运的发展都起到重大作用。

（2）航运人员的驱动分析

就目前来看，我国航运业高技术船员不多，合格船员的短缺将对船舶高效和安全运营产生影响。我国内河船员队伍建设规模与目前内河航运快速发展的整体形势不相符，船员队伍整体素质有待提高，严重缺乏专业的技术人员，操作技能单一。而航运人员也是内河航运低碳化发展重要的影响因素，船员的低碳化意识以及专业的技术水平都将直接影响碳的排放量，低碳意识较高、航运技术水平较专业的船员会降低航运碳排放，促进内河航运低碳化发展。因此，航运人员要加强自身的低碳化意识，掌握专业的技术，为内河航运低碳化发展贡献一份力量。

2. 内河航运低碳化发展外部动力分析

（1）节能减排碳汇压力

低碳经济是世界各国所追求的经济发展方式，发展低碳航运是在全球低碳经济发展倡导下负责任的选择。尽管中国近几年来能源强度以及碳排放强度有所降低，但是中国人口较多，导致碳汇水平较低，在国际上根本没有竞争力可言，面临着巨大的压力。2009 年在哥本哈根举行的世界气候大会上，中国提出在 2020 年比 2005 年二氧化碳单位国内生产总值排放量降低 40% ~ 45%，2020 年可再生能源在能源结构中的比例争取达到 16% 等一系列目标。

（2）环境资源压力

"十二五"规划提出加快建设环境友好型、资源节约型社会，积极应对全球气候变化，加强资源的节约和管理。"十二五"期间我国节能减排面临着巨大的挑战。从我国的现实情况看，经济发展既面临着资源供给紧张、生态环境恶化的严峻挑战，也面临着消费需求不足、内生动力缺乏的突出问题。目前，全社会都在积极的倡导低碳化的交通以及生活方式，不仅仅要从思想上养成良好的低碳化意识，还要从行动上表现出来，从思想上和行动上来缓解环境资源的压力。低碳化航运就是使用新能源新技术将碳排放量控制在合理的范围内，促使航运业发展为环境友好型资源节约型的经济产业。

（3）政府绩效驱动力

通过对政府绩效评估含义的理解，其中就包含着环境这方面的因素，环境也是影响政府绩效评估重要的原因。政府干部人员为了保证自己的绩效评估达到优秀被评为称职，就必须保证生态环境和经济的相互协调可持续发展。因此，政府为了绩效考核，制定一些相关政策促进航运向低碳化方向发展。

3. 科技发展驱动力

"低碳经济"在世界上的持续讨论，逐步蔓延到了航运业，同时掀起了航运业减能减排低碳排放的一股新潮流。低碳技术的大量运用使得人们感受到了低碳技术巨大的魅力。低碳技术的发展必将推动航运低碳经济的发展以及低碳理念的深入人心。目前航运业采取各种技术，利用新能源的研制及开发，研究或引进节能减排技术，减少高碳能源的使用，真正做到航运低碳化。

6.6

内河航运业碳排放的测度

6.6.1 碳排放的测度方法概述

1. 投入产出法

投入产出法是 1936 年由美国经济学家里昂惕夫（Wassily W. Leontief）创立的一种方法。该方法基于一般均衡理论，专门分析经济体系内投入与产出之间的数量关系，是一种有效评估嵌入在商品和服务中的资源以及污染物数量的方法。投入产出法被广泛应用于资源和环境问题的研究中，经常被用来测量碳排放。它利用交错的棋盘式表格，反应一定时期内产品投入产出的流量情况，根据投入产出表建立模型，计算消耗系数，从而系统地研究实际经济问题。是一种从宏观角度分析，自上而下的研究方法。

投入产出模型一般用以下两个公式表示：

$$X = AX + Y \tag{6-6}$$

$$a_{ij} = \frac{x_{ij}}{X_j} \quad (i = 1, 2, \cdots, n; j = 1, 2, \cdots, n) \tag{6-7}$$

其中 $X = (X_1, X_2, \cdots, X_n)$ 表示产品向量，$A = (a_{ij})_{n \times n}$ 表示由直接消耗系数构成的矩阵，$Y = (Y_1, Y_2, \cdots, Y_n)$ 表示最终需求向量，a_{ij} 为直接消耗系数，是部门 j 生产过程中对部门 i 产品或服务的直接消耗量，x_{ij} 表示部门 j 生产过程中所投入的 i 部门产品的数量。

投入产出模型的建立需要几个前提：假定各部门只生产一种产品，只用一种生产技术，另外各个部门所消耗的产品投入和产出之间呈正相关。这些线性假设在有的情况下不能很好地说明现实经济问题。投入产出法从国民经济整体出发，研究了各个部门之间的经济结构和数量关系，可以很好地分析国民经济整体和局部的关系，大多学者将投入产出法引入环境经济学研究范畴，对贸易商品的能源消耗及隐含碳进行测算。投入产出法首先要构建完整的模型，其次要获得足够的数据支持，对数据调整和处理来计算能源的消耗量。

2. 生命周期法

生命周期法是以产品为研究目标,对产品生产运输过程中原料挑选、过程制造、物流到消费者使用等各个环节的能源消耗和碳排放进行评估的方法。生命周期的方法包括对直接和间接排放源的计算,是一种自下向上微观角度进行分析的方法。

产品生命周期法最早出现于20世纪60年代,是美国针对包装品能源利用进行分析的工具,计算公式如下:

$$E_T = E_D + E_I = E_D + \sum (E_{Di} + E_{ji}) \tag{6-8}$$

E_T表示某种商品的载能量;E_D表示某种商品在生产中直接产生的排放量,一般来源于燃料燃烧、化学燃烧等过程;E_I为该产品产生的间接排放量,一般为电力消耗等过程,间接排放又可分为两类:一是生产过程的碳排放,一是其他间接温室气体排放,主要来源于生产经营活动,如企业运营、员工差旅等。生命周期法通过将各个阶段消耗能源的数据与其能源碳排放系数相乘,获得产品从生产、运输以及消费进程中的碳排放总和。

6.6.2 浙江内河航运业碳排放的测算

1. IPAT模型法

IPAT模型是美国的生态学家埃里奇和康默娜在1971年提出的数学模型。他们认为影响环境的三个直接因素分别是人口、人均财富量以及技术水平。即 $I = P \times A \times T$。其中,I表示环境影响,可用一些环境指标来代替,比如能源消耗、污染物数量等。该模型又称为Kaya恒等式,在研究碳排放时又将其分解为不同因素的乘积,即:

$$C = p\left(\frac{G}{P}\right)\left(\frac{E}{G}\right)\left(\frac{C}{E}\right) = pgec \tag{6-9}$$

式中,C为碳排放,P为人口,G为GDP(元),E为能源消费量(吨标准煤);$g = G/P$表示人均GDP(元/人),$e = E/G$表示GDP能源强度(吨标准煤/元),

c = C/E 表示能源碳放强度。IPAT 模型由于简单易懂和较强的可操作性，深受环境与能源领域的广泛喜爱。但因为有限的因素和数目，仅仅可以用来探究碳排放与能耗、人口、经济在宏观上的相应关系。因此，对公式中的变量做一些改变，以此来体现某些影响因素对碳排放的影响也是 IPAT 模型即 Kaya 恒等式衍变出来的一种研究方法。

2. 模型构建和数据采集

为了对浙江内河航运业碳排放进行测度，本节拟选取浙江内河航运业 2000 ~ 2012 年货运运输所产生的碳排放量作为测算目标，探究影响内河航运业货运运输的变化以及主要影响因素。由于 IPAT 模型中的某些变量并非本节研究所需，因此将其剔除或采用相应的变量替换，具体的变量和数据选取如下：

第一，IPAT 模型中的 C 在本节中表示为浙江内河航运业货物运输所产生的碳排放总量，即为本节的测算目标。

第二，IPAT 模型认为人口数量会影响环境，本节则将货运重量作为影响内河航运业货运的碳排放量的主要变量。因此本节采用货运重量这一变量代替人口，用符号 W 表示。事实上由于运输的特殊包装以及冷藏等原因，货运重量这一要素并非是最完美的，但是考虑到数据的获取以及便于计算，选取这一变量较为符合现实意义。浙江内河航运业货运重量的数据来源于《浙江省统计年鉴》。

第三，IPAT 模型中的人均财富量这一变量在本节中将其替换为货运距离，用符号 D 表示。这里考虑到的是距离对内河航运业碳排放的正面影响。由于没有现成的货运距离数据。因此根据浙江内河航运业货运周转量（用符号 V 表示）除以货运重量来得到货运距离的数据。货运周转量和货运量的数据来自于《浙江省统计年鉴》。

第四，用碳排放系数替换 IPAT 模型的技术水平因素，用符号 E 表示。碳排放系数是船载货单位重量运行单位距离产生的碳排放量，该因素体现的是船只的能耗水平，不同船只会产生不同的碳排放系数，由于该数据涉及发动机类别、船舶类别、船只活动、燃料种类和船舶使用年限等大量因素影响，碳排放系数具有较大不确定性。根据国际海事组织 2009 年第二次温室气体研究报告的统计，各类船只产生的单位排放量是不同的，不同型号的集装箱船产生的单位排放量也不同。这里由于数据采集困难以及计算方便的原因，本节假设所有船只为集装箱船，并视浙江的集装箱船碳排放系数等同于中国的集装箱船碳排放系数。数据来源于国际海事组织和 *International Transport Forum*。

综上所述，得到测算浙江内河航运业货物运输的碳排放量的公式如下：

碳排放总量 = 货运重量 × 货运距离 × 碳排放系数

即：
$$C = W \times D \times E \tag{6-10}$$

根据数据来源，将采集到的数据通过表格的形式表现出来（见表 6 − 1、表 6 − 2）：

表 6 − 1　　　　　　　　浙江内河航运 2000 ~ 2012 年货运量和货运周转量

年份	货运量（万吨）	货运周转量（亿吨公里）
2000	17921	732.56
2001	19945	882.59
2002	24564	1092.60
2003	29598	1480.86
2004	35871	2059.64
2005	41768	2761.39
2006	47522	3631.9
2007	51129	4132.68
2008	51614	4022.01
2009	52002	4147.78
2010	63258	5476.24
2011	72872	6887.75
2012	73817	7366.45

资料来源：浙江省统计年鉴。

表 6 – 2   2000～2012 年船舶碳排放系数统计

年份	碳排放系数
2000	21.87
2001	14.1
2002	14.58
2003	14.58
2004	14.58
2005	17.01
2006	9.72
2007	14.59
2008	14.45
2009	13.65
2010	12.84
2011	12.65
2012	13.27

资料来源：国际海事组织和 *International Transport Forum*。

3. 结果与分析

通过对碳排放测度方法的比较，根据本节的具体需求，本节拟采用 IPAT 模型通过折算对浙江内河航运业货物运输的碳排放量进行大概测度。

根据公式（6 – 5）$C = W \times D \times E$ 进行计算，得到 2000～2012 年浙江内河航运业货物运输的碳排放量计算结果如表 6 – 3 所示：

表 6 – 3   2000～2012 年浙江内河航运业货物运输产生碳排放总量   单位：千克

年份	碳排放总量
2000	865069497.7
2001	671950265.7
2002	860157013.9
2003	1165817422
2004	1621466037
2005	2536244255

续表

年份	碳排放总量
2006	1906159167
2007	3255712787
2008	3138123333
2009	3057084052
2010	3796702006
2011	4704645623
2012	5278228449

将三种变量和碳排放量的数据转化成折线图的形式，能更直观地表现出碳排放量的变化情况以及变量对碳排放量的影响（见图 6 - 1 ~ 图 6 - 4）：

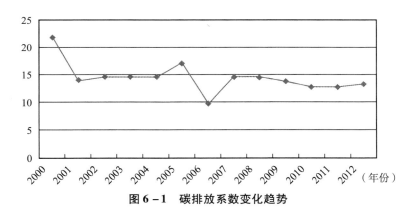

图 6 - 1　碳排放系数变化趋势

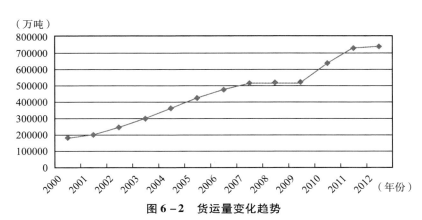

图 6 - 2　货运量变化趋势

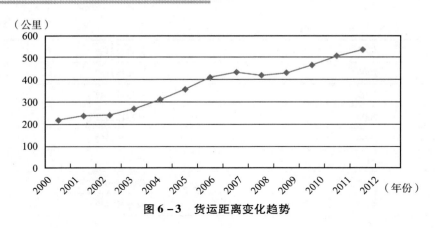

图 6-3　货运距离变化趋势

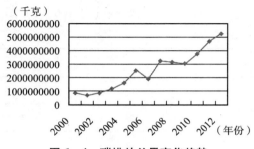

图 6-4　碳排放总量变化趋势

从图 6-4 可以看出，浙江内河航运业货物运输的碳排放总量在 2000~2012 年总体呈现不断上升的趋势，虽然期间有三次碳排放总量有所下降，但其后又快速回升，基本上保持着快速增长的趋势。从 2009 年开始更是保持着接近 30%的年增长率稳定增加。

根据折线图的走向趋势可以得出货运量和货运距离跟碳排放量一样呈现不断上升的走势，因此可以得知，近年来货运距离与货运量的不断增长，是导致内河航运业碳排放总量增长的主要原因。同时，可以看出，2000 年、2006 年和 2008 年碳排放系数的下降导致了碳排放总量的有效减少。碳排放系数对总碳排放量起到了一种抑制作用。这主要归功于技术进步、能源利用效率提升等诸多原因。然而同样可以看到，碳排放系数在 2001 年和 2006 年有过显著的下降以后，其他的时间基本保持在一个较为稳定的数据区间，没有更大的进步。因此,货运距离和货运量的显著提升对碳排放总量的贡献就会远大于体现了抑制作用的碳排放系数,这也是碳排放总量不断上涨的一个关键原因。

6.7

结论与建议

通过对内河航运业碳排放影响因素的研究、内河航运的碳排放量大致的测算并分析以及他国的经验借鉴,可以得出浙江内河航运业碳排放量上升的一个主要原因是货运量和货运距离的大幅增加,而通过技术更新、提升能源利用率来降低碳排放系数能够明显抑制碳排放量增加,但是近年来货运量和货运距离的增加对碳排放增加的贡献远高于碳排放系数下降的积极影响。因此,本书根据实证分析后的结果,分别对船舶、航运企业、政府提出一些建议。

1. 关于船舶的建议

（1）大力推进低碳技术创新与应用

进行技术创新对推动航运低碳化发展有着重要作用,低碳技术的创新与发展是航运产业往低碳化产业转型的一个关键原因,还可以提高航运产业的竞争力,技术创新涵盖范围比较广,它包括造船技术的创新,新能源研发技术的创新以及对废气的处理技术创新等。对于低碳技术的创新,往往靠航运企业自身进行技术的研发是不够的,需要政府部门投资资金与技术。还可以通过引进国外发达的低碳化技术,进行技术间的相互交流,加强与国外的合作,掌握更多的技术资源,提升自身低碳化技术水平。

①技术创新改进造船舶的能效运营指数。就浙江省目前航运船舶而言,大多数船舶设备陈旧,节能减排性能方面几乎没有。所以,必须将这些不符合节能减排标准要求的船舶进行改造或者淘汰,把低碳化理念加入到船舶设计当中,设计成低耗能、低排放的船舶,对船队船舶进行更新,对航运船舶结构进行合理化的

调整。

②采取减排新技术。采取对废气的处理技术来降低废气排放对环境的污染程度。例如将排放的废气通过化学作用进行吸附或催化还原，降低废气的排放含量；采取技术是燃油在气缸中完全燃烧，不仅提高了能源充分利用率，还能最大限度的控制废气排放。

③发展新能源技术。在能源技术研发上取得突破，是解决环境问题的根本方法。加大力度研发可再生能源技术（如太阳能、生物柴油等清洁能源），代替非可再生能源的使用，是航运低碳发展的重要保证。

（2）优化船舶运力结构，降低船舶排放系数

我国内河航运业船舶的船型种类复杂，高龄船舶比重大导致了平均吨位水平低下的情况，远不及美德等国的船舶平均吨位水平。根据国际海事组织的公约，我国应重点发展大型化集装箱船、散货运输船等绿色环保船型，根据实际发展情况逐渐淘汰高能耗高污染的老旧船舶，开发更适合市场需求、更具备竞争力的节能船型，从而达到优化船舶运力结构和吨位结构、降低能耗，减少碳排放的目标。

在能源消耗方面，低廉劣质的船用燃油的使用同样是内河航运业碳排放和污染大量增加的重要原因。针对这种情况，我国需加大研发新型船用替代燃料的力度，鼓励推广使用太阳能、燃料电池、生物质柴油、液化石油气、液化天然气等清洁能源，促进风力驱动以及岸电等新型技术的应用，逐步提高船用燃料油的质量，或者使用低碳环保的发动机，对船舶产生的污染废气进行一定程度的清洁处理，使排放物降低到尽可能低的水平。

2. 关于航运企业的建议

（1）合理规划运输航线，提高企业管理水平

前面通过对内河航运业碳排放的影响因素的分析，可以看到航道情况决定了船舶运行时的阻力大小，有效降低船舶运输阻力是一种降低能源消耗的有效方法。同时，实证分析也证明了航运距离的逐年增加的确对碳排放量的提升做出了一定贡献。因此，应该有效地规划内河航运业的运输路线，尽量缩短航线距离，

合理规避浅水区、弯曲狭窄航道，提升运输效率和降低能源消耗，从而达到节能减排的目的；有效提升船舶管理水平，从船舶的燃油消耗统计、航运信息共享、航速规划三方面去实现。利用船舶能耗监控技术进行各类船舶的燃油消耗情况统计，从而得到既有效率又节能的航速数据，分析节能减排的合理船型，淘汰能耗高的船型。另外，基于内河航运船舶空载率较高的现象，建立供求信息平台，提高信息管理水平，避免空载所带来的能耗损失。降低船舶运行船速作为一项简单有效的节能手段，很多时候企业为追求运输效率并不能做得很好。其实，通过合理规划，对航行速度适当调整，在不影响船舶到港日期的前提下可以有效降低总能耗。

（2）重视航运人才培养，建立一支专业的航运人员队伍

专业的航运队伍对航运绿色低碳化发展有着重大的推动作用，航运队伍是否专业对航运船舶的低碳化起着决定性作用。随着航运经济快速发展，航运企业对于航运人员的需求缺口也越来越大，就目前航运市场来看，专业的航运人才数量及其缺乏，存在着供不应求的现象。目前大多数船员文化程度不高，接受专业的培训机会不多，船舶的安全操作技能掌握不够。面对以上现状，对专业航运队伍的建设提出以下对策：

（1）提高船员低碳化意识。充分发挥航运人员的积极性和创造性，提高船员的环保低碳化意识，成为低碳航运中的主要力量，才能从根本上走上航运低碳经济发展道路。对船员进行低碳意识的宣教，使他们深刻认识到环境污染的危害性和环境保护的重要性，提高他们的低碳意识。

（2）制定航运人才开发战略。按照航运部门低碳绿色发展的需求，分阶段、分层次、分领域、分缓急，制定高端航运人才开发战略。要从专业、数量、资质证书等方面对人才开发的目标和任务进行明确，以便定期考核人才开发战略的贯彻效果。

（3）引进海内外高端航运人才。航运企业引进航运高端技术人员，包括留学回国人员、国内人才和高校优秀毕业生；针对航运业人才进行奖励的方法，吸引更多海内外高端航运人才工作。建立海外航运人才数据库，使之成为航运人才信息平台的重要组成部分。

3. 关于政府的建议

节能减排是我国国民经济和社会发展的必然要求，在此过程中，不仅需要人民、企业和市场的行动，更主要的是要发挥政府的主导地位和重要作用。政府要加强节能减排，减少能源使用的管理，建立长久减排管理机制，做好指导和规划，制定相关制度。航运业在低碳化发展的过程中，企业的主体作用是建立在政府的主导作用之上的。换句话说，政府的主导作用必须先行。在我国，政府的作用是完善市场体系与机制，弥补市场缺陷与不足，营造有利于航运企业开展绿色低碳化发展的环境。

欧美等发达国家现已通过立法等手段对水运产生的碳排放进行约束，我国也应该发挥政策的引导作用，加快建设并完善内河航运业节能减排的相关标准和法律规范。政府要与航运企业、科技研究单位、人才培训机构等共同合作，制定切实可行的内河航运节能减排发展的战略规划，将内河运输碳排放加入碳排放交易机制中去，推进内河航运船舶减排工作与减排总体目标相适应。目前我国已于2007 年修订颁布了《节约能源法》，对"交通运输节能"做出了相关规定，高度关注加强交通运输节能、合理使用能源；我国交通运输部于2008 年制定颁布了《港口能源消耗统计及分析方法》《船舶运输行业能源消耗及分析方法》等行业标准，各地的交通运输部门也根据自身实际纷纷拟定相应的规章、中长期规划等，不断完善相应法规，逐步形成科学化、规范化的节能减排标准体系；国务院于2013 年颁布《船舶工业加快结构调整促进转型升级实施方案》，对我国航运业提出了相关要求。增加内河航运业节能减排的资金投入，建立健全运输管理体系，促进航运业的综合管理水平提升和物流人才培训，合理布局内河货物运输网络，出台相应的节能减排扶持政策。

与此同时，要体现相关执法部门的监督职能，把内河航运节能减排工作作为行业监管的重点，根据相关节能机制和节能监测考核体系，对船舶企业加大监管以及执法力度，建立健全节能目标责任制，全面提升管理效能。监管部门要对航运企业予以督促，鼓励采用新技术、新能源，并要求在一定时间内逐步淘汰老旧船型，给予节能环保型航运企业一定程度的补贴等。中国内河航运碳排放问题涉

及的机构和部门较多，各个部门之间的权利责任界定不是很清晰，需通过相关的
规定明确各个部门的责任，明确节能减排的义务，或者成立相关组织，统筹和协
调各个部门之间的工作。

（1）建立环保节能机制。为了实现内河航运的绿色低碳化发展，首先要从相
关机制入手。航运低碳化发展较好的地区研究制定与节能减排措施实施有关的方
针、船舶燃油消耗的最低标准、营运船市场准入燃油消耗最低标准，建立营运船
舶检测体系和能源效率评估认证体系，研究建立适用于船舶的节能减排体系和标
准，对内河船舶开展船舶认证和市场准入制度。

（2）完善相关法律制度。内河航运废弃物排放的种类、排放的量直接影响
内河港口城市的环境质量。与其他发达国家对航运绿色低碳化发展有明确规定
的法律制度而言，我国相关法律制度仍漏洞百出，还不是特别的完善。因此，
国家或政府部门需要尽快完善与航运相关的法律规定，高标准高要求制定内
河航运污染物以及废弃物的排放标准，从制度上减轻发展内河航运造成的环
境污染。

（3）发挥政府主导作用。政府应该对航运相关责任人进行绩效考核，完善相
应的制度，对重点要低碳化的领域严格把控，加大内河航运低碳化资金的投入，
使航运节能减排工作的措施尽早落实到位，尽快形成以政府为主导的新局面。

4. 展望

本章研究了中国内河航运业的现状，分析了内河航运业碳排放的影响因素
及机理，并利用 IPAT 模型对浙江内河航运业货物运输的碳排放量进行了相关
测度，得出了相关数据，根据考查结论认为促使碳排放量逐年增加的主要因素
为货物周转量即货运量的大小和航运距离，而船舶的碳排放系数对碳排放起到
了一个抑制作用。同时，通过对他国经验的借鉴，结合实证分析，提出了具体
的政策建议。

在全球碳排放与日俱增，气候变暖问题成为大众日趋关注的焦点的现状下，
各国不断采取相应的措施节能减排，中国作为碳排放大国，必须顺应时代潮流，
与国际思想接轨，走低碳之路。中国内河航运资源丰富，运输成本低，载重量

大，是一种值得倡导的低能耗运输方式。近年来，中国内河航运业虽然得到了很大的发展，但付出的代价却是碳排放的大幅度增加和大气污染对人民生活带来的消极影响。我们应该通过相关的立法措施、科学技术的革新引导内河航运业走可持续发展的道路，加强内河运输方式的比重，减少高能耗高污染的运输，以此促进中国绿色低碳交通的发展。

第7章

多源数据融合的内河航运安全风险
影响机理、测评与防范机制

7.1

概　　述

内河船舶安全风险评价是内河船舶安全管理的重要环节。国内内河航运早期发展滞后，内河船舶安全管理大都流于形式，近年随着国家内河航运复兴战略的实施，内河航运发展迅速，内河船舶安全管理日益迫切，但由于内河航运的分散性、管理不规范、主体安全意识淡薄、从业人员素质相对比较低、透明性差等，内河船舶安全管理难度比较大，且相关信息数据难以采集充分，不完备信息很常见，造成了内河船舶安全管理在更大程度上涉及信息量少、信息不精确性和信息不完备的处理，而且在实际工作中能采集到的船舶资料数据常常包含着噪声。因此，样本数据量小、掌握的港航企业和船舶信息少、信息数据不完备和不精确性信息的知识获取就成为内河船舶安全风险评价过程中面临的关键问题。如何在小样本、信息不完全、不精确或模糊的情况下，根据已有的内河港航企业和内河船舶的数据资料获取信息，是本书要解决的难点之一。如果采用纯数学上的假设来消除或回避这种不确定性，效果往往不够理想；而直接对这些信息进行合适的处理，常常有助于相关实际系统问题的解决。

目前，理论和实践上已有多种用于处理不完整性和不确定性信息的方法，比如模糊集和基于概率方法的证据理论都是处理不确定信息较好的方法，已经应用于一些实际领域，但这些方法有时候需要一些数据的附加信息或是先验知识，如传统的统计学方法所用的先验概率和条件概率均需建立在大量的统计数据之上；证据理论采用信任函数的取值表示对某个概念的信任度量，用似然度表示不否定某个概念的信任程度，通常信任度和似然度是由某个或某些专家给出的，因而带有很大的主观性；模糊集合理论是将不确定性理解为可能性，模糊决策类则被描述为一个模糊子集，其中模糊隶属函数必须事先人为确定。然而像模糊隶属函数、基本概率指派函数和有关的统计概率分布等这些信息有时候并不容易得到。而粗糙集理论的主要优势之一是它不需要提供问题所需处理的数据集合之外的任何先验知识，完全从数据中得到隶属函数或其他结论，真正实现了"让数据自己说话"。粗糙集理论已能有效地分析和处理不精确（imprecise）、不一致（inconsistent）、不完整（incomplete）等各种不确定性的信息，可以从原始数据中发现隐含的知识，揭示潜在的规律。粗糙集方法不是减少数据的不确定性，而是描述这种不确定性，即便在决策数据相当少的情况下也可最大限度地导出决策规则。

针对在小样本情况下，支持向量机建立了一套完整的、规范的基于统计学习理论的机器学习理论和方法，大大减少了算法设计的随机性。由于其出色的学习性能，该技术已经成为当前国际机器学习界的研究热点，并已在很多领域得到了应用。就支持向量机学习算法而言，SVM 算法只考虑到了训练集中的数据为理想分布或正常分布的情况，支持向量机在处理完备信息、精确信息方面已表现出优良的性能，然而现实世界中并非所有信息都是完全确定可知的。在智能信息处理领域，通过把各种理论与方法相集成的方式来解决实际问题是目前研究的主要方向之一。粗糙集理论与支持向量机之间存在着许多的互补性，因此两者的集成运用就为处理包含不精确、不完整信息的复杂系统提供了一种强有力的处理工具，也为复杂系统的建模提供了一种良好的方法。在这方面已有学者进行了研究探索，并取得可喜的成绩。

基于此，本书借鉴已有的相关理论成果，采用粗糙集和支持向量机集成方法建立自适应的粗糙—支持向量机内河船舶安全风险评价模型，采用微粒群算法对模型优化求解，最后采用实际数据对模型进行了验证，为浙江内河航运船舶安全管理提供依据。

7.2

内河航运安全风险影响机理

7.2.1　内河航运安全风险影响因素调查表的可靠性分析

为了研究内河航运安全风险影响因素，本书采用专家调查法确定内河航运安全风险影响因素，在借鉴已有的研究内河航运安全风险影响因素的成果基础上，通过多次到海事局、港航管理局、港航业企业调研，征询和听取港航业企业相关从业人员的意见、建议，并咨询专家，设计了内河航运安全风险影响因素调查表。而对于设计的内河航运安全风险影响因素调查表是否可行、可靠？就需要对内河航运安全风险影响因素调查表的可靠性或信度进行分析，本书采用信度分析确定内河航运安全风险影响因素。信度是评估结果的前后一致性，也就是评估得分使人们可以信赖的程度有多大。一个好的调查表，它的结果应是可靠的，多次反复测量，其结果应保持一致。

采用的可靠性分析模式是 Alpha，即 Cronbach α 模式，用 Cronbach 同质性信度 α 系数来表示信度的大小。α 系数介于 0 ~ 1，一般认为 α 系数值大于 0.6 即可。结果见表 7 - 1 和表 7 - 2。

表 7 - 1　　内河航运安全风险影响因素调查表的信度分析（可靠性分析）

	平均值	方差	相关系数	信度
船员年龄结构	161.8571	132.2011	0.6146	0.7851
操作可靠性	163.9643	125.2209	0.7271	0.7842
船舶配员	163.6429	147.7196	0.4209	0.3870
工作适应性	161.8214	126.4484	0.6747	0.8845
疲劳状况	164.2857	124.8783	0.6957	0.8843
文化程度	164.4643	120.1098	0.6867	0.8839
安全意识	163.9643	130.7024	0.6259	0.4850
船舶吨位	163.9286	141.8466	0.4652	0.6865

	平均值	方差	相关系数	信度
船体结构	164.1786	138.3003	0.5340	0.4859
船舶稳定性	163.8214	139.7817	0.5610	0.4859
船员素质	164.1786	134.5966	0.6084	0.3854
船舶保养检修	164.4286	154.4762	0.3502	0.7877
安全教育	164.6429	148.8307	0.4200	0.8871
安全检查	164.3214	153.4854	0.3148	0.7879
在船工龄	163.3214	131.0410	0.7138	0.4847
信息化管理	163.2857	134.8783	0.6932	0.3851
航道标识	163.0714	134.5873	0.7122	0.3851
船舶密度	163.3929	131.5807	0.6837	0.5849
航道水流	163.7857	140.2487	0.4965	0.4862
航道水深	164.1071	138.9881	0.5672	0.7858
大风风级	162.0714	161.7725	0.2172	0.4663
降雨量	164.0357	138.9987	0.6261	0.3857
降雪量	164.0000	131.3333	0.7179	0.3848
雾能见度	163.8571	135.0159	0.6654	0.6852
管理者安全意识	163.9643	128.1839	0.7953	0.7843
安全规章制度	164.2143	130.2487	0.6849	0.8847
处罚力度	164.0000	117.7037	0.7936	0.3833
安全管理强度	163.7857	128.0265	0.6720	0.4846
安全设施完备程度	163.2143	126.3968	0.6955	0.7844
安全设施资金投入	163.4643	132.5542	0.6092	0.6852
设施与人员协调度	163.4286	137.2910	0.5464	0.8858
安全技术应用程度	162.9286	148.8095	0.4885	0.5869
安全技术资金投入	163.1071	146.1733	0.5780	0.4864
安全文化建设	163.2143	150.8413	0.5276	0.4869
持证船员比率	163.3571	149.4233	0.4704	0.6870
交通密度	163.3929	144.0992	0.5298	0.3864
航道宽度	163.1429	140.0529	0.6732	0.4857

续表

	平均值	方差	相关系数	信度
航道巡视密度	163. 1071	143. 5807	0. 6287	0. 4861
船体强度	163. 5000	157. 2963	0. 3255	0. 8880
船龄	163. 6786	145. 7077	0. 4676	0. 4867
碍航障碍物	163. 7857	132. 9153	0. 6440	0. 8851
航速	163. 9286	138. 8095	0. 5426	0. 4859
设备状况	161. 8929	142. 6918	0. 5415	0. 8862
干舷富余率	163. 5714	132. 4762	0. 5477	0. 4855
满载率	161. 4286	141. 5132	0. 5417	0. 6861
工作态度	163. 3214	142. 3743	0. 5306	0. 4862
富余水深	162. 6429	144. 1640	0. 5379	0. 7864

表 7 - 2　　　　　　　　　　　方差分析

方差来源	平方和	自由度	均方	F 值	P 值
变量间值	294. 6018	6	76. 4044	12. 5241	0. 0000
可靠性系数					
各类别频数	58. 0	项目个数	47	Alpha 值	0. 8193

结果分析

上面结果是 SPSS11. 5 可靠性分析的输出结果，表 7 - 1 中输出结果第一部分为每个影响因素与量表得分的关系：将某个影响因素从量表中剔除情况下，量表的平均得分（Scale Mean if Item Deleted）、方差（Scale Variance if Item Deleted）、每个影响因素得分与剩余各因素得分间的相互关系数（Corrected Item – Total Correlation），以及删除某指标后的 α 值（信度）（Alpha if Item Deleted）各是多少。表 7 - 2 中输出结果第二部分为方差分析，F = 12. 5241，P = 0. 0000 < 0. 001，即内河航运安全风险影响因素量表的度量效果良好。

输出结果的最后部分为量表的同质性信度，Alpha = 0. 8193，该信度表明内河航运安全风险影响因素量表的信度较好，但还有待再进一步的开发完善。

7.2.2 基于因子分析的内河航运安全风险影响因素分析

1. 因子分析法适用性检验

对样本数据进行 KMO 测度和巴特利球体检验，结果如表 7-3 所示，KMO 值为 0.810，说明该数据表适合做因子分析。表中的巴特利特球体检验的 x^2 统计值的显著性概率是 0.000，小于显著性水平 0.01，因此拒绝巴特利球体检验的零假设，可以认为该数据表适合作因子分析。

表 7-3　　　　　　　　　　KMO 测度和巴特利球体检验

KMO 值		0.810
巴特利特球体检验的 x^2 统计值	卡方检验	621.676
	离差	131
	P 值	0.000

2. 方差解释量测度

利用 SPSS11.5 统计软件对 47 个拟定的影响因素进行因子分析并进行正交旋转，输出结果见表 7-4，该表是因子分析后提取和因子旋转的结果。其中第二列是因子变量的方差贡献（特征值），它是衡量因子重要程度的指标。例如第一个因子的特征值为 19.080，表示第一个因子描述了原有变量总方差中的 19.080，后面因子描述的方差依次减少。第三列是各因子变量的方差贡献率，表示该因子描述的方差占原有变量总方差的比例，例如第一个因子变量的方差贡献率为 40.596%，说明第一个因子变量很重要。第四列是因子变量的累计方差贡献率，表示前 m 个因子描述的总方差占原有变量的总方差的比例。第五列到第七列是旋转以后得到的因子对原变量总体的刻画情况，涵义和前述的一样。

表 7 - 4 总方差分解

因子	未经旋转提取因子的载荷平方和			经旋转提取因子的载荷平方和		
	方差贡献	方差贡献率	累计方差贡献率	方差贡献	方差贡献率	累计方差贡献率
1	19.080	40.596	40.596	7.673	16.326	16.326
2	5.891	12.534	53.130	6.667	14.185	30.510
3	3.860	8.212	61.342	6.441	13.704	44.215
4	2.975	6.330	67.672	5.973	12.708	56.922
5	2.501	5.320	72.992	4.639	9.869	66.792
6	2.089	4.444	77.437	3.607	7.675	74.467
7	1.795	3.820	81.257	3.071	6.535	81.002
8	1.764	3.753	85.010	1.884	4.008	85.010
9	1.323	2.814	87.824			
10	0.888	1.889	89.713			
11	0.826	1.758	91.472			
……	……	……	……			
47	-2.009E-15	-4.275E-15	100.000			

从表 7 - 4 的输出结果的累计方差贡献率一栏可以看出，前面的 8 个因子变量的累计方差贡献率为 85.010%，而后面 39 个因子的累计方差贡献率只有 14.99%，通常，因子分析要求因子的累计方差贡献率大于 80%。因此，可以认为前 8 个因子能解释变量的大部分信息，可以概括数据的特性。由于前 8 个因子变量的累计方差贡献率解释了总体方差的 85.010%，已基本包含了 47 个影响因素变量的信息而具有代表性，所以，初步确定选取前 8 个因子进一步分析是可行的。

因子碎石图也验证了上述选取因子数。图 7 - 1 是因子碎石图，它的横坐标为因子个数，纵坐标为因子的特征值。从图 7 - 1 的每个点可以看出，前面 7 个点（因子），特别是前 6 个点之间的高度（距离）明显陡峭，特征值变化非常明显，而第 7 个点后面的各个点之间的坡度相对地平坦些而形成"平坡"，特征值变化趋于平稳。因此本节抽取 7 个因子可以对原变量的信息描述有显著作用。从

表5-4的结果中也可以看出这样的结果。

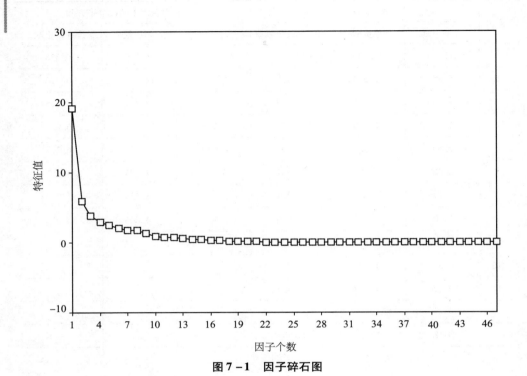

图 7-1　因子碎石图

3. 因子的共同度

如表7-5所示，该表格的第一列列出了调查表中的47个初始影响因素，开始时，每个影响因素都被标准化，其均值为0，标准偏差为1，即因子方差的初始值（Initial）均为1，如表中第二列所示；第三列是根据因子分析最终计算出的影响因素变量的共同度，见第三列，这时由于因子的个数少于原始影响因素变量的个数，因此每个影响因素变量的共同度必然小于1。例如第一行中的0.897表示8个因子共解释掉原影响因素变量"船员年龄结构"方差的82.5%。由表7-5中可以看出，由8个因子提供的信息量包含了原有影响因素变量体系的大部分信息，对原影响因素变量的信息描述有显著作用，反映了原始数据的特性。

表 7 - 5   共同度

	因子方差的初始值	因素变量的共同度
船员年龄结构	1.000	0.825
操作可靠性	1.000	0.873
船舶配员	1.000	0.813
工作适应性	1.000	0.761
疲劳状况	1.000	0.776
文化程度	1.000	0.734
安全意识	1.000	0.907
船舶吨位	1.000	0.958
船体结构	1.000	0.772
船舶稳定性	1.000	0.824
船员素质	1.000	0.825
船舶保养检修	1.000	0.801
安全教育	1.000	0.851
安全检查	1.000	0.740
在船工龄	1.000	0.804
信息化管理	1.000	0.891
航道标识	1.000	0.886
船舶密度	1.000	0.768
航道水深	1.000	0.662
航道水流	1.000	0.879
大风风级	1.000	0.908
降雨量	1.000	0.898
降雪量	1.000	0.903
雾能见度	1.000	0.822
管理者安全意识	1.000	0.936
安全规章制度	1.000	0.861
处罚力度	1.000	0.864
安全管理强度	1.000	0.859
安全设施完备程度	1.000	0.900

	因子方差的初始值	因素变量的共同度
安全设施资金投入	1.000	0.777
设施与人员协调度	1.000	0.907
安全技术应用程度	1.000	0.801
安全技术资金投入	1.000	0.886
安全文化建设	1.000	0.939
持证船员比率	1.000	0.929
交通密度	1.000	0.879
航道宽度	1.000	0.939
航道巡视密度	1.000	0.908
船体强度	1.000	0.723
船龄	1.000	0.869
碍航障碍物	1.000	0.953
航速	1.000	0.901
设备状况	1.000	0.908
干舷富裕率	1.000	0.908
满载率	1.000	0.826
工作态度	1.000	0.896
富余水深	1.000	0.705

4. 内河航运安全风险影响因素实证研究

对提取的 8 个因子建立原始因子载荷矩阵，如表 7 - 6 所示，从表 7 - 6 可以看出：在原始因子载荷矩阵中，由于因子在许多影响因素变量上都有较高的载荷，以至于它的涵义就会比较模糊，导致原始负载矩阵很复杂，很难对因子进行解释，必须对因子进行旋转，使得每个因子的载荷的平方按列向 0 或 1 两极分化，并将同一因子上不同载荷的影响因素变量进行排序，因子的载荷小的影响因素变量将从因子从删除，进行因子旋转的目的在于使在一个因子上有高载荷的影响因素变量数减至最少，这将增强因子的可解释性。表 7 - 7 为经过旋转后的因子载荷矩阵。由表7－7可知，旋转后的因子结构得到了有效简化，经过实证研究获得内河航运安全风险影响因素为船员年龄结构、操作可靠性、船舶配员、工作适应性、疲劳状况、船舶稳定性、航道标识、安全规章制度、处罚力度、安全管理强度、船龄、碍航障碍物、航速、安全技术资金投入、安全文化建设、安全设备完备程度、干舷富裕率、富余水深，因此，内河航运安全风险影响因素变量由原来的47个缩减为21个。

表7－6　　　　　　　　　　　　　　　因子载荷矩阵

	因子载荷							
	1	2	3	4	5	6	7	8
船员年龄结构	0.654	0.481	－ 0.112	－ 0.231	－ 0.046	－ 0.130	－ 0.281	－ 0.055
操作可靠性	0.697	0.526	0.187	－ 0.118	－ 0.009	0.152	－ 0.131	0.147
船舶配员	0.516	0.453	0.083	0.166	－ 0.352	－ 0.024	－ 0.366	－ 0.223
工作适应性	0.731	0.107	0.134	0.295	－ 0.201	0.215	－ 0.150	－ 0.027
疲劳状况	0.781	0.244	－ 0.207	－ 0.050	－ 0.044	0.210	0.009	－ 0.128
文化程度	0.706	0.245	－ 0.021	－ 0.281	0.179	0.104	0.204	－ 0.107
安全意识	0.607	0.298	－ 0.190	－ 0.563	0.235	－ 0.048	0.001	0.199
船舶吨位	0.534	0.442	－ 0.069	－ 0.515	0.333	－ 0.102	－ 0.140	－ 0.256
船体结构	0.532	0.505	0.120	－ 0.398	0.171	0.127	－ 0.028	0.122
船舶稳定性	0.525	0.491	－ 0.118	－ 0.392	0.177	－ 0.089	－ 0.106	0.300
船员素质	0.621	0.220	0.114	0.545	0.105	－ 0.015	－ 0.256	0.070
船舶保养检修	0.306	0.293	0.163	0.395	0.602	－ 0.234	－ 0.146	0.032
安全教育	0.426	0.153	0.346	0.401	0.587	－ 0.034	－ 0.047	－ 0.137
安全检查	0.287	0.238	0.221	0.623	0.340	－ 0.125	0.181	0.014
在船工龄	0.722	0.398	0.010	0.253	0.108	－ 0.115	－ 0.185	0.039
信息化管理	0.779	0.340	－ 0.263	0.186	－ 0.186	－ 0.095	0.014	－ 0.147
航道标识	0.744	0.302	－ 0.261	0.358	－ 0.052	－ 0.187	－ 0.071	0.053
船舶密度	0.769	0.075	－ 0.227	0.154	－ 0.148	0.124	－ 0.199	0.134
航道水深	0.604	0.202	－ 0.363	－ 0.050	－ 0.179	0.280	－ 0.100	0.037
航道水流	0.578	0.332	0.400	0.088	－ 0.356	0.068	0.361	－ 0.071

	因子载荷							
	1	2	3	4	5	6	7	8
大风风级	0.218	0.160	0.194	0.022	0.127	−0.222	0.325	0.791
降雨量	0.699	0.083	0.333	0.067	0.005	−0.027	0.374	−0.383
降雪量	0.681	0.063	0.291	0.093	−0.009	−0.180	0.556	−0.016
雾能见度	0.717	−0.049	−0.001	−0.027	−0.293	−0.437	0.124	−0.111
管理者安全意识	0.822	0.111	0.334	−0.055	−0.040	−0.304	0.133	−0.149
安全规章制度	0.764	0.175	0.212	−0.240	−0.285	−0.098	0.125	−0.195
处罚力度	0.791	0.106	0.088	−0.103	−0.329	−0.109	0.242	0.171
安全管理强度	0.745	0.087	−0.260	−0.025	−0.404	−0.235	−0.061	0.072
安全设施完备程度	0.732	−0.406	0.134	−0.145	0.079	−0.274	−0.263	0.092
安全设施资金投入	0.678	−0.451	0.104	−0.183	0.152	−0.171	−0.137	0.009
设施与人员协调度	0.669	−0.528	0.130	−0.094	0.116	−0.224	−0.243	−0.179
安全技术应用程度	0.600	−0.502	−0.293	0.076	0.203	−0.111	0.008	−0.209
安全技术资金投入	0.620	−0.536	−0.382	0.067	0.038	−0.056	0.154	0.189
安全文化建设	0.637	−0.475	−0.512	0.172	0.015	−0.041	0.119	0.004
持证船员比率	0.628	−0.428	−0.502	−0.132	0.160	−0.075	0.076	−0.214
交通密度	0.618	−0.427	−0.438	−0.174	0.235	−0.137	0.123	−0.061
航道宽度	0.720	−0.358	−0.364	0.228	−0.103	0.063	0.096	0.290
航道巡视密度	0.738	−0.408	−0.241	0.340	−0.012	0.134	−0.029	0.064
船体强度	0.426	−0.529	0.396	0.064	−0.162	0.195	−0.088	−0.167
船龄	0.498	−0.550	0.422	−0.220	0.244	0.174	−0.045	−0.007
碍航障碍物	0.621	−0.356	0.558	−0.067	−0.035	0.237	0.009	0.258
航速	0.562	−0.370	0.557	−0.202	0.183	0.252	−0.002	0.008
设备状况	0.637	−0.409	0.439	−0.067	−0.216	0.196	−0.223	−0.045
干舷富裕率	0.571	−0.532	0.234	−0.057	−0.237	−0.073	−0.260	0.333
满载率	0.614	−0.020	−0.284	−0.106	0.338	0.406	0.252	−0.120
工作态度	0.608	0.192	−0.219	0.086	−0.056	0.622	0.207	−0.023
富余水深	0.579	0.158	−0.117	0.158	0.194	0.490	−0.113	0.125

表7-7　　　　　　　　　　港航业规模以上企业旋转后因子载荷矩阵

	旋转后因子载荷							
	1	2	3	4	5	6	7	8
船员年龄结构	0.910							
操作可靠性	0.897							
船舶配员	0.842							
工作适应性	0.827							
疲劳状况	0.794							
文化程度								
安全意识								
船舶吨位								
船体结构								
船舶稳定性		0.857						
船员素质								
船舶保养检修								
安全教育								
安全检查								
在船工龄								
信息化管理								
航道标识			0.792					
船舶密度								
航道水深								
航道水流								
大风风级								
降雨量								
降雪量								
雾能见度								
管理者安全意识								
安全规章制度				0.904				
处罚力度				0.874				
安全管理强度				0.824				

	旋转后因子载荷							
	1	2	3	4	5	6	7	8
安全设施完备程度				0.793				
安全设施资金投入								
设施与人员协调度								
安全技术应用程度								
安全技术资金投入					0.797			
安全文化建设					0.774			
持证船员比率								
交通密度								
航道宽度								
航道巡视密度								
船体强度								
船龄						0.861		
碍航障碍物						0.856		
航速						0.816		
设备状况								
干舷富裕率							0.819	
满载率								
工作态度								
富余水深								0.898

7.3

粗糙——支持向量机模型构建

7.3.1　支持向量机模型

1. 支持向量机概述

支持向量机（support vector machine，SVM）是由瓦普尼克（Vapnik）等人

在统计学习理论的基础上建立起来的一种新的机器学习技术，着重研究小样本情况下的统计学习规律，是统计学习理论中最年轻、最实用的内容。SVM 通过结构风险最小化原理来提高泛化能力，较好地解决了小样本、非线性、高维数、局部极小等实际问题，由于其出色的学习性能，SVM 已成为继神经网络以来机器学习领域中的研究热点，在模式识别、函数逼近、概率密度估计、降维等领域获得越来越广泛的应用。

支持向量机是从线性可分情况下的最优超平面发展而来的，支持向量机是通过构造最优分类超平面实现分类的，其基本思想以如图 7 - 2 所示的二维两类线性可分的情况来说明。

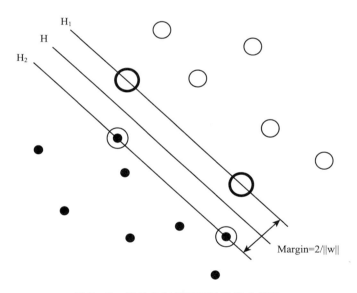

图 7 - 2   线性分划情况下的最优分类线

在图 7 - 2 中，实心点和空心点分别代表两类训练样本，H 为把两类样本没有错误地分开的分类线。H_1 和 H_2 分别为过各类样本中离分类线最近的点且平行于分类线的直线，那么 H_1 和 H_2 之间的距离就是两类的分类间隔（margin）。所谓最优分类线是要求分类线不但能将两类样本正确地分开，即训练错误率为 0，而且要使两类的分类间隔最大。前者是保证经验风险最小（为 0），后者实际上是为了使置信范围最小，从而使实际风险最小，这是对结构风险最小化原则的具体实现。推广到高维空间，最优分类线就成为最优超平面（optimal hyperplane）。

设线性可分样本集 $\{x_i, y_i\}$，$i = 1, \cdots, n$，$x_i \in R^d$ 是第 i 个输入数据，对应的期望输出为 $y_i \in \{+1, -1\}$，其中 $+1$ 和 -1 分别代表样本所属的类别标识。d 维空间中线性判别函数的一般形式为 $g(x) = w \cdot x + b$。假定分类面方程为 $w \cdot x + b = 0$，将判别函数进行归一化，使得两类所有样本都满足 $|g(x)| \geq 1$，即使离分类面最近的样本的 $|g(x)| = 1$，为使分类面对所有样本正确分类并且具备分类间隔，就要求它必须满足

$$\left.\begin{array}{l} x_i \cdot w + b \geq +1 \quad \text{for} \quad y_i = +1 \\ x_i \cdot w + b \leq -1 \quad \text{for} \quad y_i = -1 \end{array}\right\} \Leftrightarrow y_i(w \cdot x_i + b) \geq +1 \quad i = 1, \cdots, n$$

$$(7-1)$$

可以计算出，分类间隔为

$$\min_{y_i = 1} \frac{w \cdot x_i + b}{\|w\|} - \max_{y_i = -1} \frac{w \cdot x_i + b}{\|w\|} = \frac{2}{\|w\|} \qquad (7-2)$$

现在的目标就是在服从约束式（7-1）的条件下最大化分类间隔 $\frac{2}{\|w\|}$，使间隔最大可以通过最小化 $\frac{\|w\|^2}{2}$ 的方法来实现。满足条件（7-1），且使 $\frac{\|w\|^2}{2}$ 最小的分类面就是最优分类面，H_1 和 H_2 上的训练样本点称为支持向量。支持向量（support vectors, SV）就是使式（7-1）中的等号成立的那些样本，如图 7-2 中用圆圈标出的点所示。对这些学习机器来说，支持向量是训练集中的关键元素，它们离决策边界最近，如果去掉所有其他训练点（或者移动位置，但是不穿越 H_1 和 H_2），再重新进行训练，得到的分类面是相同的。

那么，求解最优超平面问题就可以表示成如下的约束优化问题：即在条件式（7-1）的约束下，求函数

$$\Phi(w) \frac{1}{2}\|w\|^2 = \frac{1}{2}(w \cdot w) \qquad (7-3)$$

的最小值。我们称这个约束优化问题为原问题（primal problem）。

使分类间隔最大实际上就是对推广能力的控制，这是 SVM 的核心思想之一。根据统计习理论，一个规范超平面构成的指示函数集

$$f(x) = \text{sgn}((w \cdot x) + b) \tag{7-4}$$

的 VC 维 h 满足

$$h \leqslant \min([R^2 A^2], n) + 1 \tag{7-5}$$

其中，sgn [ ] 为符号函数；n 为向量空间的维数；R 为覆盖样本向量的超球半径，$\|w\| \leqslant A$。由式（7-5）可知，可以通过最小化 $\|w\|$ 使 VC 置信范围最小，从而实现 SRM 准则中的函数复杂性的选择。如果固定经验风险，最小化期望风险问题就转化为最小化 $\|w\|$ 的问题，这就是 SVM 方法的出发点。

为了解决这个约束最优化问题，引入式（7-6）所示的 Lagrange 函数

$$L(w, b, \alpha) = \frac{1}{2}\|w\|^2 - \sum_{i=1}^{n} \alpha_i(y_i(x_i \cdot w + b) - 1) \tag{7-6}$$

其中，$\alpha_i \geqslant 0$ 为 Lagrange 系数。约束最优化问题的解由 Lagrange 函数的鞍点决定，此函数应对 w 和 b 最小化，对 α_i 最大化。

把式（7-6）分别对 w 和 b 求偏微分并令其等于 0，就可以把上述最优分类面问题转化为其对偶问题，即在约束条件下，对 α_i 求解下列函数的最大值

$$\sum_{i=1}^{l} \alpha_i y_i = 0 \tag{7-7}$$

$$\alpha_i \geqslant 0 \quad i = 1, \cdots, n \tag{7-8}$$

$$W(a) = \sum_{i=1}^{n} \alpha_i - \frac{1}{2}\sum_{i,j=1}^{n} \alpha_i \alpha_j y_i y_j (x_i \cdot x_j) \tag{7-9}$$

如果 α_i^* 为最优解，那么

$$w^* = \sum_{i=1}^{n} \alpha_i^* y_i x_i \tag{7-10}$$

即最优分类超平面的权系数向量是训练样本向量的线性组合。

上述问题是在不等式约束下求二次规划问题，存在唯一解。根据最优性条件 Kuhn - Tucker 条件（简称 KKT 条件），这个优化问题的解应满足

$$\alpha_i(y_i(<w \cdot x_i> + b) - 1) = 0 \tag{7-11}$$

容易证明，最优解中只有一部分（通常是少部分）α_i 不为零，对多数样本 α_i 将为零，取值不为零的 α_i 对应于使式（7-11）中等号成立的样本，即支持向

量，它们通常只是全体样本中很少的一部分。

求解上述问题后得到的最优分类函数是

$$f(x) = \text{sgn}(\sum_{i=1}^{n} a^* y_i < x \cdot x_i > + b^*) \tag{7-12}$$

由于非支持向量对应的 α_i 均为零，因此上式中的求和实际上只对支持向量进行。最优分类面是在线性可分的前提下讨论的，若训练样本集是线性不可分的，或事先不知道它是否线性可分，将允许存在一些错分类的点，这个时候需要推广到非线性分类情况。

对于非线性问题，可以通过非线性变换将输入变量转化为某个高维空间中的线性问题，然后在变换空间求最优分类面。根据 Mercer 条件，$K(x_i, x_j) = \varphi(x_i)^T \varphi(x_j)$，因此，在最优分类面中采用适当的内积函数 $K(x_i, x_j)$ 就可以实现某一非线性变换后的线性分类，而计算复杂度却没有增加，因此二次规划问题可转化为求解下式：

$$W(a) = \sum_{i=1}^{n} \alpha_i - \frac{1}{2} \sum_{i,j=1}^{n} \alpha_i \alpha_j y_i y_j K(x_i \cdot x_j) \tag{7-13}$$

如果 α_i^* 为最优解，那么

$$w^* = \sum_{i=1}^{n} \alpha_j^* y_j \Phi(x_i) \tag{7-14}$$

支持向量机的相应的决策分类函数就变为

$$f(x) = \text{sgn}(\sum_{i=1}^{n} \alpha_i^* y_i K(x \cdot x_i) + b^*) \tag{7-15}$$

而算法的其他条件均不变。由于最终的判别函数中实际只包含与支持向量的内积以及求和，因此识别时的计算复杂度取决于支持向量的个数。

概括地说，支持向量机就是首先通过用内积函数定义的非线性变换将输入空间变换到一个高维空间，在这个空间中求（广义）最优分类面。形式上 SVM 分类函数类似于一个神经网络，输出是中间节点的线性组合，每个中间节点对应于输入样本与一个支持向量的内积，因此，也称支持向量。如图 7-3 所示，图中输入向量 $x = (x_1, x_2, \cdots, x_d)$，支持向量的个数为 l，输出决策函数 y。

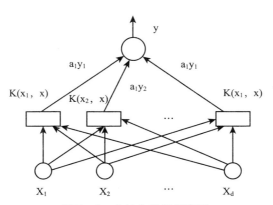

图 7-3　支持向量机示意图

在式（7-14）和式（7-15）中，满足 Mercer 条件的内积函数 $K(x_i, x_j)$ 称为核函数。目前常用的核函数有

（1）多项式核函数

$$\psi(x, x_i) = \left[(x \cdot x_i) + 1\right]^q \qquad (7-16)$$

采用该函数的支持向量机是一个 q 阶多项式分类器，其中 q 是由用户决定的参数。

（2）Gauss 核函数

$$\psi(x, x_i) = \exp\{-\|x - x_i\|^2/2\sigma^2\} \qquad (7-17)$$

采用该函数得到的支持向量机是一种径向基函数分类器。其中，σ 是由用户决定的核宽度。它与传统径向基函数方法的基本区别是，这里的每一个基函数的中心对应于一个支持向量，它们及输出权值都是由算法自动确定的。

（3）Sigmoid 核函数

$$K(x, x_i) = \tanh(v(x \cdot x_i) + c) \qquad (7-18)$$

采用该函数的支持向量机实现的就是一个两层感知器神经网络，只是在这里不但网络的权值，而且网络的隐含层节点数目也是由算法自动确定的，而且算法不存在困扰神经网络方法的局部极小点问题。

支持向量机最初是为两类分类问题而设计的，而在实际应用中，多类分类问题更为普遍。当前已经有许多算法将 SVM 推广到多类分类问题，这些算法统称为"多类支持向量机"（multi-category support vector machine，M-SVM）。它们可

以大致分为两大类:

一是通过某种方式构造一系列的两类分类器并将它们组合在一起来实现多类分类。

(1)一对多方法

此算法是对于 K 类问题构造 K 个两类分类器。第 i 个 SVM 用第 i 类中的训练样本作为正的训练样本,而将其他的样本作为负的训练样本。这个算法称为 $1-a-r(1-againat-rest)$。分类时将未知样本划分到具有最大分类函数值的那类。这种方法的缺点是泛化能力较差,且训练样本数目大,训练困难。此外,该方法还有可能存在测试样本同时属于多类或不属于任何一类的情况。

(2)$1-a-1$ 方法

$1-a-1$ 方法是由科尼尔(Knerr)提出的,该算法在 K 类训练样本中构造所有可能的两类分类器,每类仅仅在 K 类中的两类训练样本之间训练,结果共构造 $K(K-1)/2$ 个分类器。用投票法组合这些两类分类器,得票最多的类为新点所属的类。$1-a-1$ 方法的缺点是:推广误差无界,分类器的数目 $K(K-1)$、随类数 K 的增加急剧增加,导致在决策时速度很慢。此外,有可能存在多个类投票相同的情况,即有可能存在一个样本同时属于多个类的情况,而使得此方法无法进行很好的决策。

二是直接优化目标函数法。

直接在目标函数上进行改进,建立 K 分类支持向量机,即将多个分类面的参数求解合并到一个最优化问题中,通过求解该最优化问题"一次性"地实现多类分类。

该方法是以韦斯顿(Weston)在 1998 年提出的多值分类算法为代表,这个算法在经典 SVM 理论的基础上通过修改目标函数,重新构造多值分类模型,把多分类问题转换为解决单个优化问题,从而建立 k 分类支持向量机,实现多值分类。它实际上是标准 SVM 中二次优化问题的一种自然的推广:

$$\min \varphi(\varpi, \xi) = \frac{1}{2} \sum_{m=1}^{n} \|\varpi_m\|^2 + C \sum_{i=1}^{l} \sum_{m \neq y_i} \xi_i^m \qquad (7-19)$$

其约束条件为:

$$\omega_{y_i}^T \varphi(x_i) + by_i \geqslant \omega_m^T \varphi(x_i) + b_m + 2 - \xi_i^m$$

$$\xi_i^m \geqslant 0, \quad i = 1, \cdots, l$$

$$m \in \{1, \cdots, K\} \setminus y_i \tag{7-20}$$

相应的决策函数为:

$$f(x) = \text{argmax}_{m=1, \cdots, K} (\omega_m^T \varphi(x) + b_m) \tag{7-21}$$

为方便求解,可通过 Lagrange 优化方法将式(7-19)转化为其对偶问题:

$$\min \sum_{i,j} \left(\frac{1}{2} c_j^{y_i} A_i A_j - \sum \alpha_i^m \alpha_j^{y_i} + \frac{1}{2} \sum_m \alpha_i^m \alpha_j^m \right) K_{ij} - 2 \sum_{i,m} \alpha_i^m$$

$$\sum_{i=1}^l \alpha_i^m = \sum_{i=1}^l c_i^m A_i, \quad m = 1, \cdots, k \quad 0 \leqslant \alpha_i^m \leqslant C, \quad \alpha_i^{y_i} = 0$$

$$A_i = \sum_{m=1}^k \alpha_i^m, \quad c_j^{y_i} = \begin{cases} 1, & \text{if } y_i = y_i \\ 0, & \text{if } y_i \neq y_j \end{cases} \quad i = 1, \cdots, l \tag{7-22}$$

其中,$K_{ij} = \varphi(x_i)^T \varphi(x_j)$,此时权向量 $\omega_m = \sum_{i=1}^l (c_i^m A_i - \alpha_i^m) K(x_i, x) + b_m$,相应的决策函数为:

$$\text{argmax}_{m=1,\cdots,k} \left(\sum_{i=1}^l c_i^m A_i - \alpha_i^m \right) K(x_i, x) + b_m \tag{7-23}$$

2. 支持向量机模型的选择

(1)支持向量机模型的选择

支持向量机分类模型设计的核心问题是模型选择问题,其性能依赖于核函数和支持向量机惩罚参数 C 的选择。这两者对于支持向量机能否获得良好的学习能力和泛化性能起着决定性的作用:在 SVM 中,惩罚参数 C 的作用是控制分类偏差与泛化能力间的平衡;核函数 $K(x_i, x_j)$ 决定所选择的特征空间,而核函数 $K(x_i, x_j)$ 又是由它本身的参数来决定的,一般称之为核参数,如高斯径向基核函数 $K(x_i, x_j) = \exp(-\|x_i - x_j\|^2/2\sigma)$ 的核参数为 σ。通常将支持向量机的惩罚参数 C 和核函数的核参数统称为支持向量机参数,如无特别说明,本节把二者通称为支持向量机参数。

对于支持向量机分类模型来说,设置适合的支持向量机参数能够提高支持向量机分类器的分类精度,不适当的参数选择可能导致支持向量机过学习或是学习不足。不同的支持向量机参数往往对应着性能差别极大的支持向量机。不同样本子空间中最优的惩罚参数 C 是不同的。在一个确定的样本子空间中，惩罚参数 C 的取值小表示对经验误差的惩罚小，学习机器的复杂度小而经验风险大；反之亦然。但每个样本子空间至少会存在一个合适的惩罚参数 C 使得 SVM 推广能力最好。对于核函数来说，选择不同的核函数意味着选择不同空间的转换方式。在确定了核函数之后，不同的核参数就起到控制样本从原始空间映射到不同特征空间的作用。因此，对于一个给定的问题，如何选择核函数和惩罚参数来保证所得到的分类器的泛化性能是一个非常重要的问题，目前还没有一个指导原则。

本节采用 RBF 函数（高斯径向基核函数 $K(x_i, x_j) = \exp(-\|x_i - x_j\|^2/2\sigma)$）作为支持向量机的核函数，主要是因为：①RBF 核能够把输入空间的非线性边界映射到一个高维特征空间，因此，与线性核函数不同，RBF 核函数能够处理相关性和解释性变量之间的非线性关系；②在性能方面，基尔西和林（Keerthi & Lin）通过研究认为线性核函数和 RBF 核函数具有相同的性能；林（Lin）证明了径向基核函数在适当选择参数时可以代替 S 核函数；基尔西（Keerthi）证明了径向基核函数可以代替多项式核函数；③在参数方面，多项式核函数比 RBF 核函数多；④RBF 核函数没有数值困难，因为 RBF 核函数的值介于 0 和 1 之间，而多项式核函数的值却介于 0 和无穷大。

（2）支持向量机参数选择

选定核函数的形式后，如何确定支持向量机参数是获得良好的支持向量机分类模型的关键问题。目前，针对支持向量机参数选择问题，许多学者从不同的角度进行了研究和探讨。支持向量机参数选择通常采用 k 折交叉验证法（通过大量的试验）来获得较优的参数，这种方法比较耗时，计算量大。刘爽等提出了加权支持向量机算法，引入遗传算法自动选择惩罚因子和核函数宽度两个参数；弗罗里奇和查佩勒（Frohlich, H. & Chapelle）提出用梯度下降（gradient descend, GD）的方法来完成 SVM 参数选择，虽然在计算时间上得到了明显的改善，但是 GD 对初始点要求较高，而且是一种线性搜索法，因此极易陷入局部最优；陈和郑（Chen & Zheng）采用不同的推广能力估计作为遗传算法（genetic algorithm, GA）的适应度函数，提出了两种基于 GA 的 SVM 参数选择方法，结果表明利用 GA 对 SVM 参数进行优选不仅缩小了计算时间，而且还降低了对初始值选取的依赖度。但是 GA 操作往往比较复杂，对不同的优化问题都需要设计不同的交叉或变异方式。袁小芳等将 SVM 参数的选取看作参数的组合优化，提出了一种基于混沌优化算法的支持向量机参数选取方法。

　　然而，现有文献都是单独把支持向量机参数优化作为一个问题来处理，或者单独把属性约简作为一个问题来处理，很少涉及把两者作为一个整体来处理，而这对于分类模型来说，是至关重要的，因此，本节的一个主要创新思想是，将支持向量机参数优化和信用风险评估指标选择（属性约简）作为一个整体考虑，贯穿整个模型的确定过程中，同时优化 SVM 参数选择和指标选择（属性约简），这样既考虑了样本数据的输入信息，又考虑了分类器模型的输出性能，从而获得 SVM 模型整体性能最优。为此，本节采用微粒群算法来同时优化 SVM 参数选择和属性约简（指标选择），从而找到最佳的支持向量机参数取值和最小属性约简集（最佳指标子集）。微粒群算法具有很强的全局和局部搜索能力，用于优化 SVM 参数和属性约简时，无须考虑模型的复杂度和变量维数，可以作为一种普遍的选取参数和属性约简的优化方法。

7.3.2　粗糙集理论

1. 粗糙集理论的基本概念

　　粗糙集理论是建立在分类机制的基础之上的，它将分类理解为在特定空间上的等价关系，而等价关系构成了对该空间的划分。将知识理解为对数据的划分，每一个被划分的集合称为概念。粗糙集理论的主要思想是利用已知的知识库，将不精确或不确定的知识用已知的知识库中的知识来近似刻画。该理论与其他处理不确定和不精确问题理论的最显著的区别在于它无须提供问题所需处理的数据集合之外的任何先验信息，所以对问题的不确定性描述或处理可以说是比较客观的。

　　设 $U \neq \varnothing$ 是对象组成的有限集合，称为论域。任何子集 $X \subseteq U$，称为 U 中的一个概念或范畴。U 中的任何概念族称为关于 U 的抽象知识，简称知识。通常我们对在 U 上能形成划分的那些知识感兴趣。划分 ξ 定义为：

$$\xi = \{X_1, X_2, \cdots, X_n\} \qquad (7-24)$$

其中，$X_i \subseteq U$，$X_i \neq \varnothing$，$X_i \cap X_j = \varnothing$，$i \neq j$，$i$，$j = 1$，$2$，$\cdots$，$n$；$\bigcup\limits_{i=1}^{n} X_i = U$。

U 上的一族划分称为关于 U 的一个知识库（knowledge base）。

一般地，一个知识表达系统 S 可以表示为四元组

$$S = <U,\ A,\ V,\ f>$$

其中，U 是对象的非空有限集合，称为论域，A 是属性的非空有限集合，$V = \bigcup\limits_{a \in A} V_a$ 是属性值的集合，V_a 表示属性 $a \in A$ 的属性值范围，即属性 a 的值域，$f: U \times A \rightarrow V$ 是一个信息函数，它为 U 中每一个对象的每个属性赋予一个信息值，即 $\forall a \in A$，$x \in U$，$f(x,\ a) \in V_a$，样本 $x \in U$ 在属性 $r \in R$ 上的取值记作 $f(x, a)$，简记为 $a(x)$。

令 $\forall P \subseteq A$，定义属性集 P 的不可区分关系 ind(P) 为

$$ind(P) = \{(x,\ y) \mid (x,\ y) \in U \times U,\ \forall a \in P,\ f(x,\ a) = f(y,\ a)\}$$

$$(7-25)$$

如果 $(x,\ y) \in ind(P)$，则称 x 和 y 是 P 不可区分的。显然，$\forall P \subseteq A$，不可区分关系 ind(P) 是 U 上的等价关系，符号 U/ind (P)（简记为 U/P）表示不可区分关系 ind(P) 在 U 上导出的划分，ind(P) 中的等价类称为 P 中基本集，符号 $[x]_P$ 表示包含 $x \in U$ 的 P 等价类。在不产生混淆情况下，用 P 来代替 ind(P)。

给定知识表达系统 S = <U，A，V，f>，对于每个子集 $X \subseteq U$ 和不可分辨关系 B，X 的上近似集和下近似集分别定义为：

$$\underline{R}X = \cup \{Y \in U/R \mid Y \subseteq X\} \qquad (7-26)$$

$$\overline{R}X = \cup \{Y \in U/R \mid Y \cap X \neq \varnothing\} \qquad (7-27)$$

下近似、上近似也可用下面的等式表达：

$$\underline{R}X = \{x \in U \mid [x]_R \subseteq X\} \qquad (7-28)$$

$$\overline{R}X = \{x \in U \mid [x]_R \cap X \neq \varnothing\} \qquad (7-29)$$

下近似集 $\underline{R}X$ 是由那些根据知识 R 判断肯定属于 X 的 U 中元素组成的集合；上近似集 $\overline{R}X$ 是那些根据知识 R 判断可能属于 X 的 U 中元素组成的集合。

上近似和下近似集合的差集：

$$bn_R(X) = \overline{R}X - \underline{R}X \qquad (7-30)$$

称为 X 的 R 边界域，$bn_R(X)$ 是那些根据知识 R 既不能判断肯定属于 X 又

不能判断肯定属于 ~X（即 U－X）的 U 中元素组成的集合；

集合 X 的 R 正域为：

$$\text{pos}_R(X) = \underline{R}X \tag{7-31}$$

$\text{pos}_R(X)$ 是由那些根据知识 R 判断肯定属于 X 的 U 中元素组成的集合。

那些根据知识 R 判断肯定不属于 X 的 U 中元素组成的集合称为 X 的 R 负域：

$$\text{neg}_R(X) = U - \overline{R}X \tag{7-32}$$

显然有如下性质：

（1） $\overline{R}X = \text{pos}_R(X) \cup \text{bn}_R(X)$

（2） X 为 R 可定义集当且仅当 $\underline{R}X = \overline{R}X$

（3） X 为 R 粗糙集当且仅当 $\underline{R}X \neq \overline{R}X$

从近似的定义可知，集合的不精确性是由于边界域的存在而引起的。集合的边界域越大，其精确性则越低。为了更准确地表达这一点，引入精度的概念。由等价关系 R 定义的集合 X 的近似精度为：

$$\alpha_R(X) = \frac{|\underline{R}X|}{|\overline{R}X|} \tag{7-33}$$

其中，$X \neq \varnothing$，$|X|$ 表示集合 X 的基数。

精度 $\alpha_R(X)$ 用来反映我们对于了解集合 X 的知识的完全程度，显然，对于每一个 R 和 $X \subseteq U$ 有 $0 \leq \alpha_R(X) \leq 1$。当时，X 的 R 边界域为空集，集合 X 为 R 可定义的；当 $\alpha_R(X) < 1$ 时，集合 X 有非空 R 边界域，集合 X 为 R 不可定义的。

相应地，定义 X 的 R 粗糙度 $\rho_R(X)$ 为：

$$\rho_R(X) = 1 - \alpha_R(X)$$

X 的 R 粗糙度与精度恰恰相反，它表示的是集合 X 的知识的不完全程度。

关于近似分类问题，我们定义两个量度来描述近似分类的不精确性。

令 $H = \{X_1, X_2, \cdots, X_n\}$ 是 U 的一个分类或划分，这个分类独立于知识 R。子集 $X_i(i = 1, 2, \cdots, n)$ 是划分 H 的类，H 的 R 下近似和上近似分别定义为：

$$\underline{R}H = \{\underline{R}X_1, \underline{R}X_2, \cdots, \underline{R}X_n\} \tag{7-34}$$

$$\overline{RH} = \{\overline{RX_1}, \overline{RX_2}, \cdots, \overline{RX_n}\} \tag{7-35}$$

根据 R，H 的近似分类精度的定义为

$$\alpha_R(H) = \frac{\sum_{i=1}^{n} |\underline{RX_i}|}{\sum_{i=1}^{n} |\overline{RX_i}|} \tag{5-36}$$

根据关系 R，H 的近似分类质量的定义为：

$$\gamma_R(H) = \frac{\sum_{i=1}^{n} |\underline{RX_i}|}{|U|} \tag{7-37}$$

近似分类的精度描述的是使用知识 R 对对象分类时，可能的决策中正确决策的百分比；分类的质量表示的是应用知识 R 能确切地划入 H 类的对象的百分比。

约简（reduct）和核（core）的定义如下：

设 R 是一个等价关系族，$r \in R$，如果 $ind(R) = ind(R - \{r\})$，则称 r 在 R 中不必要的；否则称 r 为 R 中必要的。

定义属性集合的依赖性如下：设 $Q \subseteq P$，如果 Q 是独立的，且 $ind(Q) = ind(P)$，则称 Q 为 P 的一个约简。

定义核为：P 中所有必要关系组成的集合称为 P 的核，记作 core(P)。

核和约简有如下关系：

定理 1： $$core(P) = \cap red(P) \tag{7-38}$$

其中，red(P) 表示 P 的所有约简。

定义相对正域为：令 P 和 Q 为 U 中的等价关系，Q 的 P 正域记为 $pos_P(Q)$，即

$$pos_P(Q) = \bigcup_{X \in U/Q} \underline{PX} \tag{7-39}$$

Q 的 P 正域是 U 中所有根据分类 U/P 的信息可以准确地划分到关系的等价类中去的对象集合。

并且有：令 P 和 Q 为等价关系族，$r \in P$，如果

$$pos_P(Q) = pos_{(p-\{r\})}(Q) \tag{7-40}$$

则称 r 为 P 中 Q 不必要的；否则 r 为 P 中 Q 必要的。

进一步有：如果 P 中的每个属性 r 都为 Q 必要的，则称 P 为 Q 独立的（或 P 相对于 Q 独立）。

显然，如果 P 是 Q 独立的，那么从 P 中去掉任何属性，都必然会影响到 P 相对于 Q 的正域，因此 P 是保证 P 相对于 Q 的正域的最小属性集合。

定义相对约简为：设 R⊆P，R 为 P 的 Q 约简当且仅当 S 是 P 的 Q 独立子族且

$$\mathrm{pos_R}(Q) = \mathrm{pos_P}(Q) \tag{7-41}$$

P 的 Q 约简简称为相对约简。

也就是说，属性集合 R 与 P 对 Q 具有相同的区分能力。并且 R 是对 Q 保持同样区分能力的最小集合，如果去掉 R 中的任何一个属性，都必然对 R 对 Q 的划分产生影响。显然，同绝对约简一样，通常情况下也存在多个 P 相对于 Q 的约简。

定义：P 中所有相对于 Q 的必要属性构成的集合称为 P 的 Q 核，简称为相对核，记为 $\mathrm{core_Q}(P)$.

相对核与相对约简的有如下关系：

定理 2：
$$\mathrm{core_Q}(P) = \cap \mathrm{red_Q}(P) \tag{7-42}$$

其中 $\mathrm{red_Q}(P)$ 是所有 P 的 Q 约简构成的集合。

在引入了相对约简的概念之后，粗糙集理论又引入了知识依赖度的概念。

定义依赖度为：设 S = < U, A, V, f > 是一个信息系统，P, Q⊆A，当

$$k = \gamma_P(Q) = \frac{|\mathrm{pos_P}(Q)|}{|U|} \tag{7-43}$$

时，称知识 Q 是 k(0≤k≤1) 度依赖于知识 P 的，记作 $P \Rightarrow_k Q$.

当 k = 1 时，称 Q 完全依赖于 P；当 0 < k < 1 时，称 Q 粗糙（部分）依赖于 P；当 k = 0 时，称 Q 完全独立于 P。如果 $P \Rightarrow_1 Q$，也称 $P \Rightarrow Q$。

系数 $\gamma_P(Q)$ 可以看作 Q 和 P 间的依赖度。部分依赖性 $P \Rightarrow_k Q$ 的量度 k 不能够完全反映 U/Q 中类之间的分布情况。例如，一些决策类可能完全由 P 描述，但另一些可能仅仅由 P 部分描述。因此，需要使用如下系数来表明通过知识 P 能将 U/Q 中每个类的多少个元素正确划分，有如下定义：

设 S = < U, A, V, f > 是一个信息系统，P, Q⊆A，X∈U/Q，则

$$\gamma_P(X) = \frac{|\underline{P}X|}{|X|} \tag{7-44}$$

可以看出，两个系数 $\gamma_P(Q)$ 和 $\gamma_P(X)$，$X \in U/Q$ 给出了知识 P 的分类能力关于分类 U/Q 的全部信息。

2. 完备信息系统属性约简算法研究

属性约简是粗糙集理论和应用研究中的核心内容之一，众所周知，信息系统中描述知识的属性并不是同等重要的，甚至其中某些属性是冗余的。所谓属性约简就是在保持知识库分类和决策能力不变的条件下，删除不相关和不重要的属性。目前，对于完备信息系统的属性约简已取得大量的成果，归纳起来主要有三种：（1）从代数角度出发的基于辨识矩阵或二进制可辨矩阵的属性约简算法；如帕拉克（Pawlak）给出了属性最小约简的计算算法，该算法需要对条件属性集的幂集中的所有元素进行考察，因而具有指数型时间复杂性。（2）从信息论的角度出发的基于信息量或绝对信息量的属性约简算法；（3）采用启发式信息的属性约简算法。王珏、苗夺谦等提出了属性约简的启发式方法，但都不完备且不能保证算法所得到的约简是最小约简。王兵等提出的算法能计算信息系统完备约简，同时无需任何先验知识，但它不能保证一定能得到最小约简。胡（Hu Keyun）等以属性频率函数作为启发式信息求取最小约简，此算法不要求求取核属性，但求出的结果可能是最小约简的超集；陶志等采用基本遗传算法求取最小约简，但没有考虑信息系统中存在的不同最小约简；邹仕强利用小生境遗传算法在解决多峰最优问题的快速搜索能力，解决了目前用一般的启发式约简方法不能解决的找到粗糙集的多个属性约简的问题。

然而，上述很多算法都是不完备的，不能保证一定能得到约简，此外，上述算法时间复杂度都比较高。

一般来讲，信息系统的相对约简不是唯一的，即对同一个信息系统可能存在多个相对约简，对于一个信息系统，研究者总是期望找到所有约简或最小约简。然而遗憾的是，现已经证明寻找信息系统的所有约简或最小约简均为 NP – Hard 问题（Wong，Ziarko，1985）。因此到目前为止，还没有一个高效的求最小与所有属性约简的算法。不过，在实际应用中，往往只要求出某种次优的属性约简就可以了。为此，一般的做法是采用启发式信息找出最优或次优约简。这些算法的共同特点是利用属性的重要性作为启发式信息。

3. 属性的重要性度量方法

在属性约简与求核研究中，属性的重要性是一个关键的概念。为找出某些属性的重要性，通常的方法是从决策表中去掉这个属性，考察没有该属性后分类的变化情况。若去掉该属性相应变化较大，则说明该属性比较重要；反之，说明该属性不是太重要，即重要性较低。属性的约简算法大多是以属性核为基础，再利用一些启发式信息求取属性的最优或次优约简。在启发式属性约简算法中，如何有效地计算属性的重要性对提高算法效率也是非常重要的。根据对属性重要性的度量，可以分为基于正区域的、基于可辨识矩阵属性频率的和基于信息熵的约简方法。通常是在求出属性核以后，利用剩余属性重要性的不同，依次加入属性的核集之中，直至求出属性的约简集合。

（1）基于正区域的方法

决策属性的依赖度可以用来描述条件属性相对于决策属性的重要程度。

定义：属性 $\alpha \in B \subseteq C$ 在 B 中对决策属性 D 的相对重要度定义为：

$$SIG_{B \setminus \{a\}}(a) = \gamma_C(D) - \gamma_{C - \{a\}}(D) \qquad (7-45)$$

定义表明属性 $a \in B \subseteq C$ 在 B 中对决策的相对重要性可由 B 中去掉 b 后所引起的决策属性依赖度变化大小来度量，由此，不难得出以下结论。

定理 1：属性 $a \in B \subseteq C$ 在 B 中是相对比较的当且仅当

$$SIG_{B \setminus \{a\}}(a) > 0 \qquad (7-46)$$

定理 2：
$$Core_D(B) = \{a \in B \mid SIG_{B \setminus \{a\}} > 0\} \qquad (7-47)$$

定义属性的重要性为：在决策系统 $S = (U, C \cup D, V, f)$ 中，一个属性 $a \in C - B(B \subset C)$ 对于决策属性 D 的重要性 $SIG_B(a)$ 定义为：

$$SIG_B(a) = \gamma_{B \cup \{a\}}(D) - \gamma_B(D) \qquad (7-48)$$

上式表明，一个属性对一个属性集的相对重要性是由添加它之后引起的决策属性依赖度的变化大小来度量，因此可以由此作为启发知识通过不断增加相对重要性最大的属性寻找最小约简。

由定理 2 可以很容易求出条件属性 C 对决策属性 D 的相对核，在设计微粒群算法的初始种群时，我们将考虑把相对核加入初始种群中，以期加快算法的收敛。

（2）基于信息熵的方法

设 S ＝（U，C∪D，V，f）是一个决策表系统，其中 C 是条件属性集合，D 是决策属性集合，则对任意属性 a∈C－B(B⊂C) 的重要性 $SIG_B(a)$ 定义为：

$$SIG_B(a) = H(D/B) - H(D/B∪\{a\}) \tag{7-49}$$

$SIG_B(a)$ 的值越大，说明在已知 B 的条件下，属性 a 对于决策 D 的重要性。

（3）基于可辨识矩阵的频率法

可辨识矩阵是由斯考沃伦（Skowron）教授提出的。

令 S ＝（U，C∪D，V，f）是一个决策表系统，条件属性集合 C ＝ $\{a_i, i=1, 2, \cdots, m\}$，决策属性集合，D ＝ $\{d\}$，设论域 U ＝ $\{x_1, x_2, \cdots, x_n\}$，$a_i(x_j)$ 是样本 x_j 在属性 a_i 上的取值，$C_D(i, j)$ 表示可辨识矩阵中第 i 行 j 列的元素，则可辨识矩阵 C_D 定义为：

$$C_D(i, j) \begin{cases} \{a_k \mid a_k \in C \hat{} a_k(x_i) \neq a_k(x_j)\}, & d(x_i) \neq d(x_j) \\ \varnothing, & d(x_i) = d(x_j) \end{cases} \tag{7-50}$$

其中，i，j＝1，2，$\cdots$，n。

利用差别矩阵，将条件属性集中的属性 a_i 在差别矩阵元素中出现的频率 $p(a_i)$ 作为该属性重要性的度量。$p(a_i)$ 越大，则说明该属性在决策表中越重要。

4. 基于微粒群算法的属性约简完备算法

（1）微粒群算法原理

微粒群算法是由肯尼迪和埃伯哈特（Kennedy ＆ Eberhart）于 1995 年提出的，是一种基于群智能（swarm intelligence）方法的演化计算技术，也是一种基于群体的优化工具，系统初始化为一组随机解，通过迭代搜寻最优解。与遗传算法不同的是，微粒群算法是通过微粒之间的协作来寻找最优解的，并且没有遗传算法用的交叉以及变异等操作，而是微粒（潜在的解）在解空间追随最优的微粒进行搜索。微粒群算法结构简单，易于实现，又有深刻的智能背景，已被成功用于模式识别、优化等领域。其基本原理如下：

在 D 维欧式搜索空间 E^D 中有 N 个微粒，设 f 为定义在 D 维欧式搜索空间 E^D 的某一区域 S 上的函数，令 $X_i = (X_{i1}, X_{i2}, \cdots, X_{iD})^T \in S$，$V_i = (V_{i1}, V_{i2}, \cdots, V_{iD})^T$ 以及 $f(X_i)$ 分别表示第 i 个微粒在 S 中的位置、速度和此时的适应度，其中 $i = 1, 2, \cdots, N$。$X_i^{pb} = (X_{i1}^{pb}, X_{i2}^{pb}, \cdots, X_{iD}^{pb})^T$ 表示第 i 个微粒在其搜索过程中到达过的最佳位置，$X^{gb} = (X_1^{gb}, X_2^{gb}, \cdots, X_D^{gb})^T$ 表示整个微粒群中全部微粒遇到的最优解。

首先在解空间系统初始化过程将微粒随机分布在整个解空间，这些微粒在解空间中以某种规律移动，通过若干次迭代逐步取得优化解。在每一次迭代中，微粒通过跟踪两个"极值"来更新自己。第一个是微粒本身的最优解 X_i^{pb}，另一个极值是整个微粒群目前找到的最优解 X^{gb}，找到两个极值后，每个微粒根据自己的飞行速度，决定自身的走向及飞行距离，整个过程中每个微粒均通过跟踪 X_i^{pb} 和 X^{gb} 来确定自身的移动规律。具体描述如下：

$$V_{id}^{t+1} = \omega V_{id}^t + c_1 \mathrm{rand}(X_{id}^{pb} - X_{id}^t) + c_2 \mathrm{rand}(X_d^{gb} - X_{id}^t) \qquad (7-51)$$

$$X_{id}^{t+1} = X_{id}^t + V_{id}^{t+1} \qquad (7-52)$$

式中，V_{id}^t 为第 t 次迭代的微粒飞行速度，$i = 1, 2, \cdots, N$，$d = 1, 2, \cdots, D$，t 为微粒进化代数；

c_1 和 c_2 为两个正常数；

Rand () 为 [0, 1] 之间的随机数；

ω 为惯性权重；

此外，微粒的速度 V_{id} 被一个最大速度 V_{max} 所限制，如果微粒的加速度导致它在某维的速度 V_{id} 超过该维的最大速度 V_{max}，则该维的速度被限制为 V_{max}。

PSO 算法流程如下：

①初始化所有微粒（群体规模为 N）。在允许范围内随机设置微粒的初始位置和速度。每个微粒的 X_i^{pb} 设为初始位置，X_i^{pb} 中的最好值设为 X^{gb}。设定参数 c_1 和 c_2，最大进化代数，将当前进化代数置为 $t = 1$。

②评估种群，计算每个微粒的适应值。

③比较微粒的适应值和自身最优值 X_i^{pb}。如果当前值比 X_i^{pb} 更优，则置 X_i^{pb} 为当前值，并设 X_i^{pb} 位置为 D 维空间中的当前位置。

④比较微粒适应值与种群最优值。如果当前值比 X^{gb} 更优，则置当前微粒为 X^{gb} 的矩阵下标和适应值。

⑤根据公式（7-51）、式（7-52）调整微粒的位置和速度，产生新一代的种群。

⑥检查终止条件，若满足，则结束寻优；否则，t = t + 1，转至步骤②。结束条件为寻优达到最大进化代数，或种群最优值达到给定精度的要求。

（2）基于微粒群算法的属性约简完备算法

微粒群算法是决策问题中寻找最小相对约简的一种方法。所谓最小相对约简，就是属性集的所有相对约简中，包含条件属性最少的属性集。寻找最小相对约简对决策问题具有十分重要的意义。

①编码方法

用微粒群算法求解属性约简问题首先必须解决编码问题，考虑属性约简的实际特点，采用二进制编码方法。编码方案如下：

设条件属性集合为 $C = \{c_1, c_2, \cdots, c_d\}$，$d = 1, 2, \cdots, D$，条件属性空间可以很容易映射为微粒群算法的微粒，用一个长度为 D 的二进制串表示一个微粒，其中 D 为属性总数，二进制串的每一位对应一个条件属性，如某位取值为1，则表示选择该位对应的条件属性；若取值为 0 则表示不选择该位对应的条件属性。这样，每个微粒代表条件属性空间中的一个属性子集，也是属性选取的一个候选解。

表7-8所示为 D=6 时某个微粒的编码情况，表中所示的微粒对应的属性子集为 $\{a_1, a_3, a_4, a_6\}$。

表7-8　　　　　条件属性空间对应的微粒

a_1	a_2	a_3	a_4	a_5	a_6
1	0	1	1	0	1

②适应度

适应函数的形式决定着群体的进化行为，定义适应度函数为：

$$f(x) = \left(1 - \frac{card(x)}{card(C)}\right) + e^{\gamma_R(x)} \qquad (7-53)$$

该函数由两部分组成，第一部分$\left(1 - \dfrac{card(x)}{card(C)}\right)$控制微粒所选中的条件属性的个数，其中 card(x) 表示微粒中所含 1 的个数，即微粒中被选中的条件属性的个数；card(C) 表示微粒的长度，即条件属性的个数，显然，如果选中的属性越少，$1 - \dfrac{card(x)}{card(C)}$的值就会越大。第二部分 $e^{\gamma_R(x)}$ 表示微粒中被选中条件属性对决策属性 D 的支持度，$\gamma_R(x)$ 越大，说明条件属性对决策属性的支持性越强。

求解决策系统中的最小相对约简，实际就是要在保持整体支持度不变的情况下寻找所含条件属性最少的约简，而我们构造的适应度函数可以控制微粒向最小约简的方向进化，满足了问题的求解要求。在适应度函数中第一部分的目的是希望微粒中所含条件属性个数尽可能少，第二部分的目的是希望微粒中所含条件属性对决策属性的支持度尽可能的大，由此选择的适应度函数可以在决策属性对整体条件属性依赖度不变的情况下找到所含条件属性最少的约简。

③算法实现

Step1：首先式（7-43）计算出条件属性 C 对决策属性 D 的依赖度 $\gamma_C(D)$；

Step2：由式（7-45）计算每个属性 $c \in C$ 在 C 中对 D 的重要性 $SIG_{C \setminus \{c\}}(c)$ 且令 $Core_D(C) = \varnothing$。若 $SIG_{C \setminus \{c\}}(c) \neq 0$，则 $Core_D(C) = Core_D(C) \cup \{c\}$，最后得到 $Core_D(C)$；若 $\gamma_C(D) = \gamma_{Core_D(C)}(D)$，则终止计算，即 $Core_D(C)$ 为最小相对约简；否则执行 Step3；

Step3：初始化微粒群，由随机产生的 m 个长度为 n 的二进制串所代表的微粒组成初始种群：对每个属性 $c \in C$，若 $c \in Core_D(C)$，其对应位取值为 1，否则其对应位可随机取值为 0 或 1；

Step4：对每个微粒 x 首先由式（7-21）计算微粒 x 所含条件对决策属性 D 的依赖度，并由式（7-53）计算出每个微粒的适应度值，找出其中适应度值最大的微粒，将 X_{id}^1 作为 X_{id}^{pb}，通过比较设置 X_d^{gb} 的索引号；

Step5：按式（7-51）和式（7-52）迭代生成下一代微粒群；

Step6：计算各微粒的适应度，将当前微粒 X_i^1 和 X_i^{pb} 比较，若 X_i^1 更优则更新 X_i^{pb}；将更新后的 X_i^{pb} 与 X_d^{gb} 比较，若 X_i^{pb} 更优则重新设置 X_d^{gb} 的索引号；

Step7：判断是否连续 k 代的最优微粒适应度值不再提高，如未达到终止条件，则返回 Step5，如达到终止条件，输出最优微粒，程序结束。

由粗糙集理论知道，任何决策表的相对核都是唯一的，而且包含在所有的相对约简之中，算法把相对核作为约简算法的起点，逐步增加对决策分类能力较大的属性，直到满足由相对约简定义的条件，所以可以保证得到最小的约简。

④算例

为了验证上述算法（记为 PSO）的有效性，这里选择了一个已知相对核与约简的决策表（记为决策表1）和 UCI 机器学习数据库中的四个决策表 ［Australian（credit card），Breast Cancer Wisconsin（Diagnostic），Credit Approval，Glass Identification］ 进行了试验，试验结果如表 7 - 9 和表 7 - 10 所示。参数设置分别为：种群规模为 20，$\omega = 0.729$，$c_1 = 2.0$，$c_2 = 2.0$，$V_{max, d}$ 设置为微粒动态范围的 30%，$\rho = 0.1$，$\alpha = 1$，$T_0 = 0.001$。采用 Matlab6.5 编程工具，计算机配置为：PIV2. 26GHz，256MB，Window XP。

表 7 - 9 　　　　　　　　　　　属性相对约简算法计算结果

决策表	实例数	条件属性个数	PSO	Gakr	HDMatrix	ITsra
决策表 1	21	9	4	4	4	4
Breast Cancer Wisconsin（Diagnostic）	569	32	10	12	10	8
Credit Approval	690	15	8	7	8	8
Glass Identification	214	10	4	2	6	5
Australian（credit card）	690	14	8	9	8	8

表 7 - 10 　　　　　　　　　　属性相对约简算法计算时间 （s）

决策表	实例数	条件属性个数	PSO	Gakr	HDMatrix	ITsra
决策表 1	21	9	0. 148	0. 092	0. 063	0. 219
Breast Cancer Wisconsin（Diagnostic）	569	32	24. 368	52. 276	615. 834	722. 844
Credit Approval	690	15	20. 267	36. 148	375. 348	267. 153
Glass Identification	214	10	10. 381	18. 937	59. 156	78. 392
Australian（credit card）	690	14	15. 427	27. 637	247. 938	185. 344

由表 7 - 10 中数据对比可以看出，PSO 的收敛时间均优于 GA，可见 PSO 具有较好的全局和局部搜索能力和较高的精度，有效避免了早熟现象。试验结果表明，算法 PSO 是有效的，都能得到最小相对约简，并且本节给出的属性相对约简算法在时间效率上具有明显的优越性。

7.3.3　基于不完备数据的粗糙集拓展关系研究

1. 不完备数据的粗糙集理论概述

经典粗糙集理论自波兰数学家帕拉克（Z. Pawlak）等人提出以来，在知识获取方面取得了很大的成功。然而遗憾的是经典粗糙集理论是基于完备信息系统这样一个假设，即所处理的信息系统是完备的，所有可以获得的样本对象的所有属性值都是已知的。虽然这个假设是合理的，但是要保证每个对象的所有属性值都是完整的，有时是非常困难的，可能也是不必要的。在现实中，由于一些人为的因素、数据测量的误差、数据理解或获取的限制等原因，使得在知识获取时往往面临的是不完备信息系统，即可能存在部分对象的一些属性值未知的情况，由于经典粗糙集理论中等价关系的要求过于严格，此时，直接应用经典粗糙集理论来处理不完备信息系统往往不能得到正确的结论，从而限制了经典粗糙集理论的应用。为了使经典粗糙集理论能适应于对不完备信息系统的处理，经典粗糙集理论必须进行拓展。因此，如何有效地将经典粗糙集理论应用于不完备信息系统，一直是粗糙集理论研究的主要方向之一。目前，提出的不完备信息系统的粗糙集模型各种各样，但最基本的拓展主要有：克斯基维克兹（Krysckiewicz）提出的相容关系；斯特法诺沃斯基（Stefanowski）等人提出的非对称相似关系和量化容差关系。

定义 7 - 1　四元组 $S = <U，A，V，f>$ 称为一个信息系统，其中 U 表示对象的非空有限集合，称为论域；$A = C \cup D$ 表示属性的非空有限集合，且 $C \cap D = \varnothing$，C 称为条件属性集合，D 表示决策属性集合；$V = \bigcup\limits_{a \in A} V_a$，$V_a$ 表示属性 a 的值域；f 表示 $U \times A \rightarrow V$ 的一个信息函数，它为每个对象在每个属性上赋予一个信息值，即 $\forall a \in A$，$\forall x \in U$，$f(x，a) \in V_a$；若 $D = \varnothing$，则称信息系统为数据表；否则

称为决策表。如果存在一个 $x \in U$，$\forall a \in C$，$f(x, a)$ 未知（记作 $f(x, a) = *$），则称信息系统是不完备信息系统，否则称为完备信息系统。并用 $*$ 表示空值。

对决策表 $S = <U, A = C \cup D, V, f>$，因为专家在信息不完备的情况下仍能做出决策，因此本文假定决策属性值不为空。按照决策属性值可将论域划分为不相交的等价类，记为 $U/D = \{Y_1, Y_2, \cdots, Y_m\}$。

（1）基于相容关系的粗糙集拓展模型

设 $S = <U, A, V, f>$ 是一个不完备信息系统，$A = C \cup D$，$C \cap D = \emptyset$，C 为条件属性，D 为决策属性，对于具有遗漏属性值的属性子集 $B \subseteq C$，记遗漏值为 $*$，定义相容关系 T 如下：

定义 7-2 相容关系 T 的定义为：

$$T(B) = \{(x, y) \in U \times U \mid \forall a \in B, a(x) = a(y) \lor a(x) = * \lor a(y) = *\}$$
(7-54)

显然，相容关系 T 是自反的和对称的，但不一定是传递的。相应地定义对象 x 的相容类为：

定义 7-3 相容类的定义为：

$$T_B(x) = \{y \in U \mid (x, y) \in T(B)\}$$
(7-55)

它表示在属性集合 B 上满足关系 $T(x, y)$ 的个体对象 y 的集合。

根据定义 7-2 和定义 7-3 可以得到在相容关系 $T(x, y)$ 下对象集合 $X \subseteq U$ 关于属性集合 $B \subseteq C$ 的下近似（BX_T）和上近似（BX^T）的定义为：

定义 7-4 在相容关系 $T(x, y)$ 下集合 $X \subseteq U$ 的下近似（BX_T）和上近似（BX^T）分别为：

$$BX_T = \{x \in U \mid T_B(x) \subseteq X\}$$
(7-56)

$$BX^T = \{x \in U \mid T_B(x) \cap X \neq \emptyset\}$$
(7-57)

从上述定义可以看出，不完备信息系统的上、下近似集定义与完备信息系统上、下近似集定义是类似的，即上近似集表示可能属于 X 的对象集，而下近似集表示肯定属于 X 的对象集。但由于在不完备信息系统中某些属性值是未知的，因此，其上近似集要求更宽松，下近似集要求更苛刻。

定理 7-1： 设 $S = <U, A, V, f>$ 是不完备信息系统，$\forall B, K \subseteq A, X \subseteq U$，有

①$BX_T \subseteq X \subseteq BX^T$

②$K \subset B \Rightarrow KX_T \subseteq BX_T$

③$K \subset B \Rightarrow KX^T \supseteq BX^T$

从定义可以看出，在容差关系中，空值 * 可表示任意属性值，被认为是和所有已知属性值都相等的，因此很容易把没有任何明确相同的已知属性值的个体对象划分在同一个容差类中，导致划分的粒度过粗，可能使得下近似集元素过少，易形成很多不一致性规则。如个体对象 x = (* , 2 , * , 5 , * , 8 , * , 4) 和 y = (9 , * , 7 , * , 6 , * , 1 , *) ，根据容差关系认为二者是不可分辨的而划分到同一个容差类中。实际上，对象 x 和 y 至少有一半的属性值是不同的，相同的可能性并不大。

（2）基于非对称关系的粗糙集扩展模型

定义 7-5 设 S = < U , A , V , f > 是一个不完备信息系统，A = C∪D，C∩D = Ø，C 为条件属性，D 为决策属性，对于具有遗漏属性值的属性子集 B⊆C，记遗漏值为 * ，定义在 U 上的关于 B 的非对称相似关系 S 为

$$S(B) = \{(x, y) \in U \times U \mid \forall b \in B, b(x) = * \lor b(x) = b(y)\} \quad (7-58)$$

简称为相似关系，x 与 y 非对称相似记为 S(x, y) 或 xSy。显然，非对称相似关系具有自反性和传递性，但是不对称。实际上，非对称相似关系可以认为是包含关系的一个代表，因为只要 x 的描述包含 y 的描述，就认为 x 与 y 相似。

对于任意个体 x∈U，在非对称关系下可以定义两个非对称相似类。

定义 7-6 非对称相似于 x 的对象集合 R(x)，x 与之非对称相似的对象集合 $R^{-1}(x)$ 的定义为：

$$R_B(x) = \{y \in U \mid S(y, x)\} \quad (7-59)$$

$$R_B^{-1}(x) = \{y \in U \mid S(x, y)\} \quad (7-60)$$

显然，R(x) 与 $R^{-1}(x)$ 是两个不相同的集合。对象集合 X 的上近似、下近似可以定义如下：

定义 7-7 不完备信息系统 S = < U , A , V , f > 的对象集合 X⊆U 关于属性集合 B⊆C 基于非对称相似关系的上近似（BX^s）和下近似（BX_s）的定义为：

$$BX_s = \{x \in U \mid R^{-1}(x) \subseteq X\} \quad (7-61)$$

$$BX^s = \bigcup_{x \in X} R(x) \qquad\qquad (7-62)$$

也就是说，如果对象 x 与之非对称相似的对象都包含于 X，则对象 x 肯定属于 X 类；如果对象 x 非对称相似于 X 中的某个对象，则对象 x 可能属于 X 类。

定理 7-2：设 S = <U，A，V，f>是不完备信息系统，B⊆A，则

(1) $S_A(X) \subseteq S_B(X)$

(2) $S_A^{-1}(X) \subseteq S_B^{-1}(X)$

定理 7-3：设 S = <U，A，V，f>是不完备信息系统。

定理 7-4：不完备信息系统 S = <U，A，V，f>，X⊆U，B⊆C，则

(1) $\underline{B}X_T \subseteq \underline{B}X_S$

(2) $\overline{B}X_S \subseteq \overline{B}X_T$

可以看出，在非对称相似关系下 X 的上近似和下近似是对在相容关系下 X 的上近似和下近似的改进。

显然，基于非对称相似关系的粗糙集扩充模型存在以下缺陷：一些个体对象明显有大量相同的已知属性值，直观上就可以判断为相似，因不满足非对称相似关系而被划分在不同的相似类中，划分的粒度过细，可能导致下近似集元素过多，但支撑每条规则的对象数太少，会产生过拟和现象。如个体对象 x = (3，8，5，2，9，7，*) 和 y = (3，8，5，2，*，7，1) 被划分在不同的相似类中，实际上，x 和 y 相同的可能性较大，这与实际情况不相符合。另外，在两个对象相同属性同时出现 * 时，划分为同类，导致粒度过粗，可能使得下近似集对象过少，影响确定规则的获取数目。

（3）基于限制容差关系

设 S = <U，A，V，f>是一个不完备信息系统，A = C∪D，C∩D = Ø，C 为条件属性，D 为决策属性，对于具有遗漏属性值的属性子集 B⊆C，记遗漏值为 *，定义在 U 上的关于 B 的限制容差关系 L 为：

$$\forall x, y \in U \times U (L_B(x, y) \Leftrightarrow \forall b \in B(b(x) = b(y) = *) \vee$$
$$((P_B(x) \cap P_B(y) \neq \emptyset) \wedge \forall b \in B((b(x) \neq *) \wedge$$
$$(b(y) \neq *) \rightarrow (b(x) = b(y))) \qquad (7-63)$$

其中，$P_B(x) = \{b | b \in B \wedge b(x) \neq *\}$。

显然，限制容差关系 L 具有自反性、对称性，但不具有传递性。对象 x 的限制容差类为 $L_B(x) = \{y \mid y \in U \wedge L_B(x, y)\}$。

定义 7 - 8　不完备信息系统 $S = <U, A, V, f>$，$A = C \cup D$，$C \cap D = \emptyset$，C 为条件属性，D 为决策属性，$B \subseteq C$，记遗漏值为 *，对象集合 $X \subseteq U$ 关基于限制容差关系的上近似（BX^L）和下近似（BX_L）的定义为：

$$BX_L = \{x \in U \mid L_B(x) \subseteq X\} \qquad (7 - 64)$$

$$BX^L = \{x \in U \mid L_B(x) \cap X \neq \emptyset\} \qquad (7 - 65)$$

定理 7 - 5： 不完备信息系统 $S = <U, A, V, f>$，$X \subseteq U$，$B \subseteq C$，$\forall x \in U$，$P_B(x) \neq \emptyset$，则

①$BX_T \subseteq BX_L \subseteq BX_S$

②$BX^S \subseteq BX^L \subseteq BX^T$

可以看出，限制容差关系是相容关系和非对称相似关系的改进，即限制容差关系是对相容关系的条件过于宽松和非对称相似关系的条件过于苛刻的改进。

可以看出，不论是容差关系，还是基于它的改进模型，其思想都是通过定义相似程度来分辨两个对象，从而判别对象所属的类别。只不过用于判断是否相似或相似程度的标准有所差异。从另一方面来说，如果用相似或者相似程度进行区分会产生分歧，存在缺陷，那么就可以从差异性或这差异度方面进行修正。只要两个对象的差异度小于给定的阈值，我们就可以很明确地认定它们是不可分辨的。所以，在不完备信息系统中，由于缺失值的存在，造成信息的不精确性、不完全性，因此，在求取对象之间的相似性时，考虑对象之间的差异程度，从而修正分类的结果，达到对各个对象更准确地划分。

定义 7 - 9　四元组 $S = <U, A, V, f>$ 称为一个信息系统，其中 U 是表示对象的非空有限集合，称为论域；$A = C \cup D$ 是表示属性的非空有限集合，$C \cap D = \emptyset$，C 称为条件属性集合，D 表示决策属性集合；$V = \underset{a \in A}{\cup} V_a$，$V_a$ 表示属性 a 的值域；f 表示 $U \times A \rightarrow V$ 的一个信息函数，它为每个对象在每个属性上赋予一个信息值，即 $\forall a \in A$，$x \in U$，$f(x, a) \in V_a$，若 $D = \emptyset$，则称信息系统为数据表；否则称为决策表。如果至少有一个属性 $a \in C$ 使得 V_a 含有空值，则称信息系统是不完备信息系统，记遗漏值为 *；否则称信息系统是完备的。

2. 基于 α-相似关系的粗糙集拓展模型和属性约简

通过对已有拓展模型的研究，不难发现，在克斯基维克兹（Krysckiewicz）的相容关系下由于条件太过宽松，"＊"被认为是和所有属性值都相等的，因此会导致没有任何明确相同的已知属性值的个体对象被分在同一相容类中；而在斯特法诺沃斯基（Stefanowski）的非对称相似关系下的条件又太苛刻，会导致一些个体对象明显有大量相同的已知属性值，直观上就可以判断为相似，但不满足相似关系而被划分在不同的相似类中；斯特法诺沃斯基的量化容差关系需要相关的领域知识，需要预先知道信息系统中属性值的概率分布情况，这对于一个新的不完备信息系统来说是很困难的，特别在对系统的整体情况都还不清楚的时候，根本无法精确地知道其分布概率分布，这就限制了其应用范围。另外，针对上述相容关系、非对称相似关系和量化容差关系的局限性，国内外的许多学者针对不同的情形，分别提出了不同的改进：王国胤提出了限制容差关系，并比较分析了这些拓展粗糙集模型之间的性能；刘富春在分析上述粗糙集拓展模型的不足的基础上，提出了修正容差关系，通过实例，说明了基于修正容差关系的粗糙集拓展模型对处理不完备信息系统更加简便有效；但是，这些理论改进还存在一些局限性，每一种对于不完备数据的粗糙集扩展模型都是为了解决某个特定的问题而产生的，也都只能部分解决一些问题。因此，本节针对相似关系的缺陷，提出了 α-相似关系的粗糙集理论的拓展关系。

（1）基于 α-相似关系的粗糙集拓展模型

瞿彬彬等提出了限制非对称相似关系，进一步限制了非对称相似关系下的条件，仍然没有克服非对称相似关系的缺陷。从非对称相似关系的定义和性质可以看出：非对称相似关系容易把具有很多相同已知属性值的对象划归到不同的相似类，划分的粒度过细，可能导致下近似集元素过多，但支撑每条规则的对象数太少，会产生过拟和现象。鉴于非对称相似关系和限制非对称相似关系的缺陷，本节提出了 α-相似关系。

定义 7-10 α-相似关系定义为：

$$S^{\alpha}(B) = \{(x,\ y) \in U \times U \mid \forall b \in B(b(x) = *$$

$$\vee b(x) = b(y) \vee \gamma(x, y) \leqslant \alpha \} \qquad (7-66)$$

其中 $P(x) = \{b \in B \mid b(x) \neq *\}$，$\gamma(x, y) = \dfrac{|P(x) \oplus P(y)|}{2|C|}$ 为个体对象 x 和

y 的差异度，$\oplus$ 是集合对称差，$\alpha(0 \leqslant \alpha \leqslant 1)$ 为预先设定的阈值。

定义 7-11　考虑了个体对象相似应该是相同的非空属性值较多，而不同的属性值较少，描述了论域中任意个体对象关于条件属性子集与另一个个体对象的相似程度。

使用一个阈值 $\alpha(0 \leqslant \alpha \leqslant 1)$ 来确定不完备信息系统中的一个相似二元关系，当 x 和 y 在 $B \subseteq A$ 上差异率小于或等于 α 时，就认为 x 和 y 属于相同的类。定义考虑了个体对象相似应该是相同的非空属性值尽量多，而不同的属性值较少，描述了论域中任意个体对象关于条件属性子集与另一个个体对象的差异程度。

显然，α - 相似关系具有自反性、传递性，不具有对称性。

相应地，对于任意对象 $x \in U$ 关于属性集合 $B \subseteq A$ 的两个相似集合定义分别为：

定义 7-12　α - 相似于 x 的对象集合 $R_B^{\alpha}(x)$，x 与之 α - 相似的对象集合 $R_B^{-\alpha}(x)$ 定义分别为

$$R_B^{\alpha}(x) = \{y \in U \mid S_{\alpha}(y, x)\} \qquad (7-67)$$

$$R_B^{-\alpha}(x) = \{y \in U \mid S_{\alpha}(x, y)\} \qquad (7-68)$$

显然，$\forall b \in B \subseteq A$，有 $R_B^{\alpha}(x) \subseteq R_{B/\{b\}}^{\alpha}(x)$，$R_B^{-\alpha}(x) \subseteq R_{B/\{b\}}^{-\alpha}(x)$。

由 α - 相似关系的定义易知，当 $\alpha = 0$ 时，α - 相似关系和 α - 相似类分别变成斯特法诺沃斯基的相似关系和相似类；当 $\alpha = 1$ 时，α - 相似关系和 α - 相似类就分别变成了完备信息系统中的等价关系和等价类。

令 $U/S^{\alpha}(B) = \{R_B^{\alpha}(x) \mid x \in U\}$ or $\{R_B^{-\alpha}(x) \mid x \in U\}$ 表示分类，$U/S^{\alpha}(B)$ 中的任何元素称为相似类，$U/S^{\alpha}(B)$ 中的相似类一般不构成 U 的划分，它们构成 U 的覆盖，$\cup U/S^{\alpha}(B) = U$。

定理 7-6：在不完备信息系统 $S = <U, A, V, f>$ 中，$A = C \cup D$，$C \cap D = \emptyset$，$B \subseteq A$，$0 \leqslant \alpha \leqslant 1$，则：

① $S^{\alpha}(A) \subseteq S^{\alpha}(B)$

② $S^{\alpha}(A) = \bigcap_{a \in A} S^{\alpha}\{a\}$

③$R_A^\alpha(x) \subseteq R_B^\alpha(x)$ $R_A^{-\alpha}(x) \subseteq R_B^{-\alpha}(x)$

证明：①$\forall (x, y) \in S^\alpha(B) \Rightarrow \gamma_B(x, y) \geqslant \alpha$，而 $B \subseteq A$，$\gamma_C(x, y) \geqslant \alpha$，所以 $\forall (x, y) \in S^\alpha(A)$，所以 $S^\alpha(A) \subseteq S^\alpha(B)$。

②根据定义，可以直接证明。

③$\forall y \in R_A^\alpha(x) \Rightarrow \gamma_A(x, y) \geqslant \alpha$，又 $B \subseteq A$，

进而 $\gamma_A(x, y) \leqslant \gamma_B(x, y) \Rightarrow \gamma_B(x, y) \geqslant \alpha$，

所以 $y \in R_B^\alpha(x, y) \Rightarrow R_A^\alpha(x, y) \subseteq R_B^\alpha(x, y)$。

同理可证：$R_A^{-\alpha}(x) \subseteq R_B^{-\alpha}(x)$。

定理 7-7： 在不完备信息系统 $S = \,<U, A, V, f>$ 中，$A = C \cup D$，$C \cap D = \emptyset$，$B \subseteq A$，$0 \leqslant \alpha_1 \leqslant \alpha_2 \leqslant 1$，则：

①$S^{\alpha_1}(B) \supseteq S^{\alpha_2}(B)$

②$R_B^{\alpha_1}(x) \supseteq R_B^{\alpha_2}(x)$

证明：①$\forall (x, y) \in S^{\alpha_2}(B) \Rightarrow \gamma(x, y) \geqslant \alpha_2 \geqslant \alpha_1 \Rightarrow (x, y) \in S^{\alpha_1}(B) \Rightarrow S^{\alpha_1}(B) \supseteq S^{\alpha_2}(B)$

②设 $y \in R_B^{\alpha_2}(x)$，并假设 $y \notin R_B^{\alpha_1}(x)$，则 $\gamma(x, y) \geqslant \alpha_2$ 且 $\gamma(x, y) \leqslant \alpha_1$，所以 $\alpha_2 \leqslant \alpha_1$，这与条件矛盾，从而 $y \in R_B^{\alpha_1}(x)$，所以有 $R_B^{\alpha_1}(x) \supseteq R_B^{\alpha_2}(x)$。

定理 7-8： 在不完备信息系统 $S = \,<U, A, V, f>$ 中，$A = C \cup D$，$C \cap D = \emptyset$，$B \subseteq A$，$T(B)$、$S(B)$、$S^\alpha(B)$ 分别表示相容关系、相似关系和 α-相似关系，则：

①$S(B) \subseteq S^\alpha(B) \subseteq T(B)$

②$R_B(x) \subseteq R_B^\alpha(x) \subseteq T_B(x)$；$R_B^{-1}(x) \subseteq R_B^{-\alpha}(x) \subseteq T_B(x)$

③$R_B(x) \cap R_B(y) \subseteq R_B^\alpha(x) \cap R_B^\alpha(y) \subseteq T_B(x) \cap T_B(y)$；

$R_B^{-1}(x) \cap R_B^{-1}(y) \subseteq R_B^{-\alpha}(x) \cap R_B^{-\alpha}(y) \subseteq T_B(x) \cap T_B(y)$

（2）基于 α-相似关系的粗糙近似

上一节讨论了 α-相似关系和基于 α-相似关系的粗糙集拓展模型的性质。本节将进一步探讨基于 α-相似关系的粗糙近似。在 α-相似关系下，可以定义集合 $X \subseteq U$ 在属性集 $B \subseteq A$ 上的下近似和上近似分别为：

定义 7-13 在不完备信息系统 $S = \,<U, A, V, f>$ 中，$A = C \cup D$，$C \cap D =$

Ø，基于 α - 相似关系，对象集合 X⊆U 关于属性集合 B⊆A 的 α - 下近似 （$\underline{B}X_S^{\alpha}$） 和 α - 上近似 （$\overline{B}X_S^{\alpha}$） 分别为

$$\underline{B}X_S^{\alpha} = \{x \in U \mid R_B^{-\alpha}(x) \subseteq X\} \tag{7-69}$$

$$\overline{B}X_S^{\alpha} = \bigcup_{x \in X} R_B^{\alpha}(x) = \{x \in U \mid R_B^{-\alpha}(x) \cap X \neq \varnothing\} \tag{7-70}$$

可以看出，α - 下近似 （$\underline{B}X_S^{\alpha}$） 表示肯定属于 X 类的对象集合；相反，α - 上近似（$\overline{B}X_S^{\alpha}$） 表示可能属于 X 类的对象集合。

另外，对于两个对象在所有属性上的取值都未知时，说它们符合相似关系的要求相对勉强。所以在 α - 相似关系中，我们认为这样的两个对象是不符合 α - 相似关系定义的，这一点在 α - 相似关系的定义中也得到了体现。另外，关于阈值 α 的选取对于 α - 相似关系很重要，后面我们会结合实例通过 α 的选取来对 α - 相似关系进行分析。

定理 7 - 9：设 S = (U，C，D，V，f) 是不完备信息系统，A = C∪D，C∩D = Ø，α∈[0，1]，则有：①$\underline{B}X_T \subseteq \underline{B}X_S^{\alpha} \subseteq \underline{B}X_S$；②$\overline{B}X_S \subseteq \overline{B}X_S^{\alpha} \subseteq \overline{B}X_T$

证明：1） $\underline{B}X_T \subseteq \underline{B}X_S^{\alpha}$

因为 ∀x，y∈U，$P_B(x) \neq \varnothing$，$P_B(x) \neq \varnothing$，又由于 α - 相似关系 S^{α} 所满足的条件是相容关系 T 所满足的条件的子集，所以有：∀x，y∈U

$(x，y) \in S^{\alpha}(y，x) \Rightarrow (x，y) \in T(x，y)$，即 $S^{\alpha}(y，x) \Rightarrow T(x，y)$

$(x，y) \in S^{\alpha}(x，y) \Rightarrow (x，y) \in T(x，y)$，即 $S^{\alpha}(x，y) \Rightarrow T(x，y)$

因为：$T_B(x) = \{y \mid \forall y \in U，(x，y) \in T(x，y)\}$，

$R_B^{\alpha}(x) = \{y \mid \forall y \in U，S^{\alpha}(y，x)\}$，$R_B^{-\alpha}(x) = \{y \mid \forall y \in U，S^{\alpha}(x，y)\}$

所以：∀y∈U，$y \in R_B^{\alpha}(x) \Rightarrow y \in T_B(x)$

反之，如果 ∀y∈U，$y \in T_B(x)$，不一定有 $y \in R_B^{\alpha}(x)$

所以 $R_B^{\alpha}(x) \subseteq T_B(x)$

同理：

$$\forall y \in U，y \in R_B^{-\alpha}(x) \Rightarrow y \in T_B(x)$$

如果 ∀y∈U，$y \in T_B(x)$，不一定有 $y \in R_B^{\alpha}(x)$

所以 $R_B^{-\alpha}(x) \subseteq T_B(x)$

又因为

$$\underline{B}X_T = \{x \in U \mid T_B(x) \subseteq X\}$$

所以 $\forall x \in U$，$x \in \underline{B}X_T \Leftrightarrow T_B(x) \subseteq X \Rightarrow R_B^{-\alpha}(x) \subseteq X$

又因为 $\underline{B}X_S^\alpha = \{x \in U \mid R_B^{-\alpha}(x) \subseteq X\}$

所以 $x \in \underline{B}X_S^\alpha$

但反过来不一定成立，

所以：$\underline{B}X_T \subseteq \underline{B}X_S^\alpha$

2）同理可证 $\underline{B}X_S^\alpha \subseteq \underline{B}X_S$

3）$\overline{B}X_S^\alpha \subseteq \overline{B}X_T$

因为：$\overline{B}X_S^\alpha = \bigcup_{x \in X} R_B^\alpha(x) = \{x \in U \mid R_B^{-\alpha}(x) \cap X \neq \varnothing\}$

$$\overline{B}X_T = \bigcup_{x \in X} T_B(x)$$

又因为：$R_B^\alpha(x) \subseteq T_B(x)$

所以：$\bigcup_{x \in X} R_B^\alpha(x) \subseteq \bigcup_{x \in X} T_B(x)$

所以：$\overline{B}X_S^\alpha \subseteq \overline{B}X_T$

4）同理可证 $\overline{B}X_S \subseteq \overline{B}X_S^\alpha$

（3）基于 α - 相似关系的属性约简

本节在前两节提出的 α - 相似关系粗糙拓展模型和 α - 相似关系的粗糙近似的基础上，进一步分析基于 α - 相似关系的属性约简。

定义 7 - 14　一个集合 $B \subseteq A$ 是不完备信息系统的一个约简，若 $S^\alpha(B) = S^\alpha(A)$ 且 $\forall C \subseteq B$，$S^\alpha(B) = S^\alpha(C)$。

定义 7 - 15　对不完备决策表 $S = <U, C \cup D, V, f>$，$U/D = \{Y_1, Y_2, \cdots, Y_m\}$，$\forall b \in B \subseteq C$，若 $\forall x \in U$，有 $\underline{B \setminus \{b\}}(Y_i)_S^\alpha = \underline{B}(Y_i)_S^\alpha$，则称 b 在 B 中是相对于决策属性可省略的（不必要的），否则称 b 在 B 中是相对于决策属性不可省略的（必要的）。

若 B 中每个属性都是必要的，则称 B 是相对独立的；否则称 B 是相对依赖的。

由定义知，从条件属性集中去掉一个属性不会引起决策表的不一致，则该属性在属性集中相对于决策是不必要的，否则相对于决策是必要的。

定义 7 - 16　对不完备决策表 $S = <U, C \cup D, V, f>$，$B \subseteq C$ 中所有相对必

要的属性称为 B 的相对核，记为 $\mathrm{Core}_D(B)$。

定义 7 – 17　不完备决策表 S = < U，C∪D，V，f > ，U/D = { Y_1，Y_2，…，Y_m } ，0≤α≤1，若条件属性子集 B⊆C 满足：

①$\forall Y_i \in U/D$，$\underline{B}(Y_i)_S^\alpha = \underline{C}(Y_i)_S^\alpha$；　　　　　　　　　　　　　(7 – 71)

②B 的任意真子集都不满足式（7 – 71）；

则称 B 为 α 近似约简。

定义 7 – 18　对不完备决策表 S = < U，C∪D，V，f > ，U/D = { Y_1，Y_2，…，Y_m } ，0≤α≤1，定义条件属性集 B⊆C 对决策属性集 D 的支持度如下：

$$Z_B(D) = \frac{\sum_{i=1}^m \mathrm{card}(\underline{B}(Y_i)_S^\alpha)}{\mathrm{card}(U)} \qquad (7 – 72)$$

其中，$\mathrm{card}(X)$ 表示集合 X 的基数。

$Z_B(D)$ 表示在条件属性集 B 下对象决策 D 所具有的确定性，$Z_B(D)$ 越大说明依据 B 可使更多的对象被准确地划分到 U/D 的等价类中。

定义 7 – 19　在不完备决策表 S = < U，C∪D，V，f > 中，属性 b∈B⊆C 在条件属性子集 B 中对决策 D 的相对重要度定义为：

$$\mathrm{sig}_{B \setminus \{b\}}(b) = Z_B(D) - Z_{B \setminus \{b\}}(D) \qquad (7 – 73)$$

这表明属性 b∈B⊆C 在条件属性子集 B 对决策 D 的重要性可由从属性子集 B 中去掉 b 后所引起的决策属性支持度的变化大小来度量。

根据属性的相对重要度定义，任意属性 a∈C – B（或 a∈C \ B）对 B 的相对重要度定义为：

定义 7 – 20　属性 a∈C \ B 对 B 的相对重要度定义为：

$$\mathrm{sig}_B(a) = Z_{B \cup \{a\}}(D) - Z_B(D) \qquad (7 – 74)$$

该定义说明一个属性对一个属性集的相对重要度是由添加它之后引起的决策属性支持度的变化大小来度量，因此可以由此作为启发知识通过不断增加相对重要性最大的属性来寻找最小约简。

定理 7 – 10：属性 b∈B⊆C 在 B 中是相对必要的当且仅当 $\mathrm{sig}_{B \setminus \{b\}}(b) > 0$。

定理 7 – 11：$\mathrm{Core}_B(D) = \{b \mid \forall b \in B，\mathrm{sig}_{B \setminus \{b\}}(b) > 0\}$

算法：α—属性约简算法

输入：不完备决策表 $S = <U, C \cup D, V, f>$，$C = \{a_i | i = 1, 2, \cdots, n\}$ 和 $D = \{d_i | i = 1, 2, \cdots, q\}$ 分别称为条件属性集和决策属性集，$\alpha(0 \leqslant \alpha \leqslant 1)$ 有效值。

输出：不完备决策表的相对约简 Reduct。

Step1：对所有 $Y_i \in U/D$，计算 $\underline{C}(Y_i)_S^\alpha$；

Step2：计算条件属性 C 对决策属性 D 的支持度 $Z_C(D)$；

Step3：计算每个条件属性 $a_i \in C$ 在条件属性集 C 中的重要度 $sig_{C \setminus \{a_i\}}(a_i)$，并按降序排列；

Step4：令 Reduct = Ø

Step5：将 C 中的 $sig_{C \setminus \{a_i\}}(a_i)$ 最大属性 a_i 加入 Reduct，即 Reduct = Reduct $\cup$ $\{a_i\}$；

Step6：对所有 $Y_i \in U/D$，判断 $\overline{Reduct}(Y_i)_S^\alpha = \underline{C}(Y_i)_S^\alpha$ 是否成立，若是，则算法停止，否则转 Step3。

Step7：输出 Reduct。

（4）实例分析

这里选用一个具体的实例来分析的上述扩充模型，不完备信息系统的实例来源于文献 [160]，见表 7 - 11，其中，对象集合 $U = \{a_1, a_2, \cdots, a_{12}\}$，条件属性集 $A = \{c_1, c_2, c_3, c_4\}$，决策属性为 d，"*" 表示遗失值。

表 7 - 11　　　　　　　　　　不完备信息系统

A	a_1	a_2	a_3	a_4	a_5	a_6	a_7	a_8	a_9	a_{10}	a_{11}	a_{12}
c_1	3	2	2	*	*	2	3	*	3	1	*	3
c_2	2	3	3	2	2	3	*	0	2	*	2	2
c_3	1	2	2	*	*	2	*	0	1	*	*	1
c_4	0	0	0	1	1	1	3	*	3	*	*	*
d	Φ	Φ	Ψ	Φ	Ψ	Ψ	Φ	Ψ	Ψ	Φ	Ψ	Φ

①基于容差关系 T 的计算分析：尽管个体对象 a_4 和 a_{10}、a_7 和 a_8、a_7 和 a_{11}，

a_{10}和a_{11}没有明确相同的属性值，但都被划分在同一个容差类中。

由容差关系 T 的上、下近似集定义可得：

$$\Phi_T = \varnothing, \ \Phi^T = \{a_1, a_2, a_3, a_4, a_5, a_7, a_8, a_9, a_{10}, a_{11}, a_{12}\}$$

$$\Psi_T = \{a_6\}, \ \Psi^T = U$$

②基于非对称相似关系 S 的计算分析：个体对象 a_1 和 a_{12}、a_4 和 a_{11}、a_9 和 a_{12}直观上就很相似，但却被划分在不同的相似类中。

由非对称相似关系 S 的上、下近似集定义可得：

$$\Phi_S = \{a_1, a_{10}\}, \ \Phi^S = \{a_1, a_2, a_3, a_4, a_5, a_7, a_{10}, a_{11}, a_{12}\}$$

$$\Psi_S = \{a_6, a_8, a_9\}, \ \Psi^S = \{a_2, a_3, a_4, a_5, a_6, a_7, a_8, a_9, a_{11}, a_{12}\}$$

③根据 α – 相似关系 MS 及其上、下近似集的定义可得：令 α = 0.1

$$MR^{-1}(a_1) = \{a_1, a_{12}\}; \ MR^{-1}(a_2) = \{a_2\}$$

$$MR^{-1}(a_3) = \{a_3\}; \ MR^{-1}(a_4) = \{a_4, a_5, a_{11}, a_{12}\}$$

$$MR^{-1}(a_5) = \{a_4, a_5, a_{11}, a_{12}\}; \ MR^{-1}(a_6) = \{a_6\}$$

$$MR^{-1}(a_7) = \{a_7, a_9, a_{12}\}; \ MR^{-1}(a_8) = \{a_8\}$$

$$MR^{-1}(a_9) = \{a_9, a_{12}\}; \ MR^{-1}(a_{10}) = \{a_{10}\}$$

$$MR^{-1}(a_{11}) = \{a_1, a_4, a_5, a_9, a_{11}, a_{12}\}$$

$$MR^{-1}(a_{12}) = \{a_1, a_9, a_{12}\}$$

同样可得：$MR(a_1); \ MR(a_2); \ \cdots MR(a_{12})$

因此：$\Phi_{MS} = \{a_{10}\}; \ \Psi_{MS} = \{a_6, a_8\}$

$$\Phi^{MS} = \{a_1, a_2, a_3, a_4, a_5, a_7, a_9, a_{10}, a_{11}, a_{12}\}$$

$$\Psi^{MS} = \{a_1, a_2, a_3, a_4, a_5, a_6, a_7, a_8, a_9, a_{11}, a_{12}\}$$

①②③分析结果也验证了：

$$X_T \subseteq X_{MS}; \ X^{MS} \subseteq X^T$$

$$X_{MS} \subseteq X_S; \ X^S \subseteq X^{MS}$$

从结果可以知道：取 α = 0.25 时，基于 α – 相似关系扩充模型把对象 a_4 和 a_{10}、a_7 和 a_8、a_7 和 a_{11}，a_{10} 和 a_{11} 划分在不同一个相似类中；把个体对象 a_1 和 a_{12}、a_4 和 a_{11}、a_9 和 a_{12}划分在同一相似类中。所以该模型很好地克服了容差关系和非对称相似关系模型的不足，使得对象的划分更加合理，更加符合实际情况。

7.3.4 粗糙—支持向量机模型构建

针对现有的粗糙集理论与支持向量机集成研究仅把粗糙集理论作为支持向量机的预处理器，仅仅考虑了样本的输入信息，而没有考虑模型输出信息的影响，没有真正做到粗糙集理论和支持向量机的集成，没有实现粗糙集理论和支持向量机的优势互补，并且考虑到内河船舶数据样本量少，信息量贫乏、不确定性等特点，本文提出了一种基于粗糙—支持向量机的动态建模方法，并利用这种方法对具有复杂动态特性和不确定性的内河航运船舶安全风险评价进行建模。

目前，粗糙集和支持向量机的集成研究，已引起越来越多学者的重视。这种趋势是在智能系统知识获取瓶颈、粗糙集理论兴起和支持向量机研究遇到困难情况下紧密相关的。从总体上看，粗糙集与支持向量机集成研究取得了许多成果，但仍未形成统一理论体系，许多问题有待深入研究。大多数都是把粗糙集理论作为支持向量机的数据预处理器，其缺点是只用到了样本输入信息，而没有考虑样本输出信息，没有将粗糙集理论与支持向量机真正地融合在一起，没有充分体现粗糙集与支持向量机的优势互补。如李波等结合粗糙集的属性约简和支持向量机的分类机理，应用粗糙集理论对数据进行预处理，然后基于支持向量机进行分类建模和预测。彭文季提出了粗糙集和支持向量机的水电机组振动的故障诊断模型，运用粗糙集理论对水电机组振动信号的属性特征进行预处理，测试结果表明，与常规方法相比，应用粗糙集和支持向量机相结合的方法进行故障诊断具有简单有效、诊断速度快和良好的鲁棒性等优点，是一种有效的诊断方法。张建明等结合粗糙集属性约简及支持向机分类机理，利用粗糙集对过程特征变量进行约简，去除冗余的过程信息，降低过程数据的维数，获得具有代表性的过程特征信息，基于该特征信息建立支持向量分类机用于故障的诊断。林格拉斯（Pawan Lingras）等结合粗糙集和支持向量机两种智能算法提出了粗糙—支持向量机模型，把粗糙集理论作为支持向量机数据的预处理器。

粗糙集理论与支持向量机之间较好的互补性使得两者的集成具有以下优点：

1. 提高支持向量机的学习速度与精度

支持向量机性能的好坏很大程度上取决于支持向量的选取，如何迅速、合理确定支持向量的数目以及支持向量以便支持向量机模型学习达到要求的精度，目前还是个比较困难的问题，并且支持向量机不能将输入信息空间维数简化，因而，导致支持向量机训练时间较长，计算复杂度高。而具有数据智能处理能力的粗糙集理论，既可以去掉数据中的冗余信息，又可以简化输入信息的数据空间的维数，从初始样本中提取涵盖其基本特征的典型数据，得到简化的决策规则，为支持向量机的支持向量选取提供有效的简化样本集，提高支持向量机模型学习的速度和精度。

2. 提高粗糙集的容错能力和泛化能力

粗糙集理论的容错能力和泛化能力相对较弱，在实际应用过程中对噪声比较敏感，且只能处理量化数据。对于连续复杂系统的数据分析，必须要对数据进行离散化处理，因此可能会丢失部分有用信息。而支持向量机具有较好的抑制噪声干扰的能力，且具有良好的泛化能力。

为了充分利用粗糙集理论和支持向量机之间的优点而相互弥补其不足，在此提出一种粗糙集理论和支持向量机集成的智能方法，利用粗糙集理论数据智能分析的优点，进行属性约简，提取决策规则，确定最佳指标子集，在进行指标选择的同时，把支持向量机模型的输出性能考虑进来，追求属性约简和支持向量机输出性能整体最优，确认哪些是与输出相关的属性，从而构造更好的粗糙—支持向量机集成模型，提高模型的准确率。

为此，这里采用微粒群算法来同时优化 SVM 参数选择和属性约简（指标选择），从而找到最佳的支持向量机参数取值和最小属性约简集（最佳指标子集）。微粒群算法具有很强的全局和局部搜索能力，用于优化 SVM 参数和属性约简时，无须考虑模型的复杂度和变量维数，可以作为一种普遍的选取参数和属性约简的优化方法。

本模型的基本框架如图 7-4 所示：

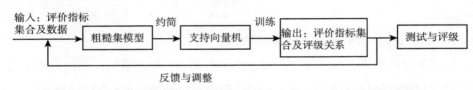

图7-4　基于双向互动的粗糙—支持向量机集成评价模型的基本框架

7.4

基于粗糙—支持向量机的内河航运安全风险评价模型构建研究

内河船舶安全风险评价问题可以被看作模式分类问题。支持向量机是近年来兴起的一种新的分类技术，并已经在许多领域的分类问题中得到了广泛应用，取得了良好的应用效果。当构建支持向量机分类器时，通常有两个问题需要解决：选择最佳输入指标子集（或最佳输入特征子集）和设置支持向量机最佳参数。这两个问题至关重要，因为指标子集的选择影响支持向量机参数，反之亦然。因此，必须同时获得最佳特征子集和 SVM 最佳参数。支持向量机主要作为一种强有力的分类工具，由于 SVM 本身不具备指标选择功能，分类问题通常涉及许多指标特征，然而对于一个具体的问题来说，并不是所有的指标特征都是同等重要的，其中一些指标特征可能是冗余的，甚至是不相关的，这就需要消除这些指标特征，从而获得更好的模型分类性能。对于内河船舶安全风险分类评估来说，适当的指标（属性）选择就显得非常重要。另外，输入空间维数的减少有利于降低支持向量机分类模型的复杂度，大大降低模型的计算量，节省了模型的计算时间，加快了模型的计算速度，提高模型的分类性能。因此，通过指标选择，可以实现利用最小的指标子集从特定数据集中尽可能多地提取信息，从而能够构建一个具有良好泛化能力的模型。考虑到内河船舶安全风险评价分类的自身特征，本节利用粗糙集理论来进行指标选择和数据处理。支持向量机分类器构造的核心问题是模型选择问题，即如何选择 SVM 模型的各种最佳参数从而获得良好的泛化能力。对于一个具体问题，如何选择核函数以及支持向量机参数目前还没有一个统一的选择标准，仍然是一个需要解决的问题。

本节将粗糙集理论和支持向量机集成构建内河船舶安全风险评价的粗糙—支持向量机分类模型，其基本思想是将粗糙集方法作为支持向量机模型的前置系统，通过粗糙集方法减少了分类评估模型的指标数量，从而减少了粗糙—支持向量机分类评估模型的复杂性，也减少了支持向量机模型的计算时间。使用支持向量机作为后置的内河船舶安全风险判别系统，有容错以及抗干扰的能力，具有良好的泛化能力。其中采用微粒群算法同时优化 SVM 参数选择和属性约简（指标选择）。因此，基于粗糙集—支持向量机集成的内河船舶安全风险评价的建模包括两个子系统：一个是基于微粒群算法的属性约简和支持向量机参数优化子系统；另一个是支持向量机评估分类器训练、测试子系统。该分类器的集成建模方法中的编码方式、适应度函数、系统结构等具体描述如下：

1. 编码方法

在构造粗糙—支持向量机分类评估分类器时，本节采用 RBF 核函数作为支持向量机的核函数，微粒群算法中的微粒包含三部分：C、γ 和指标属性。因此，首先必须解决微粒的编码问题，考虑参数 C、γ 和属性约简的实际特点，本节采用二进制编码方法来描述微粒。编码方案如下：图 5 – 5 说明了本方法中微粒的二进制表示。在图 7 – 5 中，$b_C^1 \sim b_C^{n_C}$ 是参数 C 的值的二进制码表示；$b_\gamma^1 \sim b_\gamma^{n_\gamma}$ 是参数 γ 的值的二进制码表示；$b_a^1 \sim b_a^{n_a}$ 表示指标属性 a，二进制串 $b_a^1 \sim b_a^{n_a}$ 中的每一位对应一个条件属性，如某位取值为 1，则表示选择该位对应的条件属性；若取值为 0 则表示不选择该位对应的条件属性。这样，每个微粒代表条件属性空间中的一个属性子集，也是属性选取的一个候选解。其中，n_C 表示参数 C 的二进制码的位数；n_γ 表示参数 γ 的二进制码的位数；n_a 表示指标属性 a 的二进制码的位数，等于指标属性的总数。这样，支持向量机参数和指标属性空间就可以很容易映射为微粒群算法的微粒，用一个长度为 $n_C + n_\gamma + n_a$ 的二进制串表示一个微粒。

图 7 – 5　C、γ 和指标属性的二进制表示

2. 适应度函数

分类精度和所选择指标属性的个数是设计适应度函数时所要考虑的两个标准，因此，对于一个能够产生分类精度高，并且所含的指标属性少的微粒来说，它也应该有高的适应度函数值。基于这种考虑，构造适应度函数实质是把一个多准则多目标优化问题转化为一个单目标优化问题，本节采用的适应度函数包含两部分：（1）支持向量机分类评估的分类精度；（2）被选择的指标属性的个数（在分类精度保持不变的情况下，指标属性越少越好）。

由于适应度函数是对微粒位串的适应性进行评估的唯一确定性指标，所以适应度函数的形式直接决定着微粒群体的进化行为，本节定义适应度函数为：

$$F(x) = \left(1 - \frac{card(x)}{n}\right) + e^{\beta accu_{svm}} = f(x) + P(x) \qquad (7-75)$$

该函数由两部分组成，第一部分 $F(x) = 1 - \frac{card(x)}{n}$ 是关于指标属性的个数，其中 n 表示指标属性集合中指标的总个数，$card(x)$ 表示微粒 x 中 1 的个数，即微粒 x 中所含指标属性的个数。$f(x)$ 的含义为不包含在微粒 x 中的指标属性所占比率，很明显，如果微粒 x 中指标属性个数越少，$f(x)$ 的值就会越大。第二部分 $P(x) = e^{\beta accu_{svm}}$，$(\beta \geqslant 0)$ 为关于支持向量机的分类精度，β 为调节参数，其中，$accu_{svm}$ 为支持向量机的分类精度。

粗糙—支持向量机分类评估模型中最小指标属性约简的求解和优化支持向量机参数，实际上就是要在保持或提高支持向量机分类评估模型的整体分类准确率的情况下寻找所含指标属性最少的约简和最佳的支持向量机参数。而本节构造的适应度函数恰好从这两个方面满足了问题的求解要求。在适应度函数 $F(x) = f(x) + P(x)$ 中，$f(x)$ 的目的是希望微粒 x 中所含指标属性的个数尽可能的小，$P(x)$ 的目的是希望粗糙—支持向量机分类评估模型的分类准确率尽可能的大，由此选择的适应函数可获得指标属性约简和支持向量机参数问题的最佳效果。

3. 微粒速度限制（或微粒最大速度，V_{max}）

微粒最大速度 V_{max} 起到一个限制作用，来控制微粒群的全局搜索能力。较大

的 V_{max} 提高微粒群的全局搜索能力，而较小的 V_{max} 则鼓励微粒群的局部搜索能力。当 V_{max} 太小时，微粒将很难跳出局部最优解的区域；若 V_{max} 太大时，可能导致微粒速度太快，以至于微粒可能找不到最优解。

本节设置 $V_{max} = \dfrac{N}{3}$，把微粒的速度限制在 $\left[1, \dfrac{N}{3}\right]$ 范围内，防止微粒的速度太大以至于远离最优解，这样微粒可以逼近最优解。

采用粗糙—支持向量机集成的内河船舶安全风险评价的建模可以按照以下步骤来进行：

（1）决策表中条件属性和决策属性的确定

把每个内河船舶安全风险状况作为决策表中的决策属性。这样根据内河船舶的原始样本数据就构造了一个内河船舶安全风险评价的决策表。决策表是一类特殊而重要的知识表达系统，决策表可以用知识表达系统来描述。知识表达系统的基本成分是研究对象的集合，关于这些对象的知识可通过指定对象的基本特征（属性）和它的特征值（属性值）来描述。决策表常以二维表格的形式表示，也被看成属性值表，其中的列标识为属性，行对应要研究的对象和各属性值。具有条件属性和决策属性的信息系统表格就是一个决策表。利用决策表就可以很方便地对属性和属性值进行离散化和分析。

（2）指标属性中连续属性的离散化

运用 Rough 集理论处理决策表时，要求决策表中的记录值用离散数据表达，粗糙集理论不能直接处理连续属性。如果某些条件属性或决策属性的值域为连续值，则在处理前必须进行离散化处理。离散化本质上可归结为利用选取的断点来对条件属性构成空间进行划分的问题，把某个属性划分成有限个区域，使得每个区域中对象指标值相同。选取断点的过程也是合并属性值的过程，通过合并属性值，减少属性值的个数，减小问题复杂度，这也有利于提高知识获取过程中所得到规则的适应度。

属性离散化时应该满足以下两点：（1）属性离散化后的空间维数尽量小，也就是每一个离散化后的属性值的种类尽量少；（2）属性值被离散化后的信息丢失尽量少。

在内河船舶安全风险评价指标中，所有的定量指标数据都是连续值，因此在用粗糙集方法对这些数据进行处理之前，必须首先对这些连续属性值进行离散化处理。离散化划分区间的大小对决策表的分析会产生比较大的影响，如果划分区间过大，会使具有连续变化值的属性（特别是决策属性）丢失不少的信息，产生较大的误差，也会使决策表中不一致的数据大幅增加；过小又会使属性约简效率很低，给后面的支持向量机模型的训练带来一定的冗余信息。粗糙集理论为处理离散属性提供了很好的工具，属性值的离散化有多种方法，常见的有等间隔法、等频法、模糊方法等。这里介绍几种常用的方法：

①等间隔法

等间隔法是最简单的无监督离散化算法，它根据用户指定的区间数目 K，将数值属性的值域 $[x_{min}, x_{max}]$ 划分为 K 个区间，并使每个区间宽度相等，即都等于 $(x_{max} - x_{min})/K$。当存在对于区域来说偏斜极为严重的点时，这种类型的离散化方法是极为脆弱的。

②等频法

与等间隔法相联系的等频算法也是将数值属性的值域划分为 K 个小分区，K 同样是用户指定的区间数目。等频法与等间隔法的不同在于，它不是要求每个区间宽度相等，而是要求位于每个区间的对象数目相等，就是说，如果属性的整个取值区间内共有 M 个点，那么等频法所划分出的 K 个小区域中，每个区域含有 M/K 个邻近值的点。

这两种算法都容易实现，但因为它们在定义划分区间边界时忽视类别信息，因而难以将区间的边界设置在最合适的位置上。有时，使得与不同类别联系紧密的一些值被划进了同一个区域，在一些情况下，这会使得有效的分类变得困难。

本节首先采用等频法离散化方法，该离散化算法是将这个属性在所有实例上的取值从小到大进行排列，把 M 个对象平均划分成为 K 段，即得到断点集。每段中有 M/K 个对象，然后在征询业内专家意见的基础上，对离散区间进行适当调整。

（3）离散决策表的处理

在离散化后的决策表中，可能存在一些冗余的数据，也有可能存在着不一致（矛盾）的数据。这就需要对决策表进行处理。一般情况下，经过离散化后决策表可能存在以下两种异常情况：①冗余数据的产生。所谓数据冗余性是指在决策表中任意两个对象条件属性值和决策属性值均相同的情况，即存在重复记录。为了避免不必要计算量，在规则抽取时应该将多余重复记录约去；②不一致数据的产生。在决策表中，如果两个或两个以上数据的条件属性完全相同，而决策属性却不相同，则这两条或两条以上的数据是不一致的数据。

在实际应用中，往往会存在噪声等各种不确定性信息，所以得到的决策表中会在不同程度上存在不一致的数据。由于不一致的数据会给决策表的分析和应用带来许多不确定性的影响，目前，国内外的学者已进行了较多的研究，而且提出了各种解决方法。

对不一致数据的处理的方法主要有：

加权综合法：加权综合法就是为每条规则赋以一定权值系数，将每条规则所得到不同结论进行加权求和，得到最终结论。通常在模糊推理系统中常采用这种策略。

试探法：如果发生多条不一致规则同时得到满足的情况，就分别对这些规则所得不同结论进行推理，若发现某规则后续规则得不到结果，则删除该规则。该方法的代价是搜索空间范围太大，而且在一些控制系统中，推理过程是一步结束的，无法根据后续规则来选择合适规则，这种情况下，该策略不一定合适。

高信任度优先法：根据每条规则所得结论的可信度，选择结论可信度最高的规则。如规则结论可信度高，则系统最终得到结论将更可信，有利于得到用户满意的结论。但该方法的局限性是当几条不一致规则可信度相同时，无法运用该策略来选择合适规则。

多数优先原则：选择覆盖多数样本的规则，认为覆盖多数样本的规则（即根据多个样本得到的规则）具有更大适应性，具有得到合适结论的更高概率。该方法在处理一般问题中是比较常见的。但是在一些问题中，可能取得不好结果，它往往忽略一些特例规则，而少数优先原则适合于考虑特例的情况。

针对上述分析，本节采用多数优先原则来处理；离散后决策表的不一致性。

（4）数据预处理（归一化）

为了让支持向量机分类评估模型达到更好的性能，在训练前要对样本数据进行归一化。模型输入的一维代表一个特征，当模型的输入是多维时，要识别的模式有多个特征，当这多个特征的数据相差很大，如几个数量级时，就需要归一化，变成相同数量级，以防止某些数值低的特征被淹没。另外，提高模型收敛性，避免奇异样本数据存在所引起的训练时间增加，并可能引起模型无法收敛。因此，指标值归一化有助于提高粗糙—支持向量机模型的精度。通常对每个指标按照如下公式进行线性转换，把样本数据线性归一化到 [-1, 1] 或 [0, 1] 之间。

$$x' = \frac{x - \text{MinValue}}{\text{MaxValue} - \text{MinValue}} \tag{7-76}$$

式中，x'，x 分别为转换后、前的值，MaxValue、MinValue 分别为样本数据的最大值和最小值。

（5）指标属性约简和参数优化

Step1：数据预处理：数据离散化，冗余、不一致数据处理；数据归一化；

Step2：首先计算出条件属性 C 对决策属性 D 的支持度 $\gamma_C(D)$；

Step3：计算每个属性 $c \in C$ 在 C 中对 D 的重要性 $\text{sig}_{C \setminus \{c\}}(c)$ 且令 $\text{Core}_D(C) = \emptyset$。若 $\text{sig}_{C \setminus \{c\}}(C) \neq 0$，则 $\text{Core}_D(C) = \text{Core}_D(C) = \cup \{c\}$，最后得到 $\text{Core}_D(C)$；若 $\gamma_C(D) = \gamma_{\text{Core}_D(C)}(D)$，则终止计算，即 $\text{Core}_D(C)$ 为最小相对约简；否则执行 Step4；

Step4：初始化微粒群，由随机产生的 N 个长度为 $n_C + n_\gamma + n_a$ 的二进制串所代表的微粒组成初始种群：这些微粒包含三部分：C 和 σ 以及指标属性，对每个指标属性 $c \in C$，若 $c \in \text{Core}_D(C)$，其对应位取值为 1，否则其对应位可随机取值为 0 或 1；

PSO 参数设置：最大迭代代数、最大速度、种群规模、适应度中的权数，将当前进化代数置为 $t = 0$；

Step5：训练支持向量机模型：

①训练集和验证集的处理：根据微粒第三部分中选中的指标构造训练集和验证集；

②计算支持向量机分类器的分类精度；

③用验证集评估支持向量机分类模型的分类精度。

Step6：适应度值评估，计算每个微粒的适应度值；

Step7：比较微粒的适应值和自身最优值 X_i^{pb}。如果当前值比 X_i^{pb} 更优，则置 X_i^{pb} 为当前值，并设 X_i^{pb} 位置为 D 维空间中的当前位置；

Step8：比较微粒适应值与种群最优值。如果当前值比 X^{gb} 更优，则置当前微粒为 X^{gb} 的矩阵下标和适应值。

①调整微粒的位置和速度，产生新一代的种群。

②检查终止条件，若满足，则结束寻优；否则，$k = k + 1$，转至步骤⑤。结束条件为寻优达到最大进化代数，或种群最优值达到给定精度的要求。

（6）粗糙—支持向量机评估分类模型

本节根据优化得到最小指标属性集和相对应的最佳支持向量机参数构造支持向量机分类模型。

基于粗糙—支持向量机集成的内河船舶安全风险评价的建模流程如图 7 – 6 所示：

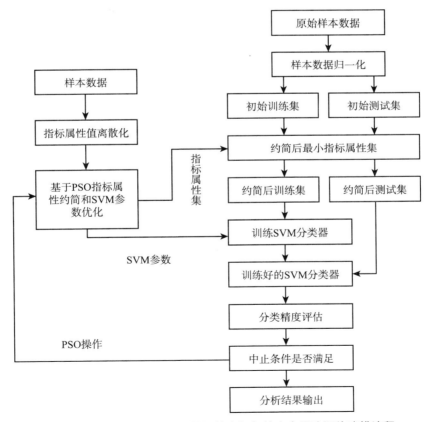

图 7 – 6　基于粗糙—支持向量机的内河船舶安全风险评价建模流程

7.5

内河航运安全风险评价实证研究

7.5.1　浙江内河航运发展概述

浙江省境内河流众多，水网密布，近年来，内河集中力量建设以三级航道为主的集装箱运输通道，重点加快骨干航道项目建设，建成全国第一条现代人工开挖运河杭甬运河，浙江省首条千吨级内河航道湖嘉申线湖州段，基本形成"北网南线、双十千八"的骨干航道布局框架。内河航道总里程9769公里（见表7－12），居全国第五，其中500吨级及以上高等级航道里程1451公里，占总里程的14.8%（占比略高于全国平均水平13%）。浙江省现有杭州港、宁波内河港、嘉兴内河港、湖州港、绍兴港、兰溪港、青田港等7个内河港口，其中杭州港、嘉兴内河港、湖州港为全国内河主要港口，拥有500吨级以上泊位835个，2015年完成货物吞吐量2.8亿吨，集装箱吞吐量达到37.1万标箱，同比增长32.4%。目前，浙江省辖区共有登记在册的运输船舶24000余艘，其中危险品运输船舶98艘，在浙江省营运的外省籍危险品船舶200余艘，注册船员30000余名，危险品作业码头、锚地170余处。到2015年底，浙江省船舶运力规模为1.64万艘、2365万净载重吨。其中沿海、远洋船舶运力规模达2011万净载重吨，内河船舶运力规模达360万净载重吨。预计2020年浙江省内河货运量达到2.5亿吨。受运输货种结构调整的影响，主要内河航道的运量呈现"有增有减、结构优化"的特征，主要体现为矿建材料等资源性货种运量将有所下降，石油化工、件杂货、集装箱等货物吞吐量加快发展。

表7－12　　　　　　　　　　浙江省内河通航里程　　　　　　　　单位：公里

年份	内河通航里程
2009	9704
2010	9704
2011	9750

续表

年份	内河通航里程
2012	9739
2013	9747
2014	9769
2015	9769
2016	9769

资料来源：浙江省统计年鉴。

　　近年，积极响应"两美"浙江和"五水共治"的要求，浙江加快以"三不一推"为主题的绿色港航建设，推进生态文明建设，着力发挥水运在节能减排、低碳环保方面的优势。积极推进清洁能源船舶、节能标准船型的开发应用，共拆改老旧船舶和小吨位船舶 2032 艘，拆改沿海老旧船舶 23 艘。完成浙江省 10 处船舶油污水接收点、200 处船舶垃圾接收点建设，关停小散乱码头 82 家。加快实施绿色港口和绿色航道创建工作。推广港口岸电和油改电等技改措施，开展靠港船舶使用岸电改造试点工程。深入推进湖嘉申线湖州段创建"五水共治"生态样板航道，开展嘉善芦墟塘绿色生态航道养护试点。主要内河骨干航道应急救助到达时间不超过 40 分钟，重点旅游库区、湖区应急救助到达时间不超过 80 分钟。建成了重点水域的应急反应设备库，具备一次性对抗一般船舶污染事故的能力。"十二五"期浙江省地方海事辖区内共发生 78 起一般等级及以上水上交通事故，死亡 43 人，沉船艘数 35 艘，直接经济损失 561.7 万元。

表 7-13　　　　　　　　2014～2016 年浙江省水路运输船舶实有数

指标	合计			#私人		
	2014 年	2015 年	2016 年	2014 年	2015 年	2016 年
机动船（艘）	17447	16241	15904	11216	9944	9586
净载重量（吨位）	23988753	23631797	25836993	2923723	2815415	3568117
载客量（客位）	78133	81257	85514	236	192	192
货船（艘）	16069	14857	14497	11171	9908	9550

续表

指标	合计			#私人		
	2014 年	2015 年	2016 年	2014 年	2015 年	2016 年
净载重量（吨位）	23980744	23622801	25826643	2923723	2815415	3568117
客货船（艘）	9	9	9			
净载重量（吨位）						
载客量（客位）	1979	1979	1979			
客船（艘）	1285	1314	1334	17	16	16
载客量（客位）	76154	79278	83535	236	192	192
拖船（艘）	84	61	64	28	20	20
驳船（艘）	334	75	67	149	17	17
净载重量（吨位）	64321	22319	16250	20633	854	854

资料来源：浙江省统计年鉴。

表 7－14　　　　　　　　浙江省水运货运量和水运货物周转量

年份	水运货运量（万吨）	水运货物周转量（亿吨公里）
2001	19945	882.59
2002	24564	1092.60
2003	29598	1480.86
2004	35871	2059.64
2005	41768	2761.39
2006	47522	3631.9
2007	51129	4132.68
2008	51614	4022.01
2009	52002	4147.78
2010	63258	5476.24
2011	72872	6887.75
2012	73817	7366.45
2013	76662	7357.00
2014	74267	7905.64
2015	74797	8142.64
2016	77646	7950.58

资料来源：浙江省统计年鉴。

7.5.2　内河航运安全风险评价实证研究

1. 指标确定及数据处理

内河航运安全事故是影响内河航运安全的各种因素的综合表现，根据内河航运安全风险影响因素实证研究结果，内河航运安全风险主要由船舶、船员、管理和环境四个方面影响因素导致，当其中一种或者几种存在安全风险概率时，就会诱发突发安全事故发生。为客观、科学地研究内河航运安全风险，考虑内河航运安全管理实际情况，内河航运安全风险主要涉及船舶及设备技术状况、安全管理状况、船员因素和内河通航环境四个方面，其中，船舶及设备技术状况包括船体结构、船龄、船舶设备状况等，安全管理状况包括船舶安全检查、航道巡视密度、通航标识；船员因素包括船员心理素质、船员技能、船员持证情况、船员上船时间、船员安全意识，内河通航环境包括雾能见度、大风风速、航道宽度、航道水深、富余水深、干舷富裕率、船舶通航密度。内河航运安全风险各指标的评价标准见表 7 - 15 ～ 表 7 - 18。

表 7 - 15　　　　　　　　　　船员的各指标安全风险评价标准

指标	很危险	较危险	一般	较安全	安全
船员上船时间（年）	3 < =	3 ~ 5	5 ~ 8	8 ~ 10	> = 10
船员持证情况	< = 50%	50% ~ 70%	70% ~ 80%	80% ~ 98%	> = 98%
船员技能	< = 60	60 ~ 70	70 ~ 80	80 ~ 90	> = 90
船员心理素质	差	较差	一般	良好	很好
船员安全意识	差	较差	一般	强	很强

表 7 - 16　　　　　　　　　　船舶各指标安全风险评价标准

指标	很危险	较危险	一般	较安全	安全
船体结构	差	较差	一般	较好	很好
船龄（年）	> = 20	15 ~ 20	1 ~ 15	5 ~ 10	< = 5
设备状态	差	较差	一般	良好	很好

表 7 – 17 　　　　　　　　　　　　　环境各指标安全风险评价标准

指标	危险	较危险	一般	较安全	安全
雾能见度（km）	< = 1	1 ~ 4	4 ~ 10	10 ~ 20	> = 20
大风风速（m/s）	> = 5	4 ~ 5	3	2 ~ 3	< = 2
航道宽度（m）	< = 50	50 ~ 60	60 ~ 70	70 ~ 80	> = 80
航道水深（m）	< = 2	2 ~ 3	3 ~ 4	4 ~ 5	> = 5
富余水深	< = 1	1 ~ 1.5	1.5 ~ 2	2 ~ 2.5	> = 2.5
船舶密度	> = 7	5 ~ 7	4 ~ 5	2 ~ 4	< = 2
干舷富裕率	< = 60	60 ~ 80	80 ~ 95	95 ~ 115	> = 115

表 7 – 18 　　　　　　　　　　　　　安全管理各指标安全风险评价标准

指标	危险	较危险	一般	较安全	安全
船舶安全检查（天/月）	< = 12	12 ~ 18	18 ~ 24	24 ~ 28	> = 28
航道巡视密度（天/月）	< = 5	5 ~ 8	8 ~ 12	12 ~ 14	> = 14
通航标识（%）	< = 50	50 ~ 60	60 ~ 80	80 ~ 90	> = 90

　　本书采用的分析数据来自湖州、嘉兴市港航局提供的 47 艘内河船舶的数据资料，采用上述方法进行内河航运安全风险评价，并对评价结果进行分析。

2. 基于粗糙—支持向量机的内河航运安全风险评价模型构建

　　按照上述内河航运安全风险评价粗糙—支持向量机建模方法，采用微粒群算法对内河航运安全风险粗糙—支持向量机指标变量和模型参数进行优化，输入指标变量为船体结构、船龄、船舶设备状况、船舶安全检查、航道巡视密度、通航标识、船员心理素质、船员技能、船员持证情况、船员上船时间、船员安全意识、雾能见度、大风风速、航道宽度、航道水深、富余水深、干舷富裕率、船舶通航密度。把优化得到的支持向量机最佳参数作为支持向量机模型的参数对支持向量机模型进行学习。支持向量机核函数取 RBF 核函数，其中微粒数取 25，$\omega = 0.8$，最大速度为 5，$c_1 = c_2 = 1.8$，最优参数 C 和 σ 分别为

152.72 和 16.1。

3. 基于粗糙—支持向量机的内河航运安全风险评价实证

从 47 艘内河船舶训练样本中选出 5 艘进行评价结果分析，5 艘船舶的实际安全风险等级如表 7 - 19 所示。

表 7 - 19　　　　　　　　　内河船舶安全风险等级

内河船舶	1	2	3	4	5
安全风险等级	安全	安全	较安全	较安全	危险

5 艘内河船舶的模型输出结果如表 7 - 20 所示，可得到每艘内河船舶的安全风险等级。

表 7 - 20　　　　　　　　内河船舶安全风险评价结果输出

内河船舶	1	2	3	4	5
输出结果	安全	安全	较安全	较安全	危险
安全风险等级	安全	安全	较安全	较安全	危险

从表 7 - 20 中可以看出：与 5 艘内河船舶的实际安全风险等级进行比较，模型输出结果与内河船舶实际安全风险等级完全一致，分类准确率为 100%。

可以看出，粗糙—支持向量机模型是有效的，粗糙—支持向量机模型不但具有较高的精度，而且具有较好的泛化能力。

4. 模型的判别精度检验比较

为了进一步检验粗糙集与支持向量机集成方法的效率，本书将其与多元判别分析（MDA）、Logistic 模型、BP 神经网络模型判别精度进行比较，四种模型对检验样本的判别结果及比较见表 7 - 21。

表 7 - 21 模型判别结果及比较

模型	RS - RBF	MDA	BP
误判率	15. 625%	34. 375%	28. 125%
准确率	84. 375%	65. 625%	71. 875%

根据训练样本建立的多元判别分析模型为：

$$MDA = -0.358 + 0.146v_1 + 0.376v_3 + 0.249v_5 + 3.592v_6 + 0.816v_{10}$$
$$+ 1.378v_{13} + 0.863v_{17} \tag{7-77}$$

建立的 BP 神经网络模型结构为 7 个输入节点，5 个隐节点，2 个输出节点，训练误差为 0.05。

从表 7 - 20 中可以看出，对于检验样本而言，粗糙集和支持向量机（RS - RBF）的平均误判率为 15.625%。相比较而言，MDA 平均误判率为 34.375%，BP 神经网络模型平均误判率为 28.125%。粗糙集与支持向量机集成模型（RS - RBF）总体判别精度明显高于 MDA、BP 两种模型，判别准确率分别为 84.375%、65.625% 和 71.875%。

为了进一步说明粗糙—支持向量机模型相对于 MDA 和 BP 神经网络模型具有更好的泛化能力选择均方根误差（RMSE）和平均绝对误差（MAE）两个性能指标对建立的模型进行度量，定义如下：

$$RMSE = \sqrt{\frac{1}{n}\sum_{i=1}^{n}(y_i - \tilde{y}_i)} \tag{7-78}$$

$$MAE = \frac{1}{n}\sum_{i=1}^{n}|y_i - \tilde{y}_i| \tag{7-79}$$

对所建立的粗糙—支持向量机模型和 MDA、BP 神经网络模型的测试结果如表 7 - 22 所示：

表 7 - 22 评估模型测试误差

模型		RS - RBF	MDA	BP 模型
测试	RMSE	0. 015	0. 097	0. 058
	MAE	0. 003	0. 082	0. 017

从表 7 – 22 中可以看出，粗糙—支持向量机模型是有效的，与 MDA、BP 神经网络相比，粗糙—支持向量机模型不但具有较高的精度，而且具有较好的泛化能力。

表征内河航运安全风险状况的特征信息很多，它们是从不同侧面、不同程度和层次上反映出内河航运安全风险状况，若能充分合理地综合利用这些特征信息，就会大大地有效提高内河航运安全风险评价的精度和可靠性。为了解决多源信息下内河航运安全风险评价和安全风险特征信息融合这一实际问题，该问题的解决将有助于完善内河航运安全风险评价，提升内河航运安全风险评价方法的有效性，为解决内河航运安全风险评价方法的适用性、准确性和稳定性问题提供了一个新的思路。作为智能信息处理较为有效的两种方法，粗糙集理论与支持向量机有着很强的互补性。针对现有的粗糙集理论与支持向量机集成研究仅把粗糙集理论作为支持向量机的预处理器，仅仅考虑了样本的输入信息，而没有考虑输出信息的影响，没有真正实现粗糙集理论和支持向量机的集成，并且考虑到内河航运安全风险数据资料样本量少，信息量贫乏、不确定性等特点，本书提出了一种基于双向互动的粗糙—支持向量机的动态建模方法，并利用这种方法对具有复杂动态特性和不确定性的内河航运安全风险评价进行建模。并进行了实例研究，结果表明，基于粗糙—支持向量机的动态模型具有较快的多源信息融合收敛速度、较高的建模精度以及较好的泛化能力。

第 8 章

内河航运绿色低碳发展思路与路径研究

8.1

内河航运绿色低碳发展的环境分析

1. 推进生态文明建设要求交通运输实现绿色低碳发展

党的十八大以来，生态文明建设被提到了前所未有的高度，被纳入中国特色社会主义事业"五位一体"总体布局。党的十八大报告提出"把生态文明建设放在突出地位，融入经济建设、政治建设、文化建设、社会建设各个方面和全过程，努力建设美丽中国，实现中华民族永续发展"。中共中央、国务院印发出台了《关于加快推进生态文明建设的意见》和《生态文明体制改革总体方案》，对生态文明建设进行了顶层设计和总体部署，提出到 2020 年资源节约型和环境友好型社会建设取得重大进展，要求协同推进工业化、城镇化、信息化、农业现代化和绿色化，努力在生态文明建设的重要领域和关键环节取得突破，加快推动生产方式绿色化和生活方式绿色化。国家"十三五"规划将坚持绿色化列为五大发展理念之一，将绿色发展定位为实现"十三五"时期发展目标的必由之路。交通运输是发展的"先行官"，同时又是资源消耗型和污染排放型行业。在坚持绿色发展主题下，人与自然和谐、节约高效利用资源、环境治理和生态安全等要求均为交通运输行业发展模式转变指明了方向，推进交通运输绿色低碳循环发展更是具有明确要求，在推进生态文明建设、实现社会经济发展绿色化的进程中，交通运输业绿色发展较之于其他行业覆盖面更广、系统性更强、辐射意义也更大；不仅覆盖交通运输全行业，还涉及区域规划、装备制造、工程建设、科技创新、营运管理等诸多方面。交通运输的绿色发展是生态文明建设的重要基础性要素。因此，交通运输行业通过制度设计、技术进步和结构调整，促进资源节约循环高效利用、加大自然生态系统和环境保护力度，以交通运输绿色发展全面支撑国家生态文明建设和经济发展绿色化。

从省级层面来看，积极推进建设美丽中国在地方区域的实践，加快生态文明制度建设，努力走向社会主义生态文明新时代。例如《中共浙江省委关于建设美丽浙江创造美好生活的决定》明确提出了建设美丽浙江创造美好生活的总体要求、主要目标和主要任务，其中将大力推行低碳交通列为建设美丽浙江创造美好生活的主要任务之一，并提出"积极推进低碳综合交通网络建设，有效削减道路交通的能源消耗和温室气体排放；实施'公交优先'发展战略，不断加大公共交通投入，加快建设城市轨道交通，发展水上公共交通，完善智能交通服务体系""五水共治、发展绿色港航"的具体要求。

2. 应对气候变化新目标要求交通运输实现绿色低碳发展

交通运输作为对生态环境影响较大的行业之一，交通基础设施建设对周边生态环境的负面影响，交通设施沿线的噪声污染，机动车尾气排放对大气的污染，船舶与港口污染物排放对大气、水的污染，船舶溢油、危险品运输泄漏等突发性事件的环境影响等问题也日益受到公众的关注。交通运输是能源消耗和温室气体排放的重要领域，而我国已成为全球最大的二氧化碳（CO_2）排放国，减排压力不断加大，我国向联合国提交的《强化应对气候变化行动——中国国家自主贡献》已确定到 2030 年左右 CO_2 排放达到峰值并争取尽早达峰的目标，并提出到2030 年非化石能源站一次能源消费比重提高到 20% 左右。目前我国仅公路水路运输能耗就占全国石油及制品消耗总量的 30% 以上，根据当前趋势预测，交通运输行业 CO_2 排放到 2030 年难以达到峰值，因此，为支撑保障国家 2030 年排放达峰目标的实现，交通运输业在未来一段时间将需要承担艰巨的减排任务，必须采取更加有力的减排措施和更加有效的技术手段，不断优化用能结构，节约燃料消耗，减少温室气体排放和污染物排放，加快绿色低碳化进程，有效支撑国家应对气候变化战略，缓解能源供需矛盾。

3. 国家污染防治计划要求交通运输业实现绿色低碳发展

我国当前的环境质量形势十分严峻，大气、水和土壤污染问题已严重威胁人民群众健康和社会稳定发展。对此，国家已向大气、水、土壤污染宣战，铁腕治污。国务院已发布《大气污染防治行动计划》《水污染防治行动计划》《土壤污染防治行动计划》，"十三五"时期，是落实国家《大气污染防治行动计划》《水污染防治行动计划》《土壤污染防治行动计划》的关键时期，这些行动计划的关键目标和主要任务都要求在"十三五"期间取得关键性突破，并且随着 2015 年国家新《环境保护法》的实施，对于污染治理提出了更为严格的排放控制要求和责任追究制度。交通运输行业的机动车尾气排放、船舶与港口污染防治等已列入国家污染防治行动计划，"十三五"期间交通运输行业污染治理的任务将十分繁重艰巨。为此，交通运输行业必须着力强化监督管理，建立健全绿色交通发展制度，重点完善交通污染防治设施建设，努力实现绿色发展，确保全面完成国家污染防治计划确定的目标和任务。

4. 加快现代交通运输发展要求行业实现绿色发展

近年来，交通运输部明确要求全行业必须以加快转变发展方式、发展现代交通运输业为主线，将努力建设资源节约型、环境友好型行业作为重要着力点，加快建立以绿色低碳为特征的交通运输体系。绿色交通对于推进交通运输现代化具有引领作用，成为行业发展的重要抓手、"四个交通"战略的重要组成部分，是加快现代交通运输发展的本质要求和必然选择。

同时，还应当看到绿色经济、低碳经济已成为引领世界经济复苏与应对环境问题的新引擎，节能环保已成为新时期交通运输业提升核心竞争力的必然要求。随着经济全球化和我国经济的快速发展，交通运输企业竞争日趋激烈，但归根结底是企业经营成本、管理服务水平、可持续发展能力等核心实力的综合竞争。因此，切实强化交通运输节能减排，一方面可有效降低经营成本，提高企业核心竞争力；另一方面也有助于营造和谐、高效、绿色、低碳的交通运输环境，提升交通运输现代化水平，拓展交通运输可持续发展空间，履行社会责任和义务。为此，交通运输行业需要借助发展绿色交通和两型社会建设的有利契机，切实补短板、兜底线、发挥比较优势，提升和打造交通运输企业和全行业的绿色低碳竞争力。

5. 行业转型升级要求交通运输向绿色低碳纵深发展

"十三五"时期，伴随着工业化和城镇化进程的加速推进，交通运输发展仍将处于重要战略机遇期，各种交通运输方式的客货运输量必将快速增长，虽然交通运输能耗强度会有所下降，但是能源需求总量仍将持续增长，将给能源、资源与生态环境、社会管理造成巨大压力和冲击，依然繁重的交通运输发展任务与日益刚性的资源环境约束之间的矛盾将会愈加凸显。面对能源资源短缺、生态环境恶化所带来的严峻挑战，交通运输发展不可能再依托单纯扩充能力的粗放式发展方式，必须加快转变交通运输发展方式，把绿色低碳交通发展摆到更加突出的位置，强化交通运输行业节能减排和环境保护工作。依靠结构调整、技术进步和制度创新，推进绿色低碳交通运输向更大范围、更深层次、更高要求发展，努力实现能源资源利用效率的显著提升和生态环境的持续改善。这既是交通运输行业破解能源、资源、环境约束，实现自身发展的需要，也是加快交通运输转型升级的重要途径，实现交通运输与资源环境和谐发展的应有之义。

8.2
内河航运绿色低碳发展思路与目标

1. 总体思路

紧紧围绕国家"五位一体"总体布局和"四个全面"战略布局的要求，牢固树立"创新、协调、绿色、开放、共享"五大发展理念，深入贯彻"绿水青山就是金山银山"的发展思路，以"绿色低碳、提高能效、控制排放、节约资源、保护环境"为主题，坚持生态优先、绿色低碳发展，以推进供给侧结构性改革为主线，围绕解决内河航运绿色低碳发展短板和内河港口功能转型拓展等重点领域的突出问题，以内河流域生态环境承载力为约束，以资源节约集约利用为导向，以生态内河航道、绿色低碳港口、绿色低碳船舶、绿色低碳运输组织方式为抓手，着力改善内河航运通航条件、推进内河航运转型升级、强化内河航运安全管理、完善内河航运绿色低碳发展的体制机制，促进航道、港口、船舶等内河航运要素协调发展，以供给侧结构性改革推进内河航运绿色低碳转型升级，提高内河航运供给体系的质量和效率，推动多模式内河航运运输服务体系绿色低碳发展、建设绿色生态内河航运基础设施、推广内河船舶及设施装备节能环保、发展集约高效内河航运运输组织模式、强化内河航运科技创新与信息化建设、夯实内河航运绿色低碳监管能力，努力推动形成绿色发展方式，促进航运绿色循环低碳发展，构建与现代化交通运输发展要求相适应的内河航运绿色低碳运输体系，打造具有区域带动力、国际影响力的绿色低碳内河航运业，为促进流域经济繁荣、社会和谐、生态良好提供有力支撑。

根据总体思路，内河航运发展的特色是"科学发展、绿色低碳、智慧安全"。

科学发展——统筹推进内河航运业协调发展，突出重点，补齐短板，优化运力结构，全面加快转变内河航运业发展方式，拓展内河航运业港航服务功能，提升内河航运业发展质量与效益，有序推进多模式的内河航运基础设施建设，统筹内河港口与区域经济、产业、城市等内河航运业生态链的协调发展，实现内河航运科学发展。

绿色低碳——绿色低碳发展是内河航运发展的引领，源于生态文明、资源节约、环境友好、循环经济、节能减排、低碳经济的顶层发展理念，贯彻生态文明、节约资源和保护环境的基本国策，按照"统筹、创新、绿色、低碳"的原则，加强生态环保，进一步集约利用内河航运资源、控制内河航运污染排放、保护生态环境，积极推进绿色低碳港航与生态航道建设，全力构建绿色循环、低碳环保的内河航运运输体系，实现内河航运业可持续发展。

智慧安全——智慧港航是内河航运业创新发展的重点，坚决贯彻创新驱动发展，充分发挥智慧港航在促内河航运发展、转内河航运发展方式、调内河航运业结构中的主导作用，以实现"倍增"效率推进内河航运绿色低碳发展。坚持安全发展理念，切实落实内河航运安全主体责任和监管责任，完善内河航运安全管理制度，将安全理念贯彻在内河航运各个环节、各个方面，积极推进平安港航和智慧港航建设，促进内河航运提质增效。

2. 发展目标

建成低能耗、低污染、低排放和高效能、高效率、高效益的航道网络有效衔接、港口布局科学合理、船舶装备节能环保、航运资源节约利用、运输组织先进高效的绿色低碳内河航运体系，内河航运基础设施更加绿色生态，内河航运船舶及装备更加节能环保，内河航运运输组织模式更加集约高效，内河航运信息化智能化水平不断提高，内河航运绿色低碳管理能力大幅增强，内河航运科学发展、生态发展、安全发展、集约发展的良好态势基本形成，在综合运输体系中的作用进一步提升，生态内河航道、绿色低碳内河港口、绿色低碳内河船舶和绿色低碳运输组织方式等重点领域进展显著，促进内河航运与生态环境协调发展。

——行业生态保护取得明显成效。航运基础设施生态友好程度明显提升，符合生态红线要求。建成一批生态内河航道、绿色低碳内河港口示范工程。

——行业污染物排放得到全面有效控制。船舶污染物全部接收或按规定处置；内河水域船舶硫氧化物、氮氧化物、颗粒物明显下降，船舶使用能源中液化天然气（LNG）占比显著增长，新建煤炭、矿石码头堆场 100% 建设防风抑尘等设施，内河港口的港作船舶、公务船舶靠泊使用岸电，主要港口和排放控制区内的集装箱、客滚船、邮轮、3000 吨级以上客运和干散货专业化泊位具备向船舶供应岸电的能力。

——节约集约利用水平显著提高。港口单位岸线通过能力增长明显，营运船舶单位运输周转量能耗和港口生产单位吞吐量综合能耗显著下降。内河船舶船型标准化，平均吨位显著增加，运输组织效率明显提升。

3. 重点任务

（1）加快内河生态航道建设

①完善内河航道发展规划。积极落实国家战略要求，贯彻新型城镇化建设、

产业布局调整、生态绿色低碳发展以及综合交通运输体系发展的新要求，按照水资源综合利用的原则，完善内河生态航道规划。从满足内河航运长远发展和资源保护需要出发，科学确定航道等级，统筹通航建筑物、跨江通道等建设标准，实现内河航运可持续发展。

②推进生态航道建设。注重把生态环保理念和要求贯穿于航道规划、建设、管理、养护的全过程，注重航道建设与周围景观、建筑物的协调。实施生态航道建设示范工程，积极推广植物、植被型生态混凝土等生态护岸（坡）技术，保护水生态。研究和倡导使用环保型疏浚设备与工艺，提高航道疏浚土综合利用水平。

③优化内河高等级航道。完善内河高等级航道网，实施"加密、提级"工程，逐步推进碍航桥梁改造，全面提升内河航运干线通过能力，全面提升内河航道等级，提升内河船闸通行效率，进一步提高干线枢纽通过能力，提高内河港口的内河集疏运能力。

④加强通航建筑物管理。引导和支持梯级枢纽通航建筑物统一运行管理，推进梯级枢纽通航建筑物联合调度，加强与水利、电力部门梯级枢纽水量调度协调。制定水系统一的通航建筑物运行规则和服务标准，强化服务质量监督考核。加强通航建筑物保养维修，保障船舶通航畅通安全。

⑤提升航道保障服务能力。积极争取地方政府落实航道养护经费。进一步完善航道养护技术、管理、服务标准体系，加大航道资源保护力度，提高航道养护专业化、标准化、规范化水平。完善航标配布设置，及时发布航道图。积极推进航标遥测遥控、电子航道图、数字航道建设。加快建立综合信息服务平台，完善航道公共服务信息发布机制。

（2）加快结构调整，推进内河航运创新发展

坚持"强主体、优管理、促服务"，加快航运要素优化与结构调整，完善统一开放、竞争有序的内河航运市场。

①推进运力结构调整。继续推进内河船型标准化工作，完善标准船型系列，加快标准船舶建设。综合运用法律、经济、技术、行政等措施，加快淘汰老旧船舶，引导支持建造节能、环保、高效的新船型，发展集装箱、滚装等专业化船

舶。严格客船、液货危险品船舶运输市场准入管理，促进内河航运运输市场有序竞争。加强运力市场供需信息发布。

②引导内河航运企业规模化和集约化发展。继续推进统一开放、竞争有序的内河航运市场建设，强化内河航运市场监管，完善信用体系，促进内河航运企业公平竞争。支持内河航运企业做精做强主业，创新技术、管理与商业模式，促进集约化发展。加强内河航运企业间的合作，引导内河航运企业与货主、港口、物流企业的联合，延长产业链，增强内河航运行业服务能力。

③强化内河航运船员队伍建设。全面落实《交通运输部关于深化内河船员管理改革的若干意见》（交海发〔2015〕125 号），完善内河船员培训、考试、发证制度，强化船员实际操作能力培训，提高船员业务技能和综合素质。

（3）推进内河航运绿色低碳发展

坚持"法规推动、政策拉动、技术驱动、示范带动"，推进内河港口绿色低碳发展，推广船舶使用清洁能源和大宗散货陆转水绿色低碳运输。推进内河港口绿色低碳发展。鼓励港口企业应用 LNG 等清洁能源，建设靠港船舶岸电系统，继续推进港口"油改电"，推行能效管理。加强港口环境监测，建立监测、检测、考核机制。推动建设港口的船舶废水、固体垃圾接收设施，并对接城市垃圾收集、转运、处置系统。做好原油成品油码头油气回收试点及推广工作。加强港口粉尘、噪声污染防治。推广应用节能、节水、环境保护等新产品、新技术、新工艺。

①加快内河船舶污染物接收处置体系建设。

统筹规划、协调推进内河港口、码头企业加快船舶油污水、洗舱水、生活污水和垃圾等污染物接收、转运和处置设施建设，在有条件的船舶锚泊服务区、船舶签证点，设立公共船舶垃圾接收点、船舶油污水接收点，提高污染物接收处置能力。

港航管理部门应加强船舶垃圾接收点、船舶油污水回收点检查，现有港口、码头要完成船舶垃圾接收等相关功能的配套设施改造建设，满足环保标准要求，督促设立必要的船舶垃圾接收点、船舶油污水接收点。加快建立健全船舶污染物收集接收处理和运营管理机制。

②研究推进内河港口（港区）和内河船舶污染物排放控制。

整合现有内河港口岸线资源。配合相关部门对规模小、污染重的内河码头作业点实施搬迁、改造、拆除，实现内河港口的规模化、集约化、现代化。矿区码头要根据装卸货物的种类，针对性地逐步建立陆域前沿挡水装置、堆场喷淋除尘设施，建设码头货场污水收集、沉淀设施。加强内河船舶与港口污染事故应急处置水平。

借鉴国际经验，开展内河船舶大气污染物排放控制研究，有序推进内河船舶大气污染物控制。研究推广内河船舶使用低硫油、废气处理技术及装备，加快推进内河港口、码头船舶岸电设施建设，推广靠港船舶使用岸电等技术应用，推广港口机械"油改电"技术和节能运行控制技术。加强内河船舶污染防治研究。开展船舶节能减排技术及管理机制研究，提升船舶发动机及减排设备技术水平。

③加快推进内河船舶标准化，推进船舶结构调整。

采取政府引导、企业为主的方式，以经济鼓励政策和提高船舶技术标准为手段，改造、配备相应的防油污、防垃圾污染设施（设备），并取得相应的船舶检验证书，加快现有非标准船舶、老旧船舶的环保设施更新改造，达不到要求的船舶，船检机构不予检验发证，海事管理机构不予办理船舶进出港签证。依法强制报废超过使用年限的船舶。积极推广使用标准船型，鼓励节能环保船舶建造，加快淘汰老旧落后船舶，规范拆船行为，严格限制新建不达标船舶进入运输市场，建立健全船型标准化工作协调机制。

④推广内河船舶使用清洁能源。

完善技术标准规范和扶持政策，积极引导船舶使用清洁能源，推广应用污染物排放控制和监测技术。通过试点示范，积极推动船舶使用岸电技术、水上应用LNG，做好有关配套设施规划布局和建设。推进LNG等清洁能源在内河航运中应用，加快内河船舶LNG燃料加注码头布局规划，加快推进LNG加注站及配套设施建设，积极推广内河液化天然气（LNG）等新能源船舶。积极开展太阳能、风能等清洁能源以及低硫油的应用研究和推广工作，严格执行国家和地区船舶排放控制标准。

⑤推动大宗货物陆转水运输。

发挥内河航运低碳、环保、节能的比较优势，加大水运基础设施建设力度，鼓励地方出台引导政策，吸引大宗货物陆转水运输，推动交通运输绿色发展。

（4）加强智慧安全港航管理

坚持"完善法规制度、落实主体责任、强化监督管理、提升保障能力"，完善安全责任体系和预防控制体系，建设"智慧平安港航"。

①加强内河航运运输监管。严格落实危险货物港口作业和船舶报告制度，加强港航监管，改善通航秩序，严格查处危险货物瞒报、谎报和匿报，以及超等级、超品类、超数量靠泊作业的行为。加快运用船舶综合监管系统、AIS、GPS等信息化手段，强化内河航运信息化。

②落实安全责任。落实港航企业安全生产主体责任，依法依规从事安全生产活动，加强人员教育培训，落实保障资金，推进安全生产标准化建设，深入开展危险货物运输及作业安全治理。落实部门安全生产监督管理责任，制定权责清单，加强对危险品船和港口危险货物作业场所的安全监管，强化渡运安全管理。

③完善预防控制。着力构建安全风险分级管控和隐患排查治理双重预防性工作机制，重点强化客船、危险品船运输和港口危险货物作业的风险管理。落实安全生产监督检查各项要求，及时发现处置违规行为。完善社会监督机制。

④加强水上应急救助能力建设。推进实施水上巡航救助一体化，完善救助组织、指挥与协调机制，建立健全水上搜救区域合作机制，加强预案衔接。合理布局内河水上应急救助力量，加快水上应急救助队伍和志愿者队伍建设。

⑤加强内河航运保障能力建设。加大信息化建设投入，实现信息化系统对内河航运的全覆盖；建立健全安全信息播发系统，逐步构建布局合理、层次分明、功能完善、性能可靠的综合内河航运保障体系。

⑥强化污染物排放监测和监管。加强开展干散货码头粉尘污染治理，加强港口作业、施工扬尘监管，开展干散货码头粉尘专项治理，全面推进煤炭、矿石码头防风抑尘设施配备。加快内河航运运输环境监测网络建设，加强对船舶发动机、船舶污染排放设施设备、船用燃料油质量的监督检查。

⑦将绿色生态理念融入航道规划、建设、管理、养护全过程，利用"互联网＋航道"等信息化手段提升航道管理智能化水平和公共服务能力，协同推进航道信息化建设与船舶污染物接收处置设施建设。

（5）设立内河水运转型发展示范区

积极构建立体化综合交通网络体系，加快推进河海联运发展，加快内河港口优势的转化，并在内河航运创新发展的各项政策和举措上先行先试，对落实国家区域战略、助推区域经济发展具有重要意义。因此，有必要通过设立内河航运转型发展示范区，探索可复制、可推广的成果经验，带动更广大范围的内河水运城市实现复兴崛起。另外，设立"内河水运转型发展示范区"正是体现了创新发展、协调发展、绿色发展、开放发展、共享发展的五大理念，是在保护的前提下走集约发展、低碳发展的道路。鉴于内河水运转型发展的迫切性和必要性，建议国家相关部门，在进一步调研的基础上，在全国设立若干个"内河水运转型发展示范区"，加快了内河航运、临港物流园区、临港产业三位一体集聚发展，以形成比较完整的经验，加以推广，促进内河航运振兴。

8.3

内河航运绿色低碳发展实施路径

1. 完善内河航运绿色低碳发展规划

优化内河港口和内河航道规划布局。加快形成内河航运干支衔接、互联互通的内河高等级航道网，进一步优化内河港口布局和功能分工。完善主要内河港口总体规划，统筹内河港口岸线与其他岸线利用需求，合理确定内河港口岸线开发规模与开发强度。强化内河港口和航道规划与区域规划、城市规划等的衔接与融合，综合利用过江通道资源。加快制定实施绿色航运发展专项规划。加快出台内河港口岸电布局方案，研究制定内河化学品洗舱基地布局规划等专项规划，加快推进危险化学品锚地建设。

2. 建设生态友好的绿色低碳内河航运基础设施

（1）推进生态内河航道建设。优先采用生态影响较小的航道整治技术与施工工艺，积极推广生态友好型新材料、新结构在内河航道工程中的应用，加强疏浚土等资源综合利用。在航电枢纽建设和运营中采取修建过鱼设施、营造生态环境和优化运营调度等生态环保措施。推动开展造成显著生态影响的已建航道工程与航电枢纽工程生态修复。加强航道水深测量和信息发布，充分利用内河航道水深资源，引导船舶进行科学配载。建设智能化、绿色化水上服务区。

（2）开展绿色低碳港口创建。完善多模式的内河港口集疏运体系，打通内河港口集疏运"最后一公里"。完善绿色低碳港口创建制度，深入开展内河港口绿色低碳等级评价，高标准建设新建绿色低碳码头，因地制宜制定老旧码头的升级改造方案，鼓励有条件的港区或港口整体创建绿色低碳港区（港口）。推进内河港口和船舶污染物接收设施建设，做好与城市公共转运、处理设施的衔接，促进内河港口环保设施高效稳定运营，确保污染物得到合规处理。全面推进内河港口既有煤炭、矿石码头堆场建设防风抑尘等设施。

3. 推广清洁绿色低碳的航运技术装备

（1）持续提升内河船舶节能环保水平。严格执行内河船舶强制报废制度，加快淘汰高污染、高耗能的客船、老旧运输船舶、单壳油轮和单壳化学品船。深入推进内河船型标准化，调整完善内河运输船舶标准船型指标，加快推广江海直达船型和节能环保船型，开展内河集装箱（滚装）经济性、高能效船型、船舶电力推进系统等研发与推广应用。进入内河的国际航线船舶加装压载水处理装置或者其他等效设施。鼓励船舶改造油气收集系统，加装尾气污染治理装备。鼓励内河船舶安装生活污水收集存储或收集处理装置。加快推进清洁能源船舶开发应用，完善船舶能效管理体系。

（2）强化内河港口机械设备节能与清洁能源利用。加强内河港口节能环保技术改造，加快淘汰能耗高、污染重、技术落后的设备，积极推广清洁能源和可再生能源在机械设备和港口生产生活中的应用。提高码头前沿装卸设备、水平运输车辆、堆场装卸机械等关键设备的自动化水平，进一步提升内河港口装卸作业效率。开展智慧港口示范工程建设，优化内河港口物流流程和生产组织，促进内河港口物流服务网络化、无纸化和智能化。

4. 创新节能高效的绿色低碳内河航运组织体系

大力发展绿色低碳运输组织方式，优化物流通道布局，优先发展干散货、集装箱江海直达运输，鼓励内贸适箱货物集装箱化，促进江海联运和水水中转。进一步提升运输组织效率。利用移动互联、大数据、云计算等先进技术，积极推进"互联网＋"水运融合发展。加快建设数字航道。优化船闸调度运行管理，推动梯级船闸联合调度，完善运行调度机制，进一步提升船舶过闸效率。

5. 提升绿色航运治理能力

（1）加强港口资源节约集约利用。严格内河港口岸线管理，探索建立内河港口岸线资源有偿使用制度。积极引导小、散、乱码头集中布置，鼓励企业专用码头社会化经营管理，促进规模化公用港区（码头）建设。开展非法码头专项整治工作，推动依法取缔安全隐患大、环境影响突出、非法建设的码头和装卸点，开展船舶水上过驳非法作业治理，禁止和取缔内河危险品水上非法过驳作业。

（2）加强船舶污染防治和节能环保监管。加强防污染设施建设和污染物排放的监督检查，坚决制止和纠正违法违规行为，加大对违规企业的惩处力度。严格实施船舶与港口污染防治专项行动实施方案，推动建立港口和船舶污染物排放的部门间联合监管机制。加强船用燃油联合监管，严格落实内河和江海直达船舶使用合规普通柴油、船舶排放控制区低硫燃油使用的相关要求。加强水运基础设施和船舶的能耗监测。坚持问题导向，全面排查船舶污染风险隐患。紧抓船舶航行与作业安全，加强风险防控。坚持系统治理，建立与完善船舶污染"防、治、赔"的综合治理机制。加强化学品洗舱作业专项治理。按照危险化学品洗舱基地布局，积极推进化学品洗舱基地建设。全面开展化学品洗舱水治理，进一步规范和强化化学品洗舱基地和洗舱作业管理。引导建立危险化学品洗舱基地和配套设施建设产业基金，鼓励社会资本投资建设和运营管理危险化学品洗舱基地。

（3）大力推广靠港船舶使用岸电。完善船舶检验法规和建造规范，积极推进新建船舶建设岸电受电设施，鼓励既有集装箱船、客滚船等客船改造岸电受电设施。新建码头必须建设岸电设施，引导现有码头增加或改建岸电设施。推进水上服务区、待闸锚地等船舶密集区建设岸电设施。完善岸电供售电机制，健全船舶使用岸电的激励机制，积极推进靠泊船舶优先使用岸电。

（4）强化危险化学品运输安全治理。积极推进危险化学品运输安全保障体系建设，加快推进水源保护区和自然保护区内的危险化学品码头搬迁工作。建立内河禁运危险化学品遴选标准，严格落实《内河危险化学品禁运目录》。严格危险化学品运输市场准入，实施企业分类分级管理。严格执行内河单壳油船、单壳化学品船禁航相关规定，加强危险品运输船舶安全监管。完善危险化学品水路运输企业信息库，建立危险化学品运输动态监管信息共享平台，推进共享危险化学品运输相关信息。结合危险化学品运输规模和码头布局，强化水上溢油及危险化学品泄漏事故应急处置能力建设。

6. 加快内河航运绿色低碳发展的法治体系建设

（1）加快内河航运绿色发展的法规建设。加强法规标准制修订工作，按照《大气污染防治法》《水污染防治法》等法律法规的新要求，制修订绿色航运发展相关的规章制度。研究制定内河航道生态建设技术导则，完善绿色低碳内河港口评价标准。完善内河船舶建造规范和检验法规，研究制定绿色低碳内河航运发展综合示范区评价体系。加快内河船舶与港口污染防治相关法规、标准、规范制定和修改。按照国家污染防治总体要求，完善相关管理制度，强化标准约束。研究出台促进内河航运绿色发展的条例，清理修订与内河航运绿色发展相冲突或不利于内河航运绿色发展的地方性法规、规章和规范性文件。通过健全法律法规体系，促进绿色发展、资源节约和环境保护，将内河航运绿色发展纳入法制化轨道。

（2）严格内河航运绿色发展的执法监管。坚持依法行政，加大对内河航运中环境违法行为的监督和处罚力度。实现内河环境的"刚性制度、铁腕执法"，严厉打击污染环境、浪费资源、破坏生态等违法犯罪行为。加强部门协调与协作，建立健全港航、海事、环保等多部门联合执法机制。

7. 建立内河航运绿色低碳发展调节机制

（1）健全多元化投入机制。强化政府投入对内河航运绿色发展的引导作用，省、市政府将内河航运绿色发展列为公共财政支出重点之一。整合内河航运绿色发展的相关专项资金，发挥财政资金使用效率，重点支持内河航运绿色转型发展、节能减排、污染防治、生态保护和环境基础设施建设等。积极利用市场机制，支持民间资本广泛参与内河航运绿色发展，形成政府引导、市场运作、社会参与的多元化投资机制。

（2）推进内河航运绿色发展税费改革。建立污染物排放许可有偿使用和交易制度，推进排污权有偿使用和交易试点工作。探索建立碳排放权配额管理制度，开展碳排放交易试点，建立区域碳排放交易系统，加强碳排放总量控制。实行差别化排污收费政策，全面推行企业生态环境行为评级制度，实施有差别的信贷政策。

8. 建立内河航运绿色低碳发展考评机制

（1）建立科学决策制度体系。积极推进政策环评、战略环评与规划环评，建立生态环境与发展综合决策机制。在岸线规划、资源开发利用、产业布局、土地开发等重大决策过程中，优先考虑生态环境影响和生态效益，对可能产生重大生态环境影响的事项，行使环保"一票否决"，避免出现重大决策失误。

（2）建立内河航运绿色发展考评体系。完善干部政绩考核体系，将资源消耗、环境损害和生态效益纳入内河航运绿色发展评价体系，体现科学发展、绿色生态发展的要求和导向，根据区域发展现状和生态环境特点，实行绿色发展考核政策。

（3）完善环境责任追究制度。将生态环境保护和生态建设指标层层分解到各部门，落实到重点单位，确保约束性指标落实到位。将环境保护与干部选拔重用相挂钩，对不重视生态环保、不能完成生态环保任务的领导干部不予提拔重用；对重视绿色环保建设、生态环境保护工作取得成效的领导干部予以提拔重用。

9. 加强绿色内河航运文化体系建设

（1）建立全方位的绿色内河航运文化体系。健全绿色内河航运文化网络，拓宽绿色内河航运文化渠道，深入推进绿色内河航运文化进机关、进学校、进企业，深入开展绿色内河航运文化主题教育实践活动。创新绿色内河航运文化宣传的形式，扩大绿色内河航运文化宣传展示基地。

（2）积极引导参与绿色内河航运创建。充分调动各部门、内河航运企业、内河船舶和船员在绿色内河航运建设中的主体作用，广泛开展绿色内河航运文化公益活动和创建活动。积极推动绿色内河航运示范工程、绿色企业和绿色船舶等绿色创建活动。

10. 建立绿色内河航运科技支撑体系

（1）加大科技攻关和推广应用。加强绿色发展新技术、新材料、新工艺在航运领域的转化应用，制定发布绿色航运技术和产品推广目录，优先支持重点节能环保技术和产品的推广应用。鼓励企业加大科技攻关力度和资金投入，开展船舶尾气后处理、LNG 柴油双燃料动力设备、过鱼设施等重大装备与关键技术研发。

（2）加快绿色科技研究开发。针对内河航运绿色发展的现实紧迫要求，积极开展基础研究、关键技术研究和管理类技术研究，力求在环保、节能减排、污染防治等重点领域关键技术上取得突破，加强地方环境标准、污染成因及机理、预警及防控、环境管理政策等技术研究。

（3）推广应用绿色科技成果。发挥高校、科研机构、企业等多重主体的协同作用，促进产学研用协同创新相结合，建立集绿色科技研发、集成应用、成果产业化、产品商品化于一体的绿色科技产业链。推动科技成果转化，加快绿色科技在污染治理、低碳循环、环境监测预警等领域的应用推广。

（4）营造绿色科技创新环境。加强和提升企业绿色科技创新能力，培育和发展绿色技术市场，引进和集聚创新要素。优化人才发展环境，大力培养和引进绿色产业发展急需的领军型创业创新人才，以及各类高技能人才和经营管理人才，创建省级环境保护重点实验室。建立科技成果的绿色评价体系，加快发展节能环保产业。

第**9**章

内河航运绿色低碳发展的
财政政策研究

9.1

概　　述

　　绿色低碳发展是在绿色经济、循环经济、低碳经济以及生态经济等诸多相关理念的基础上发展而来，推动内河航运绿色低碳发展是一项复杂的系统工程和长期任务，涉及经济社会、交通运输产业发展和科技进步等各方面，实现内河航运绿色低碳发展的关键是营造有效的体制机制和政策环境。内河航运与其他运输方式相比，优势是多方面的，内河航运利用天然河道和历史上形成的人工河道，不占地或少占地，并具有运量大、成本低、能耗小、污染少等优势，而且经过整治的内河生态航道不仅可有效改善局部环境，还能成为重要的旅游资源。因此，加快内河航运绿色低碳发展是节约资源和保护生态环境的需要，是推进工业化城市化进程的需要，是促进区域经济协调发展的需要，是我国实现可持续发展的必然选择。

　　在促进内河航运绿色低碳发展过程中，内河航运污染社会外部性、内河航运绿色低碳发展公共性和内河航运"市场失灵"需要政府介入，政府对内河航运绿色低碳发展的引导与推动作用的不可或缺决定了财政政策必须发挥在内河航运绿色低碳发展过程中的自身职能，通过科学论证、合理设计财政政策方案和调整完善现有的内河航运绿色低碳发展财政政策，经由特定的路径和方式，可以把促进内河航运绿色低碳发展作为其政策目标加以实现。在全球应对气候变化进程出现新转折、中国经济发展进入新常态的时代背景下，根据我国生态文明建设和应对全球气候变化的长期需要，面向生态文明建设和体现"创新、协调、绿色、开放、共享"发展理念的内河航运绿色低碳发展转型的艰巨性和转型时期的特殊性，尚不健全的市场机制还不能够完全承担起主导内河航运绿色低碳发展的重任，政府对内河航运绿色低碳发展的推动、引导与调控作用显得格外重要。

从地区经验、典型领域和国际经验总体上看，财政政策在支持绿色低碳发展、生态环境保护和治理中发挥了重要作用。因此，财政政策是内河航运绿色低碳发展的重要手段，财政政策的合理运用能极大地提升内河航运绿色低碳发展的效果，进而实现内河航运与生态环境的可持续协调发展。

9.2

绿色低碳发展与财政政策概述

1. 财政政策概述

财政政策是国家为实现一定的宏观经济目标而调整财政收支规模和收支平衡的指导原则及其相应措施。财政政策是国家整个经济政策的组成部分，同其他经济政策有着密切的联系。从财政政策涉及的范围来看，主要包括三个层次：公共政策、财政政策、财政支出政策。具体说来，财政政策是由财政收入政策、财政支出政策、财政管理政策组成，它包括财政政策目标和财政政策调节手段两部分。财政支出政策是财政政策的组成部分，是实现财政政策目标的重要手段。财政支出政策是指通过政府预算支出的增减及财政赤字的增减影响总需求。财政支出政策运用的方式多种多样，包括财政直接支出政策和间接支出政策。如政府拨款、政府采购等属于财政直接支出政策范畴，财政担保、财政资助等属于财政间接支出政策范畴。财政政策对绿色低碳发展起着重要的作用，实践表明，由于环境资源的公共性以及污染排放带来的社会负外部性，财政政策工具的干预在绿色低碳发展中至关重要。

财政政策主要是财政支出政策，包括财政投资、财政补贴与政府采购等。财政投资主要是指政府为了推动低碳经济的发展而对低碳经济领域的财政性资金投入。直接投资和投资补助均属于国家投资性质，即政府的资本性投入。财政补贴是一种激励性机制，主要形式有价格补贴、经费补助、针对生产经营的企业亏损补贴以及银行贷款贴息。政府采购是指政府部门在采购物资和服务的过程中，优先购买环境友好、节能、低碳的绿色产品，以此来引导企业的生产和社会的消费。

2. 财政政策与绿色低碳发展

我国是世界上最大的温室气体排放国，为实现巴黎协议中提出的全球应对气候变化长期目标，需要改变当前的发展模式并向绿色低碳发展转型。绿色低碳发展转型也是落实党中央提出的生态文明建设和"创新、协调、绿色、开放、共享"发展理念的重要体现。财政政策与绿色低碳发展都以满足社会公共需求为核心。绿色低碳发展能逐步扭转过去粗放的经济发展模式，减少能源消耗，缓解环境污染，从而给公众提供一个良好的生态环境，生态环境作为稀有的公共产品，是社会的公共需求，是绿色低碳发展的本质目标。在现代市场经济体制下，随着政府职能的变迁，财政政策成为了政府发挥公共管理职能和宏观调控国民经济的主要手段之一，政府将市场机制引入了公共产品的供给中，政府也依然是公共产品的供给主体，已满足社会公共需求为核心。除了公益性组织，企业都是以盈利为目的的，这也就决定了其本质为利益趋向性，企业趋利性和自身局限性导致了污染外部性，也决定了其不可能成为绿色低碳发展的主导者，市场失灵必然需要政府介入，因此，政府必然的成为绿色低碳发展的主导者。绿色低碳发展需要进行全方位的变革，这就需要各方面大量的资源投入，财政政策的强力支持就成为绿色低碳发展的基础支撑。

财政政策对绿色低碳发展具有引导和促进性。财政政策侧重于正面引导和推动，比如，对于污染严重的地区，政府通过污染治理投资直接对环境治理进行干预，环境效果较好。对于某些微观个体的环境治理行为，通过转移支付或者绿色采购给予政府扶持和补贴，从而激励和肯定企业的环境治理行为。绿色低碳发展有利于公共利益。公共利益是与私人利益相对的概念。公共利益与私人利益之间一般表现为此长彼消的关系，公共利益的实现通常以减损私人利益作为成本，或者说以限制或者剥夺某种公民权利作为代价。绿色低碳发展就是改变传统的高能耗、高消耗、高污染的经济发展方式，后者消耗了大量的能源和资源，具有很大的负外部性，给生态环境带来的巨大危害。因此，绿色低碳发展需要政府调控，需要政府通过财政政策进行引导。无论产业转型升级、绿色低碳技术创新，还是绿色低碳设备和设施建设，都需要政府通过财政政策引导大量的资金投入，这单凭市场中的企业无法做到，企业自发实行绿色低碳发展战略带动绿色低碳发展转型缺乏相关利益驱动。绿色低碳发展不具有非排他性和非竞争性，区别于私人产品，绿色低碳发展是为了社会经济可持续发展和提供良好的生态环境来满足社会公共的需求，从这方面来看，无法通过市场来提供，只能由政府来提供。由以上分析来看，绿色低碳发展需要政府"看得见的手"由政府发挥行政手段来实施。其实绿色低碳发展是将污染社会外部性等内化到绿色低碳产品和服务中。

企业是市场经济的主体，在市场经济条件下，由政府主导和企业参与是绿色低碳发展战略实施的主要形式。绿色低碳发展对于政府和企业提出了新的要求，在绿色低碳发展转型的过程中，企业的经营模式和管理模式要随之改变，企业要通过技术创新、管理创新、制度创新、产品创新来实现绿色节能减排的目标。由于绿色低碳发展对于企业来说需要创新和改革，创新和改革存在风险，企业趋向于避开此风险，绿色低碳产品并未被大众广泛接受，并且需要大量的资金投入，仅凭市场机制，企业自身无法独立完成绿色低碳发展。因此引导企业参与绿色低碳发展，需要政府使用其公共财政职能，调节经济体系，运用财政投资、财政补贴、减免税收等支持政策引导企业实施绿色低碳发展战略，给予企业在绿色低碳设备和绿色低碳技术投入中一定的政府资金支持，运用价格机制和财政补贴等手段增强绿色低碳产品在市场中的竞争力。

绿色低碳发展转型涉及经济转型和产业升级、个人和组织行为改变、能源系统变革和国际气候治理体系创新等问题，是一项复杂的系统工程，存在很多的挑战和不确定性，因此离不开政府的财政政策调控。首先由于我国还是发展中国家，生产力发展水平和人们生活水平还相对较低，对生态环境的保护意识还不是十分强烈，因此只有通过政府才可以改变人们的一些思想方式和行为方式。其次制度变革需要政府作用。要变革一切与经济可持续发展不相符合的制度，需要政府的积极调节。最后市场调节也需要政府的政策参与。如生态环境和公共性自然资源的价值，只有通过政府的调节才能得以实现。

3. 财政政策的适用领域

不同的财政政策所适用的领域也不一致，根据与财政政策目标的不同将其适用领域主要分为以下四个方面：

一是财政政策可以调节社会的总供求并使之达到相对的平衡，并通过对经济总量的调节，为经济增长方式转变和经济可持续发展创造比较好的宏观经济环境。

二是财政政策通过指导社会总产品和国民收入初次分配和再分配，对经济产生反作用，从而提高资源的配置效率。作为社会再生产中的一个重要环节，财政分配结构、财政资金流量以及流向是政府影响和支持经济发展，调节经济运行，促进科技发展的重要手段。

三是财政政策是间接调控市场经济运行的主要政策，通过规范政府、企业和个人等经济主体的经济行为，间接影响和控制经济运行，使之符合经济可持续发展的要求。

四是财政政策是政府弥补市场失灵的主要政策，通过各种政策对市场的作用，可以达到市场失灵问题的解决的目标，而且也还能提高经济运行的质量，可谓是一举两得。

9.3

财政政策对内河航运绿色低碳发展的作用机制

财政政策支持内河航运绿色低碳发展的理论依据是内河航运污染排放社会外部性和内河航运市场失灵。内河航运绿色低碳发展是一种公共产品，具有外部性，内河航运企业追求自身经济利益最大化，对内河航运污染排放的防治积极性不大，往往导致其航运活动污染排放对内河流域空气、居民、内河水质和生物产生负面影响，在市场机制下，这种内河航运污染排放负面影响不能直接反映在内河航运市场运价体系中，不构成内河航运企业的经营成本，最终导致内河航运企业经营成本低于社会成本。这部分差额成本由社会承担，最终导致内河航运市场失灵，内河航运污染排放加剧。因此，市场机制对内河航运市场环境资源配置存在"失灵"现象，即内河航运污染排放社会外部性，需要政府采取宏观手段对内河航运污染排放社会外部性进行调控和管理。

必须明确的是，财政政策在内河航运绿色低碳发展过程中并不能包打天下，而是要以顺应市场机制和弥补市场失灵的方式来调控内河航运市场所不为、难为之事；财政政策发挥作用往往是为了助内河航运市场一臂之力，不能因此导致内河航运市场过度的行政干预或政府依赖。财政政策支持内河航运绿色低碳发展的目标通常可以分为两类：环境方面目标和经济方面目标。财政政策支持内河航运发展的经济目标通常通过内河航运企业发挥作用，通过影响内河航运企业的运价、成本、产出变化率、利润率等，进而影响内河航运企业的经营效益。财政政策支持内河航运绿色低碳发展的环境目标并不是追求内河航运污染排放为零，而是在不干扰内河航运市场机制运行的前提下，把内河航运污染排放控制在内河及其流域环境承载能力范围内，促使内河航运产生的油污水、生活污水、船舶垃圾、粉尘、化学物品、废气等排放达标，保证内河流域环境不对沿河流域居民身体健康产生危害，保证内河航运排放的尾气等符合相关环境标准，促进内河航运可持续发展。为此，用效应、路径、保障三方面的要素来说明财政政策支持内河航运绿色低碳发展的基本作用机理，意在分析说明财政政策在促进内河航运绿色低碳发展过程中所应该追求的政策效应，发挥作用的政策路径以及相应的政策保障条件。

1. 财政政策支持内河航运绿色低碳发展的政策效应

财政政策之所以有必要、有可能实现促进内河航运绿色低碳发展的目标，是由于其在内河航运绿色低碳发展过程中可以重点发挥以下三方面的效应。

（1）支付转型成本

其中包括为粗放型内河航运发展方式的退出承担部分成本和为内河航运绿色

低碳发展方式的形成解决经济外部性问题。内河航运绿色低碳发展转型隐含着改变、转型的成本。我国内河航运粗放型发展已经具备了一定的路径依赖特征，如果退出这一粗放型发展路径转向绿色低碳发展这一新的发展路径，涉及一系列可能发生的成本，如技术、设施设备的改造和升级换代、新技术的研发和利用、内河航运绿色低碳发展设施设备建设等，都是粗放型内河航运发展方式淡出的相关条件。满足这些前提条件所需的成本和相关联的内河航运绿色低碳发展转型中所出现的转型成本一样，很难由市场迅速消化，往往最可行和最便捷的买单者是政府财政。另外，实现内河航运绿色低碳发展的一个突出问题是防治内河航运污染排放社会外部性和保护生态环境平衡，这里涉及大量典型的"外部性"问题，无论是正外部性还是负外部性，其得当处理都需要政府的干预和引导，需要由财政垫支解决相应问题的成本。

财政政策支持内河航运绿色低碳发展主要有政府直接投资、财政转移支付。其中，政府对内河航运污染防治直接投资一般不通过内河航运市场微观个体发挥作用；财政转移支付里面包含财政补贴、环境专项资金等，这二者一般通过内河航运市场微观个体发挥作用。纵向环境专项转移支付，和政府对内河航运污染防治直接投资一样，也是发挥直接环境防治作用。

①财政政策直接投资内河航运污染防治对内河航运绿色低碳发展的作用机制。

对内河航运污染防治直接投资是促进绿色低碳发展的财政政策的独有功能，具有明确的政策导向和意义，财政政策支持内河航运绿色低碳发展的投资力度对内河航运污染防治投资规模和投资效率有较大影响。主要在于通过对内河航运绿色低碳发展足够的政府投资，建立内河航运绿色低碳发展涉及到内河航道、航道标识、内河船舶污染监控以及内河生态环境监管等，保证内河航运各类主体履行绿色低碳发展的职责。

内河航运绿色低碳发展具有非排他性和非竞争性的特点，容易导致"搭便车"，即内河航运相关企业和个体船东一味追求私利，不愿参与内河航运污染防治和内河生态环境防治。因此，直接投资内河航运污染防治作为政府履行内河航运绿色低碳发展职能的重要手段，将发挥推进、引导和激励内河航运绿色低碳发展，促进内河航运可持续发展的直接性作用。

②政府转移支付对内河航运绿色低碳发展的作用机制。

财政补贴是政府转移支付的重要内容，这里以财政补贴来说明财政转移支付支持内河航运绿色低碳发展的作用机制。财政补贴是政府为鼓励或者激励内河航运相关企业淘汰污染大的老旧船舶、改造内河船舶（油改气）、给船舶按照环保设施设备和船舶垃圾及油污水接收上岸等向内河航运相关企业支付的财政拨款，是对内河航运相关企业的正面引导。财政补贴之所以能作为促进内河航运绿色低碳发展的工具，主要是因为两个方面思考：一是扶持因积极防治内河航运污染排放而导致内河航运相关企业成本支出费用增加过多、负担过重，从而在内河航运市场竞争中处于劣势的内河航运相关企业，给予其适当的补偿，符合一般经济原则；二是促进内河航运相关企业提供低污染航运服务产品的消费，对相关内河航运服务产品的消费者给予间接的价格补贴。

（2）引导、激励和约束

财政政策对内河航运绿色低碳发展的作用机制的本质是对内河航运企业以及内河航运相关方的绿色低碳行为的激励机制。政府通过对内河航运污染治理直接投资、财政转移支付等财政政策，激励内河航运相关企业积极对内河船舶及设施设备的污染排放进行防治，鼓励内河航运相关企业积极采用符合绿色环保标准产品。通过财政政策，减轻内河航运相关企业经营成本，调动内河航运相关企业的积极性，增强内河航运相关企业绿色低碳管理能力，从而优化内河流域环境资源要素的分配和使用，提高内河航运资源要素的利用率，促进内河航运绿色低碳发展和可持续发展。与政府直接支付内河航运绿色低碳发展转型成本相比，财政政策的引导、激励和约束则带有一定的间接性，但往往更具有规范性和长效机制特征。以改变内河航运粗放型发展、形成内河航运绿色低碳发展为导向，财政政策可以通过特定的作用方式和工具组合，以经济参数、经济杠杆来重新调度和配置一部分经济利益，起到引导、激励和约束内河航运相关企业经济行为的作用。

（3）提供和改进鼓励内河航运相关企业绿色低碳行为的外部配套环境

完善、有序的内河航运绿色低碳发展的外部配套设施和体制制度对内河航运相关企业绿色低碳行为是具有重要意义的配套环境。其中，财政政策所提供的防治内河航运污染排放的社会公共产品、公共服务的质量和数量，与内河航运绿色低碳发展之间有着密切的关系。良好的防治内河航运污染排放的基础设施等是促进内河航运绿色低碳发展的基础条件和配套条件，也是对内河航运绿色低碳发展转变最有效的支持。

2. 政策路径

在宏观政策微观化导向下，以区别对待为政策特征，针对内河航运市场微观主体采取的一系列财政政策调节，包括税收优惠、贴息、政策性资金支持的信用担保、政府采购、特定目的补助等激励，也包括污染收费、特别收益金征缴等约束，都是通过利益调整作用来影响内河航运市场企业主体的经济行为。这些支出或者收入政策的实施，可以根据内河航运绿色低碳发展的需要，有选择地实现相应的支持和制约性目标。例如通过给予特定内河航运相关企业以各种财政补贴待遇，来引导、扶持内河航运相关企业绿色低碳行为，刺激内河航运相关企业对绿色低碳环保设备的投资意愿。

3. 财政政策发挥作用的制度保障

制度安排是财政政策发挥作用的基础和依托，只有在导向正确、框架合理、规范完善的财政制度和相关制度下，才可能保证财政政策充分发挥对内河航运绿色低碳发展的支持促进作用，使政府职能到位但不越位，有所为、有所不为，以及具备必要的弹性和持续性。

9.4

内河航运绿色低碳发展财政政策绩效影响因素研究

由于内河航运绿色低碳发展财政政策绩效是一个多维度概念，内河航运绿色低碳发展财政政策的绩效受到多种因素的共同影响，政策及其绩效之间不一定是直接的对应关系，绩效一方面是一种客观存在，另一方面又是一种主观判断，所以绩效是既客观又主观的存在，是对比政策实际结果与期望值之间的判断，所以它是相对的，而非绝对的。同时，政策绩效的事实标准和价值标准之间、长期绩效与短期绩效之间也可能存在不一致，这些都增加了政策绩效评估的困难。但这些困难的存在并不意味着不能对财政政策进行绩效测评。实际上，有很多因素恰恰说明进行财政政策绩效测评势在必行。因此，在研究内河航运绿色低碳发展财政政策绩效时，必须先弄清楚哪些影响因素对政策的绩效有较大的影响，哪些影响因素相互之间有密切的联系，而哪些影响因素之间的联系不太密切，对系统的影响较少。在完整的财政政策过程中以及与内河航运相关企业的业务交往中，总会从不同的方面表现出内河航运绿色低碳发展政策效果的特征，这里的关键是要尽可能详细全面地找出内河航运绿色低碳发展效果的这些特征表现，因此，立足政策目标，结合政府、政策受众相关企业与社会公众的利益诉求，以政策过程为主线，对政策制定、执行、结果输出、监控与考核等完整的政策过程进行测评，不仅关注政策的结果，而且注重完整的政策过程评价。

9.4.1　调查设计和方法

1. 目的

通过实证分析筛选出内河航运绿色低碳发展财政政策绩效影响有效的、主要的因素，并构建内河航运绿色低碳发展财政政策绩效测评指标体系。

2. 调查表设计

按照对内河航运绿色低碳发展财政政策绩效影响因素的定性分析和专家分析，并分别调研了港航管理局、财政局、海事局、船公司、船代公司、专家和中小航运企业联合会等，通过和这些机构、公司的高层和中层经理人员进行访谈，听取他们对设计的调查表的意见、看法以及修改意见，经过多次修改后，最终确定了内河航运绿色低碳发展财政政策绩效影响因素调查表，进行影响因素重要性调查问卷，问卷用5级列举比量表，详细表格见附录。

3. 选择问卷调查对象及问卷回收

问卷调查主要在上海、浙江具有代表意义的银港航管理局、财政局、海事局、船公司、船代公司、专家等中展开，问卷调查对象选择这些机构和公司中负责人、各部门经理以及经验阅历丰富的各部门员工，要求被调查对象对内河航运绿色低碳发展财政政策绩效的影响因素按照极重要 = 5，很重要 = 4，重要 = 3，应考虑 = 2，意义不大 = 1 的设定进行逐个影响因素打分，填入相应的表格中。

收回问卷共 62 份，其中 4 份问卷无效，有效问卷 58 份。

4. 分析方法

首先对内河航运绿色低碳发展财政政策影响因素调查表进行问卷的信度分析，测量影响因素数据和结论的可靠性程度；其次用因子分析法筛选出内河航运绿色低碳发展财政政策影响因素，并根据因子分析的结果重新确定了内河航运绿色低碳发展财政政策绩效测评指标体系。

9.4.2 内河航运绿色低碳发展财政政策影响因素调查表的可靠性分析

在实际研究内河航运绿色低碳发展财政政策绩效影响因素的过程中，为了了解调查表的可靠性，对它进行信度分析，结果见表9－1和表9－2。

表9－1　　内河航运绿色低碳发展财政政策绩效影响因素调查表的信度分析

	均值	方差	相互关系系数	信度
目标明确性	112.8800	134.6933	− 0.0883	0.7440
政策公平性	113.7200	135.7100	− 0.1436	0.8448
政策参与性	113.2000	133.0833	− 0.0276	0.4464
政策合理性	113.7600	127.3567	0.2228	0.8360
政策可行性	113.2800	129.1267	0.1611	0.4378
政策系统性	113.5200	128.8433	0.2572	0.5340
政府主导型	112.4400	127.7567	0.3636	0.8315
权责明确性	112.4400	125.7567	0.4171	0.8296
充足性	112.7200	127.1267	0.3036	0.5328
影响力	113.1600	125.1400	0.3556	0.5312

	均值	方差	相互关系系数	信度
回应性	113.3200	122.9767	0.3929	0.7299
目标实现度	112.8000	122.4167	0.4571	0.8276
效率性	113.0800	127.7433	0.2450	0.8347
满意度	113.6000	130.3333	0.1067	0.7395
认知度	112.3200	121.3100	0.6380	0.7229
科学性	112.4800	121.9267	0.6661	0.6830
管理效率	112.5600	123.2567	0.5027	0.4267
执行效率	112.7200	123.2100	0.5981	0.3250
政策效率	112.9600	119.6233	0.6619	0.8211
社会效益	112.6400	122.9900	0.5563	0.3655
经济效益	112.7200	124.8767	0.5413	0.8271
环境效益	112.4000	130.2500	0.1683	0.3362
持续运行	112.8800	123.7767	0.5185	0.4167
持续需求	112.6800	129.3100	0.1938	0.6359
经济性	113.3600	130.4900	0.1127	0.4388
灵活性	113.2800	131.1267	0.0952	0.8388
颗粒物排放量	112.6800	123.3100	0.3621	0.4112
氮氧化物排放量	113.1200	124.7767	0.4189	0.6893
碳氢化合物排放量	112.2800	124.3767	0.4280	0.3289
一氧化碳排放量	112.8800	120.4433	0.5947	0.4231
二氧化硫排放量	112.7200	122.9600	0.4974	0.8267
内河船舶环保达标率	112.7600	119.5233	0.6321	0.3217

表 9－2　　　　　　　　　　　　方差分析

方差来源	平方和	自由度	均方	F 值	P 值
变量间值	130.1550	31	4.1985	16.1328	0.0000
可靠性系数					
各类别频数	58.0	项目个数	32	Alpha 值	0.7761

结果分析

上面结果是 SPSS11.5 可靠性分析的输出结果，表 9 - 1 中输出结果第一部分为每个指标与量表得分的关系：将某个指标从量表中剔除情况下，量表的平均得分 (Scale Mean if Item Deleted)、方差 (Scale Variance if Item Deleted)、每个指标得分与剩余各指标得分间的相互关系数 (Corrected Item - Total Correlation)，以及删除某指标后的 α 值（信度）(Alpha if Item Deleted) 各是多少。在输出结果中，删除指标"目标明确性"后，为 0.7440。表 9 - 2 中输出结果为方差分析，F = 16.1328，P = 0.0000 < 0.001，即该量表的度量效果良好。输出结果的最后部分为量表的同质性信度，Alpha = 0.7761，该信度表明该量表的信度较好，但还有待再进一步的开发完善。

9.4.3 内河航运绿色低碳发展财政政策绩效影响因素筛选

1. 因子分析法适用性检验

对样本数据进行 KMO 测度和巴特利球体检验，结果如表 9 - 3 所示，KMO 值为 0.867，说明该数据表适合作因子分析。表中的巴特利特球体检验的 x^2 统计值的显著性概率是 0.000，小于显著性水平 0.01，因此拒绝巴特利球体检验的零假设，可以认为该数据表适合作因子分析。

表 9 - 3　　　　　　　　　　　KMO 测度和巴特利球体检验

KMO 值		0.867
巴特利特球体检验的 x^2 统计值	卡方检验	131.811
	离差	78
	P 值	0.000

2. 方差解释量测度

利用 SPSS11.5 统计软件对 32 个内河航运绿色低碳发展财政政策绩效影响因素进行因子分析并进行正交旋转，输出结果见表 9 - 4，该表是因子分析后提取和因子旋转的结果。其中第二列是因子变量的方差贡献（特征值），它是衡量因子重要程度的指标。例如第一个因子的特征值为 7.601，表示第一个因子描述了原有变量总方差中的 7.601，后面因子描述的方差依次减少。第三列是各因子变量的方差贡献率，表示该因子描述的方差占原有变量总方差的比例，例如第一个因子变量的方差贡献率为 23.753%，说明第一个因子变量很重要。第四列是因子变量的累计方差贡献率，表示前 m 个因子描述的总方差占原有变量的总方差的比例。第五列到第七列是旋转以后得到的因子对原变量总体的刻画情况，涵义和前述的一样。

表 9－4　　　　　　　　　　　　　总方差分解表

因子序号	未经旋转提取因子的载荷平方和			经旋转提取因子的载荷平方和		
	方差贡献	方差贡献率	累计方差贡献率	方差贡献	方差贡献率	累计方差贡献率
1	7.601	23.753	23.753	4.515	14.110	14.110
2	3.939	12.311	36.064	4.232	13.224	27.334
3	3.268	10.213	46.277	3.557	11.114	38.449
4	2.809	8.779	55.056	2.759	8.621	47.069
5	2.353	7.352	62.408	2.534	7.918	54.987
6	1.894	5.918	68.327	2.351	7.347	62.334
7	1.747	5.461	73.787	2.343	7.322	69.656
8	1.609	5.029	78.816	2.257	7.053	76.708
9	1.312	4.099	82.915	1.986	6.207	82.915
10	1.010	3.158	86.073			
11	0.825	2.579	88.652			
12	0.734	2.294	90.946			
13	0.576	1.801	92.747			
14	0.500	1.561	94.308			
15	0.466	1.457	95.766			
16	0.395	1.234	96.999			
17	0.278	0.868	97.868			

因子序号	未经旋转提取因子的载荷平方和			经旋转提取因子的载荷平方和		
	方差贡献	方差贡献率	累计方差贡献率	方差贡献	方差贡献率	累计方差贡献率
18	0.216	0.674	98.542			
19	0.154	0.480	99.022			
20	0.098	0.307	99.330			
……	……	……	……			
32	−6.135E−16	−1.917E−15	100.000			

从表9-4的输出结果的累计方差贡献率一栏可以看出，前面的9个因子变量的累计方差贡献率为82.915%，而后面23个因子的累计方差贡献率只有17.085%，通常因子分析要求因子的累计方差贡献率大于80%。因此，可以认为前9个因子能解释指标变量的大部分信息，可以概括数据的特性。由于前9个因子变量的累计方差贡献率解释了总体方差的82.915%，已基本包含了32个影响因素变量的信息而具有代表性，所以，初步确定选取前9个因子进一步分析是可行的。

因子碎石图也验证了上述选取因子数。图9-1是因子碎石图，它的横坐标为因子个数，纵坐标为因子的特征值。从图9-1的每个点可以看出，前面9个点（因子），特别是前8个点之间的高度（距离）明显陡峭，特征值变化非常明显，而第9个点后面的各个点之间的坡度相对地平坦些而形成"平坡"，特征值变化趋于平稳。因此本章抽取9个因子可以对原影响因素的信息描述有显著作用。从表9-4的结果中也可以看出这样的结果。

3. 因子的共同度

如表9-5所示，该表格的第一列列出了调查表中的32个初始影响因素，开始时，每个指标都被标准化，其均值为0，标准偏差为1，即因子方差的初始值（Initial）均为1，如表中第二列所示；第三列是根据因子分析最终计算出的影响因素变量的共同度，见第三列，这时由于因子的个数少于原始影响因素变量的个

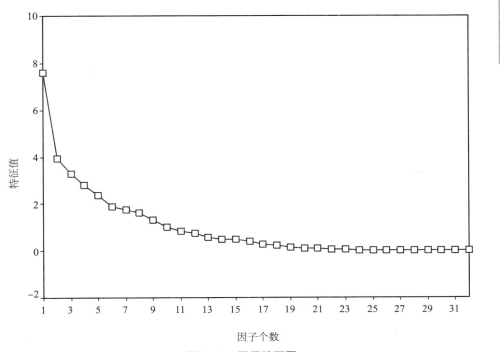

因子个数

图 9 - 1　因子碎石图

数，因此每个影响因素变量的共同度必然小于 1。例如第一行中的 0.717 表示 9
个因子共解释掉原影响因素变量 "目标明确性" 方差的 71.7%。由表中可以看
出，由 9 个因子提供的信息量包含了原有影响因素变量体系的大部分信息，对原
影响因素变量的信息描述有显著作用，反映了原始数据的特性。

表 9 - 5　　　　　　　　　　　　　　　　　　共同度

	因子方差的初始值	因素变量的共同度
目标明确性	1.000	0.717
政策公平性	1.000	0.736
政策参与性	1.000	0.736
政策合理性	1.000	0.674
政策可行性	1.000	0.760

续表

	因子方差的初始值	因素变量的共同度
政策系统性	1.000	0.795
政府主导型	1.000	0.520
权责明确性	1.000	0.889
充足性	1.000	0.798
影响力	1.000	0.950
回应性	1.000	0.729
目标实现度	1.000	0.858
效率性	1.000	0.735
满意度	1.000	0.767
认知度	1.000	0.827
科学性	1.000	0.812
管理效率	1.000	0.926
执行效率	1.000	0.875
政策效率	1.000	0.735
社会效益	1.000	0.820
经济效益	1.000	0.773
环境效益	1.000	0.889
持续运行	1.000	0.835
持续需求	1.000	0.794
经济性	1.000	0.715
灵活性	1.000	0.646
颗粒物排放量	1.000	0.807
氮氧化合物排放量	1.000	0.656
碳氢化合物排放量	1.000	0.852
一氧化碳排放量	1.000	0.830
二氧化硫排放量	1.000	0.854
内河船舶环保达标率	1.000	0.911

4. 内河航运绿色低碳发展财政政策绩效影响因素分析

对提取的 9 个因子建立原始因子载荷矩阵,如表 9-6 所示,从表 9-6 可以看出:在原始因子载荷矩阵中,由于因子在许多影响因素变量上都有较高的载荷,以至于它的涵义就会比较模糊,导致原始负载矩阵很复杂,很难对因子进行解释,必须对因子进行旋转,使得每个因子的载荷的平方按列向 0 或 1 两极分化,并将同一因子上不同载荷的影响因素变量进行排序,因子的载荷小的影响因素变量将从因子中删除,进行因子旋转的目的在于使在一个因子上有高载荷的影响因素变量数减至最少,这将增强因子的可解释性。表 9-7 为经过旋转后的因子载荷矩阵。由表 9-7 可知,旋转后的因子结构得到了有效简化,影响因素变量由原来的 32 个缩减为 16 个。

表 9-6   因子载荷矩阵

	因子								
	1	2	3	4	5	6	7	8	9
目标明确性	0.129	0.321	0.247	0.215	0.370	0.581	0.047	0.116	0.225
政策公平性	0.263	0.120	0.107	0.342	0.635	0.155	0.303	0.070	0.284
政策参与性	0.046	0.175	0.426	0.213	0.404	0.237	0.399	0.314	0.127
政策合理性	0.112	0.658	0.221	0.145	0.265	0.272	0.033	0.115	0.361
政策可行性	0.019	0.723	0.037	0.143	0.094	0.232	0.028	0.390	0.022
政策系统性	0.177	0.793	-0.186	-0.007	0.164	0.202	0.063	0.167	0.096
政府主导型	0.394	0.239	0.347	0.098	0.080	0.021	-0.394	0.124	0.570
权责明确性	0.563	0.486	0.333	0.083	0.049	0.144	0.085	0.433	0.017
充足性	0.479	0.162	0.493	0.322	0.236	0.314	0.152	0.137	0.267
影响力	0.329	0.291	0.826	0.058	0.144	0.088	0.205	0.047	0.055
回应性	0.291	0.075	0.447	0.522	0.277	0.185	0.236	0.002	0.376
目标实现度	0.478	0.262	0.272	0.091	0.328	0.211	0.253	0.513	0.160
效率性	0.334	0.357	0.118	0.438	0.365	0.119	0.372	0.064	0.040
满意度	0.074	0.715	0.272	0.367	0.020	0.103	0.176	0.013	0.142
认知度	0.818	0.139	0.108	0.094	0.199	0.244	0.119	0.073	0.294

	因子								
	1	2	3	4	5	6	7	8	9
科学性	0.801	0.194	0.098	0.001	0.051	0.088	0.135	0.307	0.017
管理效率	0.613	0.398	0.364	0.345	0.103	0.001	0.332	0.139	0.103
执行效率	0.682	0.409	0.074	0.131	0.275	0.247	0.209	0.195	0.077
政策效率	0.719	0.164	0.313	0.131	0.060	0.053	0.061	0.257	0.162
社会效益	0.708	0.061	0.047	0.246	0.004	0.227	0.402	0.199	0.105
经济效益	0.737	0.502	-0.023	0.393	0.089	0.218	0.083	0.111	0.003
环境效益	0.285	0.115	0.397	0.225	0.653	0.283	0.273	0.074	0.109
持续运行	0.483	0.111	0.135	0.547	0.426	0.074	0.289	0.043	0.071
持续需求	0.353	0.268	0.668	0.041	0.157	0.066	0.244	0.248	0.046
经济性	0.013	0.166	0.056	0.661	0.194	0.005	0.349	0.295	0.008
灵活性	0.145	0.547	0.325	0.402	0.107	0.175	0.036	0.121	0.374
颗粒物排放量	0.416	0.152	0.461	0.191	0.356	0.098	0.237	0.412	0.060
氮氧化合物排放量	0.320	0.113	-0.175	0.531	0.220	0.221	0.348	0.105	0.282
碳氢化合物排放量	0.556	0.058	0.022	0.159	0.165	0.644	0.249	0.102	0.186
一氧化碳排放量	0.707	0.290	0.098	0.274	0.142	0.348	0.064	0.128	0.034
二氧化硫排放量	0.665	0.160	0.339	0.052	0.185	0.299	0.085	0.371	0.131
内河船舶环保达标率	0.728	0.320	0.230	0.281	0.250	0.208	0.150	0.133	0.035

表 9-7 旋转后因子载荷矩阵

	因子								
	1	2	3	4	5	6	7	8	9
目标明确性	0.881								
政策公平性	0.827								
政策参与性	0.801								
政府主导型									
氮氧化合物排放量									

	因子								
	1	2	3	4	5	6	7	8	9
灵活性									
政策可行性		0.850							
社会效益		0.850							
充足性									
效率性									
回应性									
二氧化硫排放量									
影响力			0.825						
政策合理性			0.758						
认知度									
碳氢化合物排放量									
持续需求									
执行效率				0.916					
政策效率				0.797					
目标实现度									
经济效益					0.721				
持续运行									
环境效益						0.838			
管理效率						0.732			
经济性									
政策系统性							0.805		
颗粒物排放量									
科学性								0.775	
权责明确性								0.726	
一氧化碳排放量									
内河船舶环保达标率									0.822
满意度									

9.5

内河航运绿色低碳发展财政政策绩效测评模型构建

9.5.1　财政政策绩效测评概述

1. 财政政策绩效测评内涵

财政政策绩效评价是基于结果导向、运用科学方法、规范流程、相对统一的指标及标准，对财政政策的投入产出进行综合性测量与分析的活动。财政政策绩效测评有利于检验财政政策效果，实现财政政策资源的有效配置，是进行财政政策调整、提出政策建议的重要依据。

理论上说，财政政策和制度的绩效受到多种因素的共同影响，政策与其绩效之间不是完全的一一对应和直接对应关系，绩效一方面是一种客观存在，另一方面又是一种主观判断，所以对财政政策开展绩效测评是对比政策产生的实际结果与期望值之间的判断，是一种相对性的判断。

2. 财政政策绩效测评的基本原则

财政绩效评价不同于微观经济组织的效益评价。财政绩效评价不仅要分析计算直接的、有形的、现实的投入和产出，而且还要计算分析间接的、无形的、预期的投入与产出，绩效既反映为可用货币衡量的经济效益，又反映为大量的无法用货币衡量的政治效益和社会效益，财政政策追求的最终目标是社会福利最大化。这表明，财政政策绩效评价远比微观经济组织的效益评价复杂。开展财政政策绩效评价应遵循以下原则：

一是客观性原则。财政政策绩效评价必须在充分调研的基础上，以问题为导向，以事实为准绳，运用指标和数据，对财政政策制定、执行和政策目标实现情况进行全面客观评价，不以评价者的个人喜好影响评价结论的准确性。

二是公开、公平和公正性原则。财政政策绩效评价应在客观基础上，坚持面向社会公开评价，让百姓参与，所有政策受益群体都应纳入评价范围，评估结果不受各种利益集团左右。

三是重要性原则。财政政策绩效评价不是事无巨细，而应根据政策目标和社会大众期待，科学设置指标体系，围绕核心目标开展评价。一方面，有利于降低评价成本；另一方面，也有利于提高评价效率。

四是可比性原则。财政政策绩效评价需要针对政策实施前后的效果和政策目标达成度进行前后比较分析，以显示政策实施的真正绩效。指标和数据采集成为前后效果比较的重要方式。

五是结果导向原则。财政政策绩效评价的根本目标是为了完善政策，让好的政策更好地执行，让百姓受益；让有问题的政策退出，避免政策的负效应。政策评价的结果只有得到应用，才能真正推动政策制定的科学化和政策执行的有效性。

3. 财政政策绩效评价的目标

立足于合理优化配置财政资源、满足财政预算管理需求，通过评价财政政策决策的公正性、规范性和政策执行的有效性，检验政策资金分配、使用的经济性、效率性、效益性和公平性，反思政策本身的必要性和合理性，对政策修订完善、清理整合、组织实施和资金分配使用提出优化建议，为有关部门提供重要决策参考依据。评价目标可以归纳为三个方面：

一是通过梳理财政政策的出台背景、政策依据、决策过程和政策目标，对政策决策程序的规范性、政策内容的完整性、政策目标的合理性进行分析，发现政策决策中存在的问题，对优化政策决策程序、调整完善政策内容和政策目标提出客观建议。

二是通过回顾财政政策执行过程，对政策管理要素展开分析，就政策管理规范性和执行有效性进行判断，总结政策执行过程中的经验做法，发现在相关配套政策制定、组织实施与资金管理中存在的问题和薄弱环节，有针对性地提出改进政策执行和项目管理的建议。

三是通过考察政策资金分配、使用的实际情况，反映预期政策绩效目标的实现程度，对财政政策资金分配的公平性和合理性，政策资金使用的经济性、效率性、效益性和公平性进行客观分析，结合政策受益者满意度调查，就政策实施是否总体有效或阶段性有效做出总体判断，从而为政策终结或延续提供决策参考依据。

9.5.2 财政政策绩效测评方法概述

财政政策绩效评价方法的选用应坚持简便有效的原则，根据评价对象的具体情况，综合选用多种评价方法，对财政政策进行客观评价。

良好的财政绩效评价方法是财政绩效评价体系重要组成部分，对财政政策绩效评价结果的准确性具有决定性影响。目前理论界提出了成本效益分析法、最低成本法、综合指数法、因素分析法、生产函数法、模糊数学法、方案比较法、历史动态比较法、目标评价法、公众评判法等多种方法。在市场经济条件下的公共财政体制框架中，社会效益评价是财政支出绩效评价的重点内容，而现有评价方法中，能够简便、精准地评价财政政策社会效益，满足财政绩效评价工作实际需要的方法还有待于进一步研究。

（1）成本效益分析法。是指将一定时期内的支出与效益进行对比分析，以评价绩效目标实现程度。

（2）比较法。是指通过对绩效目标与实施效果、历史与当期情况、不同部门和地区同类支出的比较，综合分析绩效目标实现程度。

（3）因素分析法。是指通过综合分析影响绩效目标实现、实施效果的内外因素，评价绩效目标实现程度。

（4）最低成本法。是指对效益确定却不易计量的多个同类对象的实施成本进行比较，评价绩效目标实现程度。

（5）公众评判法。是指通过专家评估、公众问卷及抽样调查等对财政支出效果进行评判，评价绩效目标实现程度。

（6）模糊综合评价法。模糊综合评价法是一种基于模糊数学的综合评标方法。该综合评价法根据模糊数学的隶属度理论把定性评价转化为定量评价，即用模糊数学对受到多种因素制约的事物或对象做出一个总体的评价。它具有结果清晰，系统性强的特点，能较好地解决模糊的、难以量化的问题。

9.5.3 内河航运绿色低碳发展财政政策绩效测评指标

1. 财政政策绩效测评指标确定的原则

绩效评价指标是指衡量绩效目标实现程度的考核工具。绩效测评指标的确定应当遵循以下原则：

（1）相关性原则。应当与绩效目标有直接的联系，能够恰当反映目标的实现程度。

（2）重要性原则。应当优先使用最具测评对象代表性、最能反映测评要求的核心指标。

（3）可比性原则。对同类测评对象要设定共性的绩效测评指标，以便于测评结果可以相互比较。

（4）系统性原则。应当将定量指标与定性指标相结合，系统反映财政政策所产生的社会效益、经济效益、环境效益和可持续影响等。

（5）经济性原则。应当通俗易懂、简便易行，数据的获得应当考虑现实条件和可操作性，符合成本效益原则。

2. 财政政策绩效测评内容

指标体系由政策制定、政策执行、政策效果三个内容组成。财政政策绩效测评相关信息的采集和取证，要综合运用政策背景调研、政策文本解读、测评指标取数、社会调查、现场勘查和专家咨询等方法，全面收集财政政策决策、执行和效果的相关信息，以及政策利害关系人、政策基层执行人和社会公众的意见建议。

财政政策绩效测评具有多重目标和多元取证方式。测评过程会产生大量绩效信息，有些信息以货币计量，有些不能货币计量；有些客观数据是量化的，也有些信息是无法量化的。因此，财政政策绩效测评应坚持"价值标准"和"事实标准"并重的原则，采取定量与定性相结合的分析方法，以定量分析为主，定性分析为辅。定性分析方法主要包括两个方面：一是政策回应性分析，主要借助问卷调查和社会访谈等公众评判法进行政策满意度的综合测量和分析。二是政策公平性分析，主要从政策的程序正义、政策资源分配的公平性、政策受益的公平性这三个角度来进行分析。财政政策绩效定量分析可以根据具体情况，选择过程对比分析、目标比较分析、成本分析、定量模型分析四类不同的方法。财政政策绩效测评体现在测评内容上，要涵盖公共政策评估与财政绩效测评两个层面，包括政策制定、政策执行与实施、政策执行后的效果及价值。其中，政策的效果是测评的核心，而其决策过程和执行是取得预期效果的重要保证。这三个方面又可进一步细分为：政策设立的必要性、设计的合理性及可行性、政策任务的分解、落实及监督、政策目标实现程度、成本有效性、受益群体满意度等。综上所述，根据内河航运绿色低碳发展财政政策绩效影响因素实证研究结果，内河航运绿色低碳发展财政政策测评指标体系详见表9-8。

表9-8　　　　　内河航运绿色低碳发展财政政策绩效测评指标体系

一级指标	二级指标	指标解释
政策制定	可行性	内容可行，实施可行
	合理性	政策设定是否符合目标区域、目标群体需求
	公平性	目标群体是否公平享受政策，政策资源配置是否公平
	参与性	政策主体采用政策制定
政策文本	目标明确性	政策目标明确
	政策系统性	政策内容整体与部分、各项子政策相互协调
	政策科学性	政策内容是否与国家、地方政策及发展战略相关
	权责明确性	政策内容权责明确
政策执行	管理效率	管理制度办法是否健全，保障措施是否规范有效
	执行效率	资金拨付使用是否按进度，有无滞后现象。财政资金投资带动社会资金投入的情况
	政策效率	政策预期目标的实现程度
	影响力	政策对内河航运相关企业绿色低碳行为氛围和积极性的影响
政策结果	社会效益	带动政策目标区域内公共基础设施、公共服务就业
	经济效益	对区域经济（目标群体）带来的直接或间接效益
	环境效益	节约资源、保护生态环境方面作用
	船舶环保达标率	内河船舶符合内河航运绿色低碳环保要求所占比例

9.5.4 内河航运绿色低碳发展政策绩效测评模型构建

1. 模糊综合评价法概述

（1）模糊综合评价法的思想。模糊概念是指从属于该概念到不属于该概念之间无明显分界线，外延不清楚。模糊概念导致模糊现象，在客观世界中存在大量模糊现象。模糊数学就是用数学方法研究模糊现象，用属于程度代替属于或者不属于，刻画"中介状态"。模糊综合评价方法是借助模糊数学的隶属度理论把定性评价转化为定量评价，即对受到多种因素制约的事物或者对象做出一个总体评价。

（2）基本原理。首先确定被评价对象的因素（指标）集合评价（等级）集；再分别确定各个因素的权重及它们的隶属度矢量，获得模糊评判矩阵；最后把模糊评判矩阵与因素的权矢量进行模糊运算并进行归一化，得到模糊综合评价结果。其特点是评判对象逐个进行，被评价对象有唯一评价值，不受被评价对象所处对象集合的影响。模糊综合评价法的目的是要从对象集中选出优胜对象，因此，最后要将所有对象的评价结果进行排序。评判的意思是指按照给定的条件对事物的优劣、好坏进行评比、判别。综合的意思是指评判条件包含多个因素或多个指标。综合评判就是要对受多个因素影响的事物做出全面评价。

（3）模糊综合评价法的模型和步骤

①确定评价对象的因素集。设 $U=(u_1, u_2, \cdots, u_m)$ 为刻画被评价对象的 m 种评价因素（评价指标），其中：m 是评价因素的个数，由具体的指标体系所决定。为便于权重分配和评议，可以按评价因素的属性将评价因素分成若干类，把每一类都视为单一评价因素，并称之为第一级评价因素。第一级评价因素可以设置下属的第二级评价因素，第二级评价因素又可以设置下属的第三级评价因素，依此类推。

即 $U=U_1 \cup U_2 \cup \cdots \cup U_s$ ，

其中 $U_i=\{u_{i1}, u_{i2}, \cdots, u_{im}\}$ ， $U_i \cap U_j = \varnothing$ ，任意 $i \neq j$ 。

②确定评价对象的评语集。设 $V=\{v_1, v_2, \cdots, v_n\}$ ，是评价者对被评价对

象可能做出的各种总的评价结果组成的评语等级的集合，其中，v_j 代表第 j 个评价结果。

③确定评价因素的权重向量。权重是以某种数量形式对比、权衡被评价事物总体中诸因素相对重要程度的量值。设 A = $\{a_1, a_2, \cdots, a_m\}$ 为权重分配模糊矢量，其中 a_i 表示第 i 个因素的权重，A 反映了各因素的重要程度，在进行模糊综合评价时，权重对最终的评价结果会产生很大的影响，不同的权重有时会得到完全不同的结论。现在通常是凭经验给出权重，但带有主观性。

确定权重的方法：1）专家估计法（专家估测法）、德尔菲（Delphi）法（专家调查法）、特征值法。2）加权平均法：当专家人数不足 30 人时，可用此法。首先多位专家各自独立地给出各因素的权重，然后取各因素权重的平均值作为其权重。3）频率分布确定权数法：当专家人数不低于 30 人时，采用此法。找出最值；确定分组；计算频率；取最大频率所在分组的组中值为其权重。4）模糊协调决策法：贴近度与择近原则，近似方法。5）层次分析法（AHP）：美国运筹学家 T. L. Saaty（撒汀）于 20 世纪 70 年代提出的一种把定性分析与定量分析相结合的对复杂问题做出决策的有效方法。根据问题分析，分为三个层次：目标层 G、准则层 C 和方案层 P，然后采用两两比较的方法确定决策方案的重要性，即得到决策方案相对于目标层 G 的重要性的权重，从而获得比较满意的决策。明确问题，建立层次结构；构造判断矩阵；层次单排序及其一致性检验；层次总排序及其组合一致性检验。

④进行单因素模糊评价，确立模糊关系矩阵 R。单独从一个因素出发进行评价，以确定评价对象对评价集合 V 的隶属程度，称为单因素模糊评价（one-way evaluation）。在构造了等级模糊子集后，就要逐个对被评价对象从每个因素 u_i 上进行量化，也就是确定从单因素来看被评价对象对各等级模糊子集的隶属度，进而得到模糊关系矩阵：

$$R = \begin{bmatrix} r_{11} & r_{12} & \cdots & r_{1n} \\ r_{21} & r_{22} & \cdots & r_{2n} \\ \vdots & \vdots & \vdots & \vdots \\ r_{m1} & r_{m2} & \cdots & r_{mm} \end{bmatrix},$$

$r_i = (r_{i1}, r_{i2}, \cdots, r_{in})$，归一化处理：$\sum r_{ij} = 1$，目的是消除量纲的影响。

其中 r_{ij} 表示某个被评价对象从因素 u_i 来看对等级模糊子集 v_j 的隶属度。一个被评价对象在某个因素 u_i 方面的表现是通过模糊矢量 r_i 来刻画的，r_i 称为单因素评价矩阵，可以看作是因素集 U 和评价集 V 之间的一种模糊关系，即影响因素与评价对象之间的"合理关系"。

在确定隶属关系时，通常是由专家或与评价问题相关的专业人员依据评判等级对评价对象进行打分，然后统计打分结果，然后 r_{ij} 可以根据如下公式求得。

r_{ij} = 第 i 个指标中选择 v_j 等级的人数/参与打分的专家总人数

⑤多指标综合评价（合成模糊综合评价结果矢量）。利用合适的模糊合成算子将模糊权矢量 A 与模糊关系矩阵 R 合成得到各被评价对象的模糊综合评价结果矢量 B。模糊综合评价的模型为：

$$B = A \times R = (a_1, a_2, \cdots, a_m) \begin{bmatrix} r_{11} & r_{12} & \cdots & r_{1n} \\ r_{21} & r_{22} & \cdots & r_{2n} \\ \vdots & \vdots & \vdots & \vdots \\ r_{m1} & r_{m2} & \cdots & r_{mn} \end{bmatrix} = (b_1, b_2, \cdots b_n),$$

其中：b_j 表示被评级对象从整体上看对评价等级模糊子集元素 v_j 的隶属程度。

⑥对模糊综合评价结果进行分析。模糊综合评价的结果是被评价对象对各等级模糊子集的隶属度，它一般是一个模糊矢量，而不是一个点值，因而它能提供的信息比其他方法更丰富。对多个评价对象比较并排序，需要进一步处理，即计算每个评价对象的综合分值，按大小排序，按序择优。将综合评价结果 B 转换为综合分值，于是可依其大小进行排序，从而挑选出最优者。

2. 层次分析法概述

层次分析法（the analytic hierarchy process）简称 AHP，在 20 世纪 70 年代中期由美国运筹学家托马斯·塞蒂（T. L. saaty）正式提出。它是一种定性和定量相结合的、系统化、层次化的分析方法。AHP 是指将决策问题的有关元素分解成目标、准则、方案等层次，在此基础上进行定性分析和定量分析的一种决策方法。

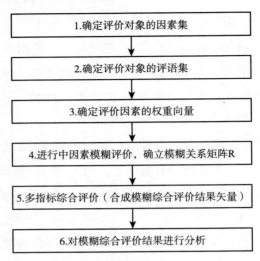

图9-2　模糊综合评价法的步骤

这一方法的特点是在对复杂决策问题的本质、影响因素及其内在关系等进行深入分析之后，构建一个层次结构模型，然后利用较少的定量信息，把决策的思维过程数学化，从而为求解多准则或无结构特性的复杂决策问题提供一种简便的决策方法。由于它在处理复杂的决策问题上的实用性和有效性，很快在世界范围得到重视。

基本思想与建模步骤。

层次分析法的基本思路与人们对复杂的决策问题的思维判断过程大体一样的。当一个决策者在对问题进行分析时，首先要将分析对象的因素建立起彼此相关因素的层次递阶系统结构，这种层次递阶结构可以清晰地反映出诸相关因素（目标、准则、对象）的彼此关系，使得决策者能够把复杂的问题理顺。然后进行逐一比较、判断，从中选出最优的方案。运用层次分析法建模，大体上分成四个步骤：（1）建立递阶层次结构模型；（2）构造比较判别矩阵；（3）在单准则下的排序及一致性检验；（4）总的排序选优。

①递阶层次结构模型的建立。

递阶层次结构及组成。首先把决策问题层次化。所谓层次化根据问题的性质以及要达到的目标，把问题分解为不同的组成因素，并按各因素之间的隶属关系和关联程度分组，形成一个不相交的层次。

在 AHP 方法中，首先要建立决策问题的递阶层次结构模型，通过调查分析弄清决策问题的范围和目标、问题包含的因素、各因素之间的相互关系。然后将各个因素按照他们的性质聚集成组，并把它们的共同特征看成是系统中高一层次的一些因素。如此构成一个以目标、若干准则层及方案层所组成的递阶层次结构。

层次分析法先将层次分为若干层次。最高一层称为目标层，这一层中只有一个元素，就是该问题要达到目标或理想的结果；中间层为准则层，层中的元素为实现目标所采用的措施、政策、准则等。准则层中可以不止一层，可以根据问题规模的大小和复杂程度，分为准则层、子准则层；最低一层为方案层，这一层包括实现目标可供选择的方案。在递阶层次结构中，各层均由若干因素构成。当某个层次包含因素较多时，可将该层次进一步划分成若干子层次。通常应使各层次中的各因素支配的元素一般不超过 9 个，这是因为支配元素过多会给两两比较带来困难。

一个好的递阶层次结构对解决问题极为重要，因此在建立递阶层次结构时，应注意到：1）从上到下顺序地存在支配关系，用直线段表示上一层次因素与下一层次因素之间的关系，同一层次及不相邻元素之间不存在支配关系；2）整个结构不受层次限制；3）最高层只有一个元素，每个元素所支配元素一般不超过 9 个，元素过多可进一步分层；4）对某些具有子层次结构可引入虚元素，使之成为典型递阶层次结构。

②构造比较判断矩阵。

1）两两比较法。在建立递阶层次结构模型后，上下层元素间的隶属关系就被确定了。假设以上一层次元素 C 为准则，所支配的下一层次的关系为 u_1，u_2，…，u_n，目的是要按它们对于准则 C 相对重要性赋予 u_1，u_2，…，u_n 相应的权重。对于有些问题可以直接给出权重，但在大多数社会经济活动中，尤其是较复杂的问题中，元素的权重无法直接获得，这就需要通过适当的方法导出它们的权重。AHP 所用导出权重的方法就是两两比较方法。

两两比较法具体方法是：当以上一层次某个因素 C 作为比较准则时，可用一个比较标度 a_{ij} 来表达下一层次中第 i 个因素与第 j 个因素的相对重要性（或偏好优劣）的认识。a_{ij} 的取值一般取正整数 1 ~ 9（称为标度）及其倒数。由 a_{ij} 构成的矩阵称为比较判断矩阵 $A = (a_{ij})$。关于 a_{ij} 取值的规则见表 9 - 9。

表9-9 　　　　　　　　　　　　　元素 a_{ij} 的取值的规则

元素	标度	规则
a_{ij}	1	以上一层某个因素为准则，本层次因素 i 与因素 j 相比，具有同样重要
	3	以上一层某个因素为准则，本层次因素 i 与因素 j 相比，i 比 j 稍微重要
	5	以上一层某个因素为准则，本层次因素 i 与因素 j 相比，i 比 j 明显重要
	7	以上一层某个因素为准则，本层次因素 i 与因素 j 相比，i 比 j 强烈重要
	9	以上一层某个因素为准则，本层次因素 i 与因素 j 相比，i 比 j 极端重要

a_{ij} 取值也可以取上述各数的中值2、4、6、8及其倒数，即若因素 i 与因素 j 比较得 a_{ij}，则因素 j 与因素 i 比较得 $\dfrac{1}{a_{ij}}$。

比较判断矩阵的特点：

I. $a_{ij} > 0$；

II. $a_{ij} = \dfrac{1}{a_{ji}}$；

III. $a_{ii} = 1$，(i, j = 1, 2, …, n)，

即 $A = \begin{bmatrix} 1 & a_{12} & \cdots & a_{1n} \\ \dfrac{1}{a_{12}} & 1 & \cdots & a_{2n} \\ \vdots & \vdots & \vdots & \vdots \\ \dfrac{1}{a_{1n}} & \dfrac{1}{a_{2n}} & \cdots & 1 \end{bmatrix}$ 为比较判断矩阵。

具有上述三个特点的 n 阶矩阵称为正互反矩阵。

定义7.1 设 n 阶矩阵 $A = (a_{ij})$ 为正互反矩阵，若对于一切 i，j，k，都有 $a_{ij} a_{jk} = a_{ik}$，i，j，k = 1，2，… ∈，n，称 A 为一致矩阵。由比较判断矩阵 A 知，在对 n 个因素比较中，我们只要作 $n(n-1)/2$ 次成对比较即可。但要求这 $n(n-1)/2$ 次判断矩阵 A 一定满足一致性。比较全部一致，在实际工作中太苛刻，我们并不要求比较判断矩阵 A 一定要满足一致性。

2）关于比较判断矩阵，有以下四个问题需要我们进一步说明：

其一，涉及社会、经济、人文等因素的决策问题的主要困难在于，这些因素

通常不易定量地测量。人们往往凭自己的经验和知识进行判断。当因素较多时给出的结果是不全面和不准确的。如果只是定性结果，又常常不被人们接受。如果采用把所有的因素放在一起两两比较，得到一种相对的标度，既能适应各种属性测度，又能充分利用专家经验和判断，提高准确度。

其二，在比较判断矩阵建立上，采用了 1~9 比例标度，这是因为人们在估计成对事物的差别时，五种判断级别就能很好地表示，即相等、较强、强、很强、极强表示差别程度。如果再细分，可在相邻两级中再插入一级，正好 9 级，用 9 个数字来表达就够用了。

其三，一般地在一个准则下被比较的对象不超过 9 个，因为心理学家认为，进行成对比较因素太多将超出人的判断能力。最多大致在"7±2"范围，如果以 9 个为限，用 1~9 比例标度表示它们之间的差别正合适。

其四，在把 n 个因素与某个因素进行比较时，有人认为只需要进行 n−1 次就可以了。这种做法的弊病在于，任何一个判断的失误都可能导致不合理的排序，对于难以定量的系统更应该尽量避免判断失误。进行 n(n−1)/2 次成对比较，可以提供更多的信息量，从不同角度进行比较，以得到一个合理的排序。

③单准则下的排序及一致性检验

1）单准则下的排序。

层次分析法的信息基础是比较判断矩阵。由于每个准则都支配下一层若干个因素，这样对于每一个准则及它所支配的因素都可以得到一个比较判断矩阵。因此根据比较判断矩阵如何求出各因素 u_1，u_2，$\cdots$，u_n。对于准则的相对排序权重的过程称为单准则下的排序。

计算权重 w_1，w_2，$\cdots$，w_n 的方法有许多种，其中特征根方法是 AHP 中比较成熟并得到广泛应用的方法，它对于 AHP 的发展在理论上和实践上都有重要意义。特征根方法的理论依据是正矩阵的 Perron 定理，它保证了所得到的排序向量的正值性和唯一性。

定理 9−1（Perron 定理）：设 n 阶方阵 A>O，λ_{max} 为 A 的模的最大特征根，则：

Ⅰ.λ_{max} 必为正特征根，且对应特征向量为正向量；

Ⅱ. 对于 A 的任何其他特征值，恒有 $|\lambda| < \lambda_{max}$；

Ⅲ. λ_{max} 为 A 的单特征根，因而它所对应的特征向量除相差一个常数因子外是唯一的。

定理 9 – 2： 对于任何一个正互反矩阵均有 $\lambda_{max} \geq n$，其中 λ_{max} 为 A 的模最大特征根。

定理 9 – 3： n 阶正互反矩阵 $A = (a_{ij})$ 为一致矩阵的充分必要条件是 A 的最大特征根为 n。

2）一致性检验。

由于客观事物的复杂性，会使我们的判断带有主观性和片面性，完全要求每次比较判断的思维标准一致是不太可能的。因此，在构造比较判断矩阵时，并不要求 $n(n+1)/2$ 次比较全部一致。但这可能出现甲与乙相对重要，乙与丙相比极端重要，丙与甲相比相对重要，这种比较判断严重不一致这种情况，事实上，在作比较判断矩阵时，虽然不要求判断具有一致性。但一个混乱的、经不起推敲的比较判断矩阵有可能导致决策的失误，所以希望在判断时大体上一致，而上述计算权重的方法，当判断矩阵过于偏离一致性时，其可靠程度也就值得怀疑了。故对于每一层次做单准则排序时，均需要做一致性的检验。

设 A 为 n 阶正互反矩阵，由定理 7.2 可知，$AW = \lambda_{max} W$，且 $\lambda_{max} \geq n$，若 λ_{max} 比 n 大得多，则 A 的不一致程度越严重。

令 $CI = \dfrac{\lambda_{max} - n}{n - 1}$，

其中 λ_{max} 为 A 的最大特征值，CI 可作为衡量不一致程度的数量标准，称 CI 为一致性指标。

当判断矩阵 A 的最大特征值稍大于 n，称 A 具有满意的一致性。平均随机一致性指标 RI 值详见表 9 – 10。

表 9 – 10　　　　　　　　　　平均随机一致性指标

n	1	2	3	4	5	6	7	8	9
RI	0	0	0.58	0.94	1.12	1.24	1.32	1.41	1.45

表 9 - 10 中，n = 1、2 时，RI = 0，因 1、2 阶判断矩阵总是一致的。当 n≥3 时，令 $CR = \dfrac{CI}{RI}$，称 CR 为一致性比例。当 CR < 0.1，认为比较判断矩阵的一致性可以接受，否则应对比较判断矩阵做适当修改。

④层次总排序。

计算同一层次中所有元素对于最高层（总目标）的相对重要性标度（又称排序权重向量）称为层次总排序。

层次总排序的步骤：1）计算同一层次所有因素对最高层相对重要性的排序权向量，这一过程是自上而下逐层进行；2）设已计算出第 k - 1 层上有 n_{k-1} 个元素相对总目标的排序权向量为：$w^{(k-1)} = (w_1^{(k-1)}, w_2^{(k-1)}, \cdots, w_{n_{k-1}}^{(k-1)})^T$；3）第 k 层有 n_k 个元素，它们对于上一层次（第 k - 1 层）的某个因素 u_i 的单准则排序权向量为 $p_i^{(k)} = (w_{1i}^{(k)}, w_{2i}^{(k)}, \cdots, w_{n_ki}^{(k)})^T$（对于与 k - 1 层第 i 个元素无支配关系的对应 u_{ij} 取值为 0）；4）第 k 层 n_k 个元素相对总目标的排序权向量为

$$(w_1^{(k)}, w_2^{(k)}, \cdots, w_n^{(k)})^T = (p_1^{(k)}, p_2^{(k)}, \cdots, p_{k-1}^{(k)}) \ w^{(k-1)}$$

总排序一致性检验：人们在对各层元素作比较时，尽管每一层中所用的比较尺度基本一致，但各层之间仍可能有所差异，而这种差异将随着层次总排序的逐渐计算而累加起来，因此需要从模型的总体上来检验这种差异尺度的累积是否显著，检验的过程称为层次总排序的一致性检验。

3. 内河航运绿色低碳发展财政政策绩效模糊综合测评模型构建

内河航运绿色低碳发展财政政策绩效测评涉及经济、社会和生态环境等多个方面，属于典型的多因素综合测评问题。本书的研究目的是对内河航运绿色低碳发展财政政策的实施效果进行测评，内河航运绿色低碳发展财政政策绩效测评涉及对内河航运业实地调研和行业监测数据的测评分析，以及对内河航运绿色低碳发展财政政策文本内容、政策制定、政策执行和政策效果测评分析，另外还需要测评主体和测评参与者利用专业知识和经验对绩效的影响程度做出主观的分析判断。对内河航运绿色低碳发展财政政策绩效测评时，由于测评主体和测评参与者自身能力和认识能力以及测评对象等客观环境所限，测评信息具有很大的主观性和模糊性等，就需要最大限度地消除这种主观性和模糊性对绩效测评结果的影

响，最大限度地保证内河航运绿色低碳发展财政政策绩效测评结果的可靠性，模糊综合评价法能够通过科学的数学方法最大限度地消除测评主体和参与者的主观因素和模糊性对绩效测评结果的影响，能够实现多因素、多层次的客观评价。本书采用模糊综合评价法构建内河航运绿色低碳发展财政政策绩效模糊综合测评模型。此模型主要包括两个部分：首先，采用层次分析法确定内河航运绿色低碳发展财政政策绩效测评指标的权重，采用 1~9 分位标度法进行指标间重要程度的两两比较确定绩效测评指标的权重；其次，在层次分析确定的绩效测评指标权重的基础上，采用多层次模糊综合评价法对内河航运绿色低碳发展财政政策绩效进行综合测评分析。内河航运绿色低碳发展财政政策绩效模糊综合测评模型详见图 9 - 3。

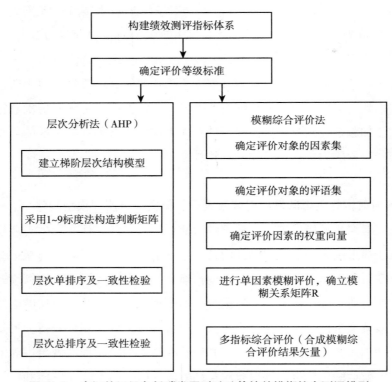

图 9 - 3　内河航运绿色低碳发展财政政策绩效模糊综合测评模型

9.5.5　内河航运绿色低碳发展财政政策绩效测评实证研究

1. 浙江内河航运发展概述

浙江，因水而名，因水而兴。自南向北、自西向东，水串联起了浙江省 11 个中心城市，连接了 4 大都市圈、所有地级中心城市、一半以上县市区和浙北水网绝大多数产业园区。浙江省境内河流众多，水网密布。目前，浙江省内河水上运输运量主要集中在 20 条内河骨干航道上。截至 2016 年底浙江省内河航道里程达到 9769.3 公里，其中 500 吨级及以上高等级航道里程 1451.1 公里（居全国第三位）。长三角高等级航道网规划航道达标率为 56%，浙江省内河航道养护和管理水平处于全国领先水平。浙江省现有杭州港、宁波内河港、嘉兴内河港、湖州港、绍兴港、兰溪港、青田港等 7 个内河港口，其中杭州港、嘉兴内河港、湖州港为全国内河主要港口。2016 年内河港口完成货物吞吐量 2.7 亿吨，完成集装箱吞吐量 36.5 万标箱。

浙江省运力规模和结构位居全国前列。到 2016 年底，全省运力规模达到 2585 万载重吨，其中海运运力为 1831.6 万载重吨，居全国第一。浙江省完成水路客运量 3949.9 万人，旅客周转量 5.8 亿人公里，完成水路货运量 7.8 亿吨、周转量 7950.6 亿吨公里。浙江省内河运输船舶 1.3 万艘，运力规模 451.2 万载重吨，2016 年全省内河完成水路货运量 2.0 亿吨，内河港口完成集装箱吞吐量 36.5 万标箱。

依托"互联网＋"的便利，浙江省初步建成了以办公自动化、监管立体化、服务网络化、指挥协同化为特征的智慧型港航，着力推进智慧港航"云网合一"架构，基本建成以电子报告、电子巡航、电子执法为依托的港航管理新机制。

浙江将持续推进内河水运复兴行动计划，以三级、四级航道建设为重点，建设以京杭运河、杭甬运河、钱塘江为核心的 10 条江海河联运主通道，加快覆盖全省 11 个中心城市和一半以上县市区，以及一大批产业园区的江海河联运航道网络建设，高水平构建服务四大经济发展的水路交通走廊，与沿海港口进行深度对接融合。以杭甬运河对接宁波舟山港，以杭平申线、乍嘉苏线航道对接嘉兴港，以瓯江对接温州港，以椒江对接台州港，利用点线的贯通，将整个内河水运航道与河港、海港变成统一的整体，助力建成"两点一线、由陆到海"的江海河联运体系。预计到 2020 年，浙江省内河货运量将达到 2.5 亿吨，沿海港口江海联运货运量将达到 3.5 亿吨。

2. 浙江内河航运绿色低碳发展政策概况

（1）"八八战略"。"八八战略"指的是 2003 年 7 月，中共浙江省委举行第十一届四次全体（扩大）会议，提出的面向未来发展的八项举措，即进一步发挥八个方面的优势、推进八个方面的举措。具体内容：①进一步发挥浙江的体制机制优势，大力推动以公有制为主体的多种所有制经济共同发展，不断完善社会主义市场经济体制。②进一步发挥浙江的区位优势，主动接轨上海、积极参与长江三角洲地区交流与合作，不断提高对内对外开放水平。③进一步发挥浙江的块状特色产业优势，加快先进制造业基地建设，走新型工业化道路。④进一步发挥浙江的城乡协调发展优势，统筹城乡经济社会发展，加快推进城乡一体化。⑤进一步发挥浙江的生态优势，创建生态省，打造"绿色浙江"。⑥进一步发挥浙江的山海资源优势，大力发展海洋经济，推动欠发达地区跨越式发展，努力使海洋经济和欠发达地区的发展成为我省经济新的增长点。⑦进一步发挥浙江的环境优势，积极推进基础设施建设，切实加强法治建设、信用建设和机关效能建设。⑧进一步发挥浙江的人文优势，积极推进科教兴省、人才强省，加快建设文化大省。习近平同志在"八八战略"中明确提出，要进一步发挥浙江的生态优势，创建生态省，打造"绿色浙江"。2005 年他进而提出"绿水青山就是金山银山"的科学论断。之后历届浙江省委秉持这种精神，加强环境保护，加强对水、土壤、空气的治理，在全国第一个制定了生态省建设的规划纲要，率先制定并实施水权交易、排污权有偿使用、生态补偿等制度。加快发展循环经济、绿色经济，以铁的决心和举措实施"五水共治""三改一拆"，在全省五级建立"河长制"，培育生态文化，推进内河航运绿色低碳发展。

（2）《关于全面实施"河长制"进一步加强水环境治理工作的意见》（浙委发〔2013〕36 号）、"五水共治"和《关于推进绿色内河航运的实施意见》。推进船舶污染治理，依法强制报废超过使用年限的船舶，新投入使用的船舶严格按照国家要求执行相关环保标准，其他船舶于 2020 年底前完成改造；经改造仍不能达到要求的，限期予以淘汰。增强港口码头污染防治能力，港口码头等船舶集中停泊区域，必须建立健全含油污水、垃圾接收转运处理机制，提高污染事故应急处置能力。强化船舶危险品作业和涉污作业现场监管。规范拆船行为，禁止冲滩拆解，沿海和内河的港口、码头、装卸站及船舶修造厂分别于 2017 年底前和 2020 年底前具备船舶含油污水、化学品洗舱水、生活污水和垃圾等接收能力，并做好与城市市政公共处理设施的衔接，全面实现船舶污染物按规定处置。

（3）政策实施效果。"十二五"期间，积极响应"两美"浙江和"五水共治"的要求，加快以"三不一推"为主题的绿色港航建设，推进生态文明建设，着力发挥水运在节能减排、低碳环保方面的优势。浙江绿色港航建设累计投入财政资金 56 亿元，争取中央财政资金 7000 万元，积极推进清洁能源船舶、节能标准船型的开发应用，共拆改老旧船舶和小吨位船舶 2032 艘，拆改沿海老旧船舶 23 艘。完成 10 处船舶油污水接收点、200 处船舶垃圾接收点建设，关停"小、散、乱"码头 82 家。全国率先在各设区市制定出台船舶污染物联合监管制度。加快实施绿色港口和绿色航道创建工作。推广港口岸电和油改电等技改措施，开展靠港船舶使用岸电改造试点工程。深入推进湖嘉申线湖州段创建"五水共治"生态样板航道，开展嘉善芦墟塘绿色生态航道养护试点。

3. 内河航运绿色低碳发展政策绩效模糊综合测评

在政策绩效测评中不同的指标对政策绩效测评的影响是不相同的，需要对不同的测评指标赋予不同的权重，政策绩效测评指标的权重直接影响着对内河航运绿色低碳发展财政政策绩效测评结果。本书采用层次分析法（AHP）对内河航运绿色低碳发展财政政策绩效测评指标权重进行确定，进而运用模糊综合评价法对内河航运绿色低碳发展财政政策绩效进行模糊综合测评。

（1）指标权重

①绩效测评指标体系。

内河航运绿色低碳发展财政政策绩效测评研究所采用的测评指标体系为

9.5.3 节研究确定的测评指标体系，详见表 9 - 11。各测评指标的相关描述在 9.5.3 节展开了详细的阐述。

表 9 - 11　　　　　内河航运绿色低碳发展财政政策绩效测评指标体系

	一级测评指标	二级测评指标
内河航运绿色低碳发展财政政策绩效测评指标体系	政策制定（B_1）	可行性 B_{11}
		合理性 B_{12}
		公平性 B_{13}
		参与性 B_{14}
	政策文本（B_2）	目标明确性 B_{21}
		政策系统性 B_{22}
		政策科学性 B_{23}
		权责明确性 B_{24}
	政策执行（B_3）	管理效率 B_{31}
		执行效率 B_{32}
		政策效率 B_{33}
		影响力 B_{34}
	政策结果（B_4）	社会效益 B_{41}
		经济效益 B_{42}
		环境效益 B_{43}
		船舶环保达标率 B_{44}

②指标权重。

本书采用层次分析法计算确定内河航运绿色低碳发展财政政策绩效测评指标体系中各指标的权重，把绩效测评指标体系中的同一层测评指标相对于上一层测评指标的两两比较，得到指标的相对重要性。测评指标两两比较工作邀请行业专家采用表 AHP 比例标度表的评分方法判断两个指标对于内河航运绿色低碳发展的相对重要性，进行两两对比分析，并进行指标间的相对重度赋值确定指标权重，得到比较判断矩阵如下（见表 9 - 12 ~ 表 9 - 17）：

表 9 – 12 AHP 比例标度

评分	说明
A/B = 1/1	指标 A 与 B 相比，具有相同重要性
A/B = 3/1	指标 A 与 B 相比，A 比 B 稍微重要
A/B = 1/3	指标 A 与 B 相比，B 比 A 稍微重要
A/B = 5/1	指标 A 与 B 相比，A 比 B 明显重要
A/B = 1/5	指标 A 与 B 相比，B 比 A 明显重要
A/B = 7/1	指标 A 与 B 相比，A 比 B 重要得多
A/B = 1/7	指标 A 与 B 相比，B 比 A 重要得多
A/B = 9/1	指标 A 与 B 相比，A 比 B 极端重要
A/B = 1/9	指标 A 与 B 相比，B 比 A 极端重要
2/1，4/1，6/1，8/1 或 1/2，1/4，1/6，1/8	上述相邻判断的中间值

表 9 – 13 一级测评指标的判断矩阵及相对权重

评价因素	B_1	B_2	B_3	B_4	归一化权重
B_1	1	2	3	3	0.4554
B_2	1/2	1	2	2	0.2628
B_3	1/3	1/2	1	1	0.1409
B_4	1/3	1/2	1	1	0.1409
λ_{max}	4.0104				
CI	0.0168				$\sum$ = 1
CR	0.0038 < 0.1 矩阵满足一致性检验				

表 9 – 14 一级测评指标 B_1 下二级测评指标权重

评价因素	B_{11}	B_{12}	B_{13}	B_{14}	归一化权重
B_{11}	1	4	3	1	0.1071
B_{12}	1/4	1	1/3	1/4	0.5216
B_{13}	1/3	3	1	1/3	0.2617
B_{14}	1	1/4	1/3	1	0.1051
λ_{max}	3.9908				
CI	0.0281				$\sum$ = 1
CR	0.035 < 0.1 矩阵满足一致性检验				

表 9 – 15   一级测评指标 B_2 下二级测评指标权重

评价因素	B_{21}	B_{22}	B_{23}	B_{24}	归一化权重
B_{21}	1	4	3	5	0.0768
B_{22}	1/4	1	1/2	1/3	0.4711
B_{23}	1/3	2	1	2	0.1878
B_{24}	1/5	3	1/2	1	0.2685
λ_{max}	4.1986				
CI	0.0628				$\sum = 1$
CR	0.0681 < 0.1 矩阵满足一致性检验				

表 9 – 16   一级测评指标 B_3 下二级测评指标权重

评价因素	B_{31}	B_{32}	B_{33}	B_{34}	归一化权重
B_{31}	1	2	5	3	0.0917
B_{32}	1/2	1	3	2	0.2326
B_{33}	1/5	1/3	1	1/2	0.3875
B_{34}	1/3	1/2	2	1	0.2887
λ_{max}	4.1827				
CI	0.0712				$\sum = 1$
CR	0.0629 < 0.1 矩阵满足一致性检验				

表 9 – 17   一级测评指标 B_4 下二级测评指标权重

评价因素	B_{41}	B_{42}	B_{43}	B_{44}	归一化权重
B_{41}	1	5	7	3	0.5797
B_{42}	1/5	1	1	3	0.1739
B_{43}	1/7	1	1	3	0.1391
B_{44}	1/3	1/3	1/3	1	0.0923
λ_{max}	4.1627				
CI	0.0178				$\sum = 1$
CR	0.0217 < 0.1 矩阵满足一致性检验				

通过上述判断矩阵和测评指标权重的计算，最终得到内河航运绿色低碳发展财政政策绩效测评指标的权重，详见表 9 - 18。

表 9 - 18　　　内河航运绿色低碳发展财政政策测评指标体系及其权重

	一级测评指标	权重	二级测评指标	权重
内河航运绿色低碳发展财政政策绩效测评指标体系	政策制定（B₁）	0.4554	可行性 B₁₁	0.1071
			合理性 B₁₂	0.5216
			公平性 B₁₃	0.2617
			参与性 B₁₄	0.1051
	政策文本（B₂）	0.2628	目标明确性 B₂₁	0.0768
			政策系统性 B₂₂	0.4711
			政策科学性 B₂₃	0.1878
			权责明确性 B₂₄	0.2685
	政策执行（B₃）	0.1409	管理效率 B₃₁	0.0917
			执行效率 B₃₂	0.2326
			政策效率 B₃₃	0.3875
			影响力 B₃₄	0.2887
	政策结果（B₄）	0.1409	社会效益 B₄₁	0.5797
			经济效益 B₄₂	0.1739
			环境效益 B₄₃	0.1391
			船舶环保达标率 B₄₄	0.0923

（2）内河航运绿色低碳发展财政政策绩效模糊综合测评

在计算得到各个指标的权重基础上，采用模糊综合评价法构建内河航运绿色低碳发展财政政策绩效测评模型，对政策所获的效果进行科学测评。

根据表 9 - 11 所示的内河航运绿色低碳发展财政政策绩效测评指标体系可知，政策绩效测评指标体系共有两级指标构成，需要首先对一级指标所对应的二级指标进行模糊综合评价，然后与对应的一级指标的权重系数进行相应的模糊综合，得到该类指标的二级模糊综合评价。通过借鉴已有的研究文献资料和咨询行业内的专家，将内河航运绿色低碳发展财政政策绩效模糊综合测评结果划分为

5 个级别，并且每个级别都设立了不同的分值。政策绩效测评指标的评价集合为 $V = \{v_1，v_2，v_3，v_4，v_5\} = \{$很好，好，一般，较差，差$\}$，评价集所对应的评价分值集合表示为 $U = \{u_1，u_2，u_3，u_4，u_5\} = \{90，80，70，60，40\}$。

①建立一级指标之于二级指标的评价子集，具体如下所示：

$$B_1 = \{B_{11}，B_{12}，B_{13}，B_{14}\}$$
$$B_2 = \{B_{21}，B_{22}，B_{23}，B_{24}\}$$
$$B_3 = \{B_{31}，B_{32}，B_{33}，B_{34}\}$$
$$B_4 = \{B_{41}，B_{42}，B_{43}，B_{44}\}$$

即对应于目标层一共有 4 个一级测评指标，每个一级测评指标下又各对应有 4 个二级指标。

②建立评价集合。

建立评价集合 $V = \{v_1，v_2，v_3，v_4，v_5\} = \{$很好，好，一般，较差，差$\}$，分别对应分值为 $U = \{u_1，u_2，u_3，u_4，u_5\} = \{90，80，70，60，40\}$。

③构建隶属度模糊矩阵。用隶属度描述所有二级测评指标隶属于评判集 U 的程度，得出单因素模糊评判矩阵。根据表 9 – 19，分别求解各一级测评指标下相对应的二级评价指标模糊评价向量，再将各一级评价指标下的所有二级评价指标的评价向量叠加，组合为最终的模糊评价矩阵，并采用和积法进行各一级评价指标下相对应二级评价指标的模糊评价矩阵的运算，求解出一级评价指标所对应的相关隶属度子集。

表 9 – 19   内河航运绿色低碳发展财政政策绩效测评指标的模糊评价结果

	一级测评指标	二级测评指标	很好	好	一般	较差	差
内河航运绿色低碳发展财政政策绩效测评指标体系	政策制定（B_1）	可行性 B_{11}	3	3	1	1	0
		合理性 B_{12}	1	4	3	0	0
		公平性 B_{13}	1	3	3	1	0
		参与性 B_{14}	2	3	3	0	0
	政策文本（B_2）	目标明确性 B_{21}	3	4	1	0	0
		政策系统性 B_{22}	0	3	4	1	0
		政策科学性 B_{23}	2	3	2	1	0
		权责明确性 B_{24}	3	3	2	0	0

续表

	一级测评指标	二级测评指标	很好	好	一般	较差	差
内河航运绿色低碳发展财政政策绩效测评指标体系	政策执行（B_3）	管理效率 B_31	1	2	4	1	0
		执行效率 B_32	2	4	2	0	0
		政策效率 B_33	1	3	4	0	0
		影响力 B_34	2	3	3	0	0
	政策结果（B_4）	社会效益 B_41	4	2	2	0	0
		经济效益 B_42	0	4	3	1	0
		环境效益 B_43	5	2	1	0	0
		船舶环保达标率 B_44	4	3	1	0	0

1）一级测评指标 B_1 的二级测评指标的模糊评价结果计算如下：

$$R_{11} = [3/8,\ 3/8,\ 1/8,\ 1/8,\ 0],\ R_{12} = [1/8,\ 4/8,\ 3/8,\ 0,\ 0],$$

$$R_{13} = [1/8,\ 3/8,\ 3/8,\ 1/8,\ 0]\quad R_{14} = [2/8,\ 3/8,\ 3/8,\ 0,\ 0]$$

进而可得单因素"政策制定"的模糊评价矩阵 R_1：

$$R_1 = \begin{bmatrix} 0.375 & 0.375 & 0.125 & 0.125 & 0 \\ 0.125 & 0.5 & 0.375 & 0 & 0 \\ 0.125 & 0.375 & 0.375 & 0.125 & 0 \\ 0.25 & 0.375 & 0.375 & 0 & 0 \end{bmatrix}, \text{对 } R_1 \text{ 进行复合运算，即}$$

$$W_1 \times R_1 = [0.1071,\ 0.5216,\ 0.2617,\ 0.1051] \begin{bmatrix} 0.375 & 0.375 & 0.125 & 0.125 & 0 \\ 0.125 & 0.5 & 0.375 & 0 & 0 \\ 0.125 & 0.375 & 0.375 & 0.125 & 0 \\ 0.25 & 0.375 & 0.375 & 0 & 0 \end{bmatrix}$$

$$= [0.1644,\ 0.4385,\ 0.3465,\ 0.0461,\ 0]$$

2）一级测评指标 B_2 的二级测评指标的模糊评价结果计算如下：

$$R_{21} = [3/8,\ 4/8,\ 1/8,\ 0,\ 0],\ R_{22} = [0,\ 3/8,\ 4/8,\ 1/8,\ 0],$$

$$R_{23} = [2/8,\ 3/8,\ 2/8,\ 1/8,\ 0],\ R_{24} = [3/8,\ 3/8,\ 2/8,\ 0,\ 0]$$

进而可得单因素"政策文本"的模糊评价矩阵 R_2：

$$R_2 = \begin{bmatrix} 0.375 & 0.5 & 0.125 & 0 & 0 \\ 0 & 0.375 & 0.5 & 0.125 & 0 \\ 0.25 & 0.375 & 0.25 & 0.125 & 0 \\ 0.375 & 0.375 & 0.25 & 0 & 0 \end{bmatrix}$$，对 R_2 进行复合运算，即

$$W_2 \times R_2 = [0.0768, 0.4711, 0.1878, 0.2685] \begin{bmatrix} 0.375 & 0.5 & 0.125 & 0 & 0 \\ 0 & 0.375 & 0.5 & 0.125 & 0 \\ 0.25 & 0.375 & 0.25 & 0.125 & 0 \\ 0.375 & 0.375 & 0.25 & 0 & 0 \end{bmatrix}$$

$$= [0.1764, 0.3861, 0.3592, 0.0824, 0]$$

3）一级测评指标 B_3 的二级测评指标的模糊评价结果计算如下：

$$R_{31} = [1/8, 2/8, 4/8, 1/8, 0], \quad R_{32} = [2/8, 4/8, 2/8, 0, 0],$$

$$R_{33} = [1/8, 3/8, 4/8, 0, 0], \quad R_{34} = [2/8, 3/8, 3/8, 0, 0]$$

进而可得单因素"政策执行"的模糊评价矩阵 R_3：

$$R_3 = \begin{bmatrix} 0.125 & 0.25 & 0.5 & 0.125 & 0 \\ 0.25 & 0.5 & 0.25 & 0 & 0 \\ 0.125 & 0.375 & 0.5 & 0 & 0 \\ 0.25 & 0.375 & 0.375 & 0 & 0 \end{bmatrix}$$，对 R_3 进行复合运算，即

$$W_3 \times R_3 = [0.0917, 0.2326, 0.3875, 0.2887] \begin{bmatrix} 0.125 & 0.25 & 0.5 & 0.125 & 0 \\ 0.25 & 0.5 & 0.25 & 0 & 0 \\ 0.125 & 0.375 & 0.5 & 0 & 0 \\ 0.25 & 0.375 & 0.375 & 0 & 0 \end{bmatrix}$$

$$= [0.1902, 0.3928, 0.4060, 0.0115, 0]$$

4）一级测评指标 B_4 的二级测评指标的模糊评价结果计算如下：

$$R_{41} = [4/8, 2/8, 2/8, 0, 0], \quad R_{42} = [0, 4/8, 3/8, 1/8, 0],$$

$$R_{43} = [5/8, 2/8, 1/8, 0, 0], \quad R_{44} = [4/8, 3/8, 1/8, 0, 0]$$

进而可得单因素"政策效果"的模糊评价矩阵 R_4：

$$R_4 = \begin{bmatrix} 0.5 & 0.25 & 0.25 & 0 & 0 \\ 0 & 0.5 & 0.375 & 0.125 & 0 \\ 0.625 & 0.25 & 0.125 & 0 & 0 \\ 0.5 & 0.375 & 0.125 & 0 & 0 \end{bmatrix}$$，对 R_4 进行复合运算，即

$$W_4 \times R_4 = \begin{bmatrix} 0.5797, & 0.1739, & 0.1391, & 0.0923 \end{bmatrix} \begin{bmatrix} 0.5 & 0.25 & 0.25 & 0 & 0 \\ 0 & 0.5 & 0.375 & 0.125 & 0 \\ 0.625 & 0.25 & 0.125 & 0 & 0 \\ 0.5 & 0.375 & 0.125 & 0 & 0 \end{bmatrix}$$

$$= \begin{bmatrix} 0.4229, & 0.3013, & 0.2391, & 0.0217, & 0 \end{bmatrix}$$

综上所述，得到内河航运绿色低碳发展财政政策绩效综合评价矩阵 R，则有：

$$R = \begin{bmatrix} R_1 \\ R_2 \\ R_3 \\ R_4 \end{bmatrix} = \begin{bmatrix} 0.1644 & 0.4385 & 0.3465 & 0.0461 & 0 \\ 0.1764 & 0.3861 & 0.3592 & 0.0824 & 0 \\ 0.1902 & 0.3928 & 0.4060 & 0.0115 & 0 \\ 0.4229 & 0.3013 & 0.2391 & 0.0217 & 0 \end{bmatrix}$$

④一级模糊综合测评。

由前述权重计算已确定一级测评指标权重为 $W = \begin{bmatrix} 0.4554, & 0.2628, & 0.1409, & 0.1409 \end{bmatrix}$

$$综合评价矩阵 R = \begin{bmatrix} 0.1644 & 0.4385 & 0.3465 & 0.0461 & 0 \\ 0.1764 & 0.3861 & 0.3592 & 0.0824 & 0 \\ 0.1902 & 0.3928 & 0.4060 & 0.0115 & 0 \\ 0.4229 & 0.3013 & 0.2391 & 0.0217 & 0 \end{bmatrix}$$

故此次绩效评价的最终综合评价的结果为：

$$Z = W \times R = \begin{bmatrix} 0.4554, & 0.2628, & 0.1409, & 0.1409 \end{bmatrix}$$

$$\begin{bmatrix} 0.1644 & 0.4385 & 0.3465 & 0.0461 & 0 \\ 0.1764 & 0.3861 & 0.3592 & 0.0824 & 0 \\ 0.1902 & 0.3928 & 0.4060 & 0.0115 & 0 \\ 0.4229 & 0.3013 & 0.2391 & 0.0217 & 0 \end{bmatrix}$$

$$= \begin{bmatrix} 0.2076, & 0.3990, & 0.3773, & 0.0473, & 0 \end{bmatrix}$$

根据绩效测评指标的评价集所对应的分值集合表示为 $U = \{u_1, u_2, u_3, u_4, u_5\} = \{90, 80, 70, 60, 40\}$，以及所求的最终评价结果 Z，可得到内河航运绿色低碳发展财政政策绩效测评的最终分值为：

$$Z \times U = \begin{bmatrix} 0.2076, & 0.3990, & 0.3773, & 0.0473, & 0 \end{bmatrix} \begin{bmatrix} 90 \\ 80 \\ 70 \\ 60 \\ 40 \end{bmatrix} = 79.853$$

因此，通过对浙江内河航运绿色低碳发展财政政策绩效测评，测评研究的最终分值为 79.853，浙江内河航运绿色低碳发展财政政策实施效果的测评整体较好。

（3）测评结果分析

浙江内河航运绿色低碳发展财政政策绩效测评结果的最终分值为 79.853，浙江内河航运绿色低碳发展财政政策的效果达到"好"，效果符合预期。说明浙江内河航运践行"绿水青山就是金山银山"理念产生了比较好的社会、经济、生态环境等效应。具体分析如下：

①对内河航运绿色低碳发展财政政策绩效测评结果因素分析和因果分析显示，"政策制定""政策文本""政策执行"和"政策效果"方面因素的权重分别为 0.4554、0.2628、0.1409、0.1409，"政策制定"方面因素的重要程度远大于"政策执行"和"政策效果"方面因素的重要，"政策文本"方面因素重要程度次之，从政策的全过程来看，这四方面因素的权重与实际情况相符合，俗话说"好的开始是成功的一半"，政策制定的目标明确，合理性、公平性程度，政策相关利益主体参与性，包括行政机构和专家，政策受众及其他利益相关主体的参与度。政策制定需要经过科学、系统地调研、论证，在制定政策时，全面系统考虑政策的整体与部分关系，防止各项政策相对孤立的存在。让相关利益主体充分参与政策制定。做好政策系统性规划，明确各责任部门目标，建立完善的信息共享机制、配套考察机制、长效推动机制，保障各部门在实现各自责任目标的基础上相互配合协调，以实现整体政策目标。从而为制定科学可行的政策文本内容、相关利益主体知晓理解、政策顺利执行打下良好的基础，最终政策取得好的效果。

②内河航运绿色低碳发展财政政策绩效模糊测评最终结果显示，浙江内河航运绿色低碳发展财政政策的实施效果好，其中，"政策效果"方面指标的模糊隶

属度最高，"政策效果"方面指标值贡献大，96%以上隶属于很好和好，说明浙江内河航运绿色低碳发展财政政策实施的效果一致认为好。因此，总体上看，浙江内河航运绿色低碳发展财政政策取得了较好的绩效结果，究其原因，历届浙江政府坚持以"八八战略"为总纲，积极践行"绿水青山就是金山银山"重要思想，推进浙江经济、政治、文化、社会、生态文明建设各项事业取得进展，浙江社会公众的生态环境保护意识强，投入大量人力、物力和财力加强生态环境保护，导致浙江内河航运绿色低碳发展财政政策绩效模糊测评的隶属度和测评最终结果为好。

9.6

对策建议

财政政策是国家治理的基础和重要支柱。财政政策作为国家实行宏观经济调控的重要政策手段，对于完善市场机制，促进社会经济的综合协调发展有着重要影响，财政对促进绿色循环低碳发展具有引导作用。由于绿色循环低碳发展具有一定的公共产品属性，其外部性造成的市场失灵必须依赖政策手段加以解决，实施财政政策加以引导的必要性更加显著。特别内河航运绿色发展，合适的财政政策安排，能推动内河航运节能和环保，推动能源替代和新能源的使用，从而推动内河航运绿色发展。

1. 加大财政支持内河航运绿色发展的投入倾斜力度

切实加大财政投入，鼓励、支持内河航运绿色发展的正外部性，政府对内河航运市场行为有利于资源节约和环境保护的正外部性给予其相应的财政补贴，通过财政投资、财政补贴、加速折旧、投资抵免等税式支出政策，鼓励对老旧船舶拆解改造、船舶标准化、新能源船舶、船舶节能和环保设备的补贴，加大对内河船舶采用环保和节能技术和设备等方面的支持，把外部效益转化为内河航运市场主体的内部效益。

2. 优化财政支持内河航运绿色发展的投入结构

加大支持内河航运节能减排投入。整合现有节能减排专项资金、可再生能源专项资金等多种专项资金，形成统一的、具有一定资金规模的节能减排发展专项资金，提高资金使用效率，强化节能投资力度，鼓励新能源技术、节能技术、环保新技术的开发和推广。加快支持节能和环保服务产业的培育和发展，支持内河航运节能减排科技的研发、示范和推广。

3. 创新财政支持内河航运绿色发展的投入形式

结合内河航运特点，综合运用财政预算投入、设立基金、补贴、奖励、贴息、担保等多种形式，最大限度地发挥财政投入的效益。在财政投入使用方式上，多地采用财政贴息等间接优惠方式，调动银行贷款和其他社会资金投入内河航运绿色发展，发挥财政资金的引导调控作用，放大财政资金的支持功效。

4. 探索建立多元化投入机制

鼓励和支持民间团体等社会资本投入内河航运绿色发展，明确内河航运企业、内河船东环保投资的主体地位。通过出台相应优惠政策，积极发挥财政的引导作用，吸引企业投融资于内河航运绿色发展。借鉴 OECD 国家的成熟经验，设立生态环保投资基金，对发展前景良好的内河航运环保项目进行投资，弥补环保资金供求缺口。引导银行加大对内河航运绿色发展的投资，解决企业和政府的资金需求问题。

第10章

内河航运绿色低碳发展的
税收政策研究

10.1

概　　述

随着我国经济的迅速发展，人们环保意识的提高，绿色低碳发展逐渐成为关注的焦点。党的十八届三中、四中全会明确提出：用严格的法律制度保护生态环境。十八届五中全会提出实现"十三五"时期发展目标必须牢固树立创新、协调、绿色、开放、共享的发展理念。党的十九大报告提出建设生态文明是中华民族永续发展的千年大计，必须树立和践行"绿水青山就是金山银山"的理念，坚持节约资源和保护环境的基本国策。加快建立绿色生产和消费的法律制度和政策导向，建立健全绿色低碳循环发展的经济体系。作为建设美丽中国的重要基础，推进绿色低碳发展需要多管齐下，包括建立绿色生产及消费的法律制度和政策导向、构建市场导向的绿色技术创新体系、发展绿色金融等。在市场经济体制下，生态环境保护问题是不能完全靠市场来解决的。因为大多数市场主体完全是根据自身经济利益最大化的目标决定自己的经济行为，他们往往既不从全局考虑宏观经济效益，也不会自觉地考虑生态效率和环境保护问题。正是基于此，那些高消耗高污染、内部成本较低而外部成本较高的企业或产品会在高额利润的刺激下盲目发展，从而造成资源的浪费、环境的污染和破坏，降低宏观经济效益和生态效率。对此，市场本身是无法进行自我矫正的。为了弥补市场的这一天然缺陷，政府必须采取各种手段对经济活动进行必要的干预。除通过法律和行政等手段来规范市场主体的行为之外，政府还应采用税收等经济手段进行宏观调控。税收是政府对社会经济生活进行宏观调控的一种重要工具和手段，在保护生态环境、推进绿色发展方面将发挥越来越重要的作用。为此，内河航运绿色低碳发展呼唤"绿色税收"体系。

10. 2

税收政策与内河航运绿色低碳发展

1. 税收政策的内涵

税收政策主要是通过征收环境税等，加大排污者违法成本，同时采取减免税等税收优惠，引导和鼓励企业购买污染治理设施，实施技术改造和节能减排，进而提高生态环境防治水平。其中绿色税收就是将"绿水青山就是金山银山"体现在税收实践的方方面面，税收政策是促进绿色低碳发展的重要手段，为此，应充分发挥税收在支持内河航运绿色低碳发展、保护和改善内河流域生态环境等方面的支撑作用。

税收政策是政府宏观调控的重要手段之一，它利用税收政策影响纳税人的实际收入，进而调节纳税人的行为活动。税收政策主要包括：征收各种环境税收和税收优惠等。其中税收优惠的形式有税收抵免、投资抵免，减税等方式，税收政策会对市场经济运行产生两种效应：积极效应和消极效应。税收优惠的实施有助于形成税收激励，促进企业行为绿色低碳化，加快绿色低碳发展，从而实现产业结构的优化升级和经济的可持续发展。同样，税收政策通过增加企业经营成本，产生消极效应，限制企业污染行为，从而起到保护生态环境的目的。

2. 税负转移

所谓税负转移，就是指在商品交换过程中，纳税人通过提高商品销售的价格或者是压低商品购进的价格等办法把税负转移给他人负担的一种经济现象。每一种经济现象的产生都有其特定的社会经济基础。税收最基本的含义就是纳税人向国家无偿提供利益。在商品经济的条件下，商品的交换和市场的供求变动就为纳税人因向国家无偿提供产品或者货币而损失的那部分利益提供了弥补条件，这个弥补的过程就是税负的转移过程。商品经济促成了税负转移，然而税负转移也在一定程度上加深了商品价格与价值相互背离的矛盾。为了维护国家税收的公共利益，在税收的使用上有效地充分用于发展公共事业，促进生产发展，使每个公民都能够从中获得利益，那么从社会的整体上来说就淡化了税负的转移，弥补了因为税负转移而带来的不利影响，从本质上也符合国家税收的起源，尽可能清晰地展现出国家与纳税人之间相对公平的利益分配关系。税收政策支持绿色低碳发展就是合理转移税负。环境税属于间接税，存在税负转移问题，这是税负转嫁理论的一般常识。但税负转嫁也是有条件的，并非所有的税负都能顺畅地转嫁出去。不过，对待环境税的转嫁问题，要辩证地看待，并非不转嫁就是好事。

对于环境税，在市场竞争压力下，纳税企业首先调整自己的生产经营策略，提高生产效率和资源利用率，消化一部分税负。长期看，则倒逼企业加大技改投入，采用清洁生产技术。对于消化不掉的税负，则通过产品涨价的方式往下游传导，转嫁到其他生产者或最终消费者手中。如果传导到下游生产厂家，同样在市场竞争的压力下，下游厂家也会采取相应的对策，对消化不掉的"涨价"通过产品涨价的方式继续往下游传导。如果传导到最终消费者，消费者的理性反应当然是调整自己的消费行为和消费模式，减少对相关产品的依赖程度。可见，在这种意义上，没有正常的税负转嫁，环境税制就不是一个完美的税制。

环境税，将本应该内在化的生态环境成本纳入企业现行的产品成本核算体系之内，使其产品成本能够真实反映资源环境代价，私人成本"逼近"社会成本；然后在市场竞争机制的作用下，倒逼企业加大技术革新和改造投入，淘汰落后产能，采用清洁生产技术，最终达到减排的目的。

说到底，环境税只是一种税收工具，不是解决所有环境问题的"万应灵丹"。实现绿色低碳发展，还需要其他手段和配套措施的跟进和有效配合。如健全法律法规和政策体系；严格污染物排放标准和环境影响评价制度；强化执法监督，健全重大环境事件和污染事故责任追究制度；建立完善社会监督机制；建立健全环境产权交易机制；完善民事诉讼和赔偿制度；完善环保产业发展的财税政策等。

3. 现行税收政策对绿色低碳发展的制约

中共十八大以来，国家一直鼓励资源可持续发展、综合利用与生态环境保护，制定实施了一系列生态环境保护的税收政策，尤其是十九大以来，我国的税收制度和政策正在走一条绿色低碳之路，"绿色标准"深植于多个税种。但是从现状看，相比于快速的经济发展以及人们日益增强的生态环境要求，现行税收制度和政策在推动绿色低碳发展方面出现了明显的滞后性。

（1）缺乏完整的绿色低碳税收体系

我国现行税制中没有设置生态环境保护的税种，对生态环境的保护作用分散于有关的税种中。由于缺乏完整的绿色低碳税收体系，限制了税收对生态环境污染的调控力度。涉及的税种如企业所得税、资源税、城建税和车船税等不以保护生态环境为目的，其收入占国家税收总收入的比重较低，不足以对生态环境保护产生巨大影响。主体税种如增值税、消费税等对保护环境的功能和潜力没有挖掘出来。现行资源税没有考虑节约资源和减少污染的功能，因而覆盖面窄，许多重要的自然资源如森林、草原、海洋、水资源没有列入资源税征收范围，起不到保护生态环境的作用。

（2）生态环境保护的税收优惠缺乏系统性与科学性

由于一些税种直接或间接地含有环保因素，在一定程度上表现出税收政策缺乏系统全面的规划设计，不规范的税收优惠措施不利于鼓励企业技术创新和绿色低碳行为。现行税收政策在生态环保方面的鼓励仅局限于"三废"（废水、废气、废渣）的利用与资源节约，优惠项目少，不利于资源综合利用和开发替代性资源。同时，现行的税收优惠对技术工艺落后、资源浪费严重、急需进行技术更新的企业以及正在进行科技研发缺少鼓励。

（3）增值税促进综合利用资源缺乏针对性与灵活性

增值税对资源再利用的优惠形式单一，仅限于即征即退，缺乏科学的细化分类，针对性和灵活性不强，影响了税收优惠的实施效果。享受增值税即征即退优惠的只是很少一部分产品，许多循环链以及相应的原料及产品未被纳入。例如对农膜、农药尤其是剧毒农药免征增值税，虽然有利于降低农业生产资料的价格，保护农民利益，促进农业发展，但农药和农膜的大量使用，直接造成对生态环境的严重污染和破坏。

（4）多头征收资源税费制约绿色发展

我国目前对自然资源的开采利用，除了税收调节外，还存在大量的收费，如对土地利用涉及的有耕地占用税、土地使用税、土地增值税、土地出让金等；对矿产资源的开采利用涉及资源税、矿区使用费、矿产资源补偿费等；利用其他资源的收费如水资源补偿费、育林基金等；对超标准排放的污染物（废水、废气、废渣及环境噪声）征收排污费和生态环境恢复费等。税费并存的局面，不利于引导企业绿色发展，还严重侵蚀了资源税税基，制约了节约资源和保护环境作用的发挥，还出现逆向调节，过度开发资源开发的问题。

10.3
税收政策对内河航运绿色低碳发展的作用机理

1. 市场失灵与税收政策

市场经济中，任何经济活动都会对外部产生影响，带来正外部性或者负外部性。环境的正外部性可以带给其他经济主体利益，负外部性则带给其他经济主体损失。环境外部性所产生的成本或收益，不能通过市场价格反映出来，因此，外部性属于市场机制作用不到或者作用不了的范围，是"市场失灵"的表现。依靠市场自身调节既不能促进正外部性的扩大，又不能抑制负外部性的发展。例如内河航运发展促进了社会经济发展，但是内河航运发展会消耗能源、污染生态环境，产生负外部性。在经济可持续发展的过程中，始终存在负外部性，如资源逐渐耗尽、生态环境不断恶化的情况越发严重，经济可持续发展赖以支持的基础越发薄弱，导致市场无效率甚至失灵，而且市场失灵现象不断出现。如果不对负外部性有效遏制，市场价格体系就会失灵，经济可持续发展所赖以存在的社会、经济、环境终将持续恶化，经济发展将失去最终的基础条件。要消除这种市场失灵和负的外部性，就需要政府这只"看不见的手"的介入，税收制度和税收政策是政府最有效率工作之一。税收政策具有弥补"市场失灵"，促进资源有效配置的功能。税收政策促进内河航运绿色低碳发展的作用机制主要体现在激励和约束机制：一方面，通过加大对绿色低碳行为的税收优惠，降低节能产品、污染治理设备的成本，提高环保企业的生产积极性，以及其他企业的采购积极性，实现节能减排的目标。另一方面，通过征收环境税，提高企业排污成本。当缴纳的税费高于企业治污成本时，企业自然就会选择治理污染，实现绿色低碳发展的目标。

2. 税收政策与内河航运绿色低碳发展

生态环境具有公共物品属性，内河航运绿色低碳发展问题与外部性所导致的市场失灵密切相关。不可否认，市场制度具有有效性，但是并不是所有的市场调节都能带来有效率的结果，进而产生绿色低碳发展。市场机制失灵，无法单纯依靠市场机制激励市场主体通过减少污染排放，只能由政府干预，通过征收税收政策约束企业粗放式发展，增加企业排污成本，督促企业提高能源利用率、降低污染物排放，促进绿色低碳发展。社会经济可持续发展中，绿色低碳代表着生命、节能、环保，意味着生态文明、环境友好，是永续发展的必要条件和人民对美好生活追求的重要体现。党的十八届五中全会提出实现"十三五"时期发展目标，必须牢固树立创新、协调、绿色、开放、共享的发展理念，彰显了可持续发展、推进美丽中国建设。税收是国家财政收入的主要来源和宏观调控的重要手段，在促进绿色低碳发展中具有重要作用。围绕绿色发展做好税收，扶持好"绿色税源"、引导好"绿色低碳行为"，致力于推动内河航运绿色低碳发展。

税收政策促进内河航运绿色低碳发展的作用机制可以分为两个方面：征收环境税和税收优惠。征税可以把内河航运相关企业产生的负外部性内在化，把导致的社会成本纳入私人成本，加重污染排放者负担，约束其污染物排放量。税收优惠通过降低私人生产成本，提高企业污染排放防治的积极性，从而促进节能减排。两者作用方向相反，但是目的一致，都是为了推动环境治理，改善环境质量。

征收环境税属于市场调节工具，通过市场信号刺激企业或个人进行环境治理，而不是通过环境控制标准和方法来约束生产或消费行为。征收环境税，能减少环境污染，降低资源消耗，实现节能减排。如果环境税制度设计完善、执行严格，那么企业或个人在追求自身经济利益的过程中，既能实现环境政策目标，又能实现社会效益。

征收环境税对内河航运相关企业的长期影响是促使其采用节能绿色船舶及设施设备，提高资源的利用效率，减少能源消耗，节约生产成本，同时，寻求其他节能环保替代品，从而刺激环保产业发展，带动经济转型和可持续发展。生产过程不可避免会产生污染物排放。因此，征税不是杜绝污染物排放，而是在一定程度上促进生产者减少污染物排放。

综上所述，合理设定内河航运污染排放的环境税税率，可以发挥税收政策的市场调节作用，抑制内河航运相关企业的内河航运污染排放。在追求自身经济利益最大化的导向下，如果环境税征税高于内河航运相关企业的边际治理成本，其就会选择内河航运污染防治；反之，如果征税单位税额低于其边际治理成本，内河航运相关企业就会选择缴纳税费。因此，要实现税收政策支持内河航运绿色低碳发展的作用，必须使单位税额高于内河航运相关企业的边际防治成本。

10.4
内河航运绿色低碳发展税收政策的支付意愿实证研究

10.4.1　CVM 评估法概述

条件价值评估法（contingent valuation method，CVM）是一种典型的陈述偏好评估法，它是在假想市场的情况下，直接调查和询问人们对某一环境效益改善或资源保护措施的支付意愿（willingness to pay，WTP）或者对环境或资源质量损失的接受赔偿意愿（willingness to accept compensation，WTA），以人们的 WTP 或 WTA 来估计环境效益改善或环境质量损失的经济价值。CVM 评估法研究研究步骤：

1. 调研设计

采用条件价值评估法研究内河航运绿色低碳发展中内河航运相关企业对于税

收政策的支付意愿。首先，明确测评内河航运相关企业为内河航运污染排放支付环境税的意愿，需要调查对象回答的问题是什么。条件价值评估法通常是在一个假设的条件下询问调查对象对内河航运绿色低碳发展而支付环境税意愿，但内河航运相关企业在实际内河航运市场中对这一环境税并没有实际支付的经验，因此，这里将在假设对内河航运产生污染的相关航运公司征收环境税的条件下，内河航运相关公司对环境税支付意愿的研究。

在此基础上对内河航运绿色低碳发展中内河航运相关企业对环境税的支付意愿进行问卷设计。

2. 获取支付意愿的信息

通过一份精心设计调查问卷，向调查对象提供所要评价物品的相关信息，以便调查对象对所需评价的物品做出估价，给出支付意愿或受偿意愿。CVM 的调查方法主要有面对面调查、电话调查和邮寄信函等方式。在内河航运绿色低碳发展中向内河航运相关企业征收环境税调查过程中，选择了 CVM 常用的实际调查和邮寄信函相结合。在浙江港航管理局和海事局协助下，通过对浙江内河流域经营内河航运业务的相关船公司进行问卷调查，获取测评所需的相关数据。

3. 估计分析被调查者的支付意愿

由于调查的数据提供了参与者的直接数据而本身并不需要进一步的分析，因而对统计技术要求不高，可以通过数据直接获取影响支付意愿因素的相关结果。

本书将在直接获取结果的基础上对数据进行线性分析，以获取可靠的评估结果。

10.4.2 实证调研及数据获取

调查问卷由两部分构成，第一部分是内河航运相关船公司被调查者个人的社会经济信息，包括被调查者的职位、年龄、受教育程度等信息，用以分析支付意愿内在的影响因素。第二部分是被调查的内河航运公司的相关信息，包括内河航运公司的年收入、船舶航运频率、公司经营状况等，用以分析外在的影响因素。第三部分对被调查者环境税支付意愿的调查，其中主要问题是：是否愿意对内河航运污染排放支付环境税？通过此部分的相关信息可以获得船公司对内河航运污染排放的支付意愿。

通过调查获取的数据如表 10 – 1 和表 10 – 2 所示。

表 10 – 1　　　　内河航运公司被调查者的个人因素影响支付意愿

受教育程度	总人数	愿意支付人数	所占比例（%）
初中及以下	9	4	44.44
高中	21	12	57.14
本（专）科	54	38	70.03
本科以上	16	13	81.25
年龄	总人数	愿意支付人数	所占比例（%）
20～30	41	28	68.29
31～40	29	21	72.41
41～50	23	18	78.26
51～60	7	4	57.14
职位	总人数	愿意支付人数	所占比例（%）
客服	22	15	68.18
前台	36	25	69.44
操作员	30	26	86.67
经理	12	8	66.67

表 10 – 2　　　　内河航运公司被调查者基于公司因素影响支付意愿

公司年收入	愿意支付者所占比例（%）
高	88.67
较高	80.38
一般	76.89
较低	69.34
低	55.39

船舶航运频率	愿意支付者所占比例（%）
频繁	71.36
较频繁	85.35
一般	76.33
较低	64.92
低	77.65
经营状况	愿意支付者所占比例（%）
极好	86.74
好	79.63
一般	77.28
良好	69.64
良	57.36

10.4.3　实证分析

采用回归分析对相关数据进行处理，进行回归分析之前对数据进行赋值，具体赋值如表 10 - 3 所示：

表 10 - 3　　　　　　　　影响内河航运公司被调查者支付意愿因素赋值

年龄段	年龄赋值	公司年收入	收入赋值
20 ~ 30	1	高	5
31 ~ 40	2	较高	4
41 ~ 50	3	一般	3
51 ~ 60	4	较低	2
受教育程度	程度赋值	低	1
初中及以下	1	船舶航运频率	频率
高中	2	频繁	5
本（专）科	3	较频繁	4

续表

本科以上	4	一般	3
职位	职位赋值	较低	2
客服	1	低	1
前台	2	经营状况	状况赋值
操作员	3	极好	5
经理	4	好	4
		一般	3
		良好	2
		良	1

此次抽样调查针对船公司人员进行调查，所以被调查者的年龄段居于 20～60 期间。通过对内河航运船公司进行调查，调查过程中总调查人数 100 人，他们职业包含经理、操作员、前台等。除了职位外，还对被调查者的受教育程度和年龄等个人信息以及公司经营状况、年收入等数据进行整理分析。

1. 被调查者个人影响因素的回归分析

（1）被调查者年龄影响支付意愿的回归分析

从表 10 - 4 中可以看出相关系数为 - 0.39951553 < 0.5，说明年龄与支付意愿不呈线性相关关系，即支付意愿不会随着年龄的变化而变化。

表 10 - 4 被调查者年龄影响支付意愿的回归分析

年龄段	年龄赋值 x_i	愿意支付者所占百分比 y_i	$x_i y_i$	x_i^2	y_i^2
20～30	1	68.29	68.29	1	4663.5241
31～40	2	72.41	144.82	4	5243.2081
41～50	3	78.26	234.78	9	6124.6276
51～60	4	57.14	228.56	16	3264.9796
求和	10	276.1	676.45	30	19296.3394

年龄段	年龄赋值 x_i	愿意支付者所占百分比 y_i	$x_i y_i$	x_i^2	y_i^2
平均	2.5	69.025			
b	a	r			
-2.76	75.925	-0.399591553			

根据所得数据得到年龄影响支付意愿的回归分析离散图如图 10 - 1 所示:

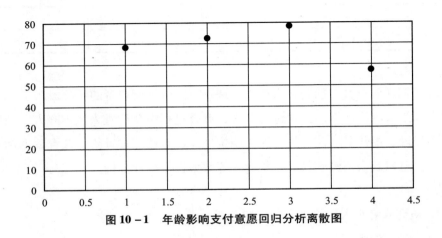

图 10 - 1　年龄影响支付意愿回归分析离散图

（2）被调查者受教育程度影响支付意愿的回归分析

从表 10 - 5 中可以看出，被调查者受教育程度与支付意愿的线性相关系数为 0.999509444 > 0.5，说明受教育程度与支付意愿呈正线性相关。意味着被调查者的受教育程度越高，其对于内河航运污染排放支付环境税的意愿就越强烈。

表 10 - 5　　　　　被调查者受教育程度影响支付意愿的回归分析

受教育程度	程度赋值 x_i	愿意支付者所占百分比 y_i	$x_i y_i$	x_i^2	y_i^2
初中及以下	1	44.44	44.44	1	1974.9136
高中	2	57.14	114.28	4	3264.9796

受教育程度	程度赋值 x_i	愿意支付者所占百分比 y_i	$x_i y_i$	x_i^2	y_i^2
本（专）科	3	70.05	210.15	9	4907.0025
本科以上	4	81.25	325	16	6601.5625
求和	10	252.88	693.87	30	16748.4582
平均	2.5	63.22			
b	a	r			
12.334	32.385	0.999509444			

根据所得数据得到受教育程度影响支付意愿的回归分析离散图如图 10 - 2 所示：

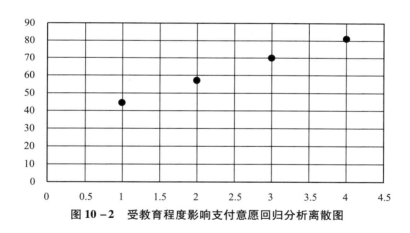

图 10 - 2　受教育程度影响支付意愿回归分析离散图

（3）被调查者职位影响支付意愿的回归分析

从表 10 - 6 中可以看出，被调查者受教育程度与支付意愿的线性相关系数为 0.175252152 < 0.5，说明受教育程度与支付意愿线性无关。意味着被调查者职位与不会影响支付意愿，即在船公司中对于内河航运污染排放支付环境税的意愿来说，该因素不受职位影响。

表 10 - 6   被调查者职位影响支付意愿的回归分析

职位	职位赋值 x_i	愿意支付者所占百分比 y_i	$x_i y_i$	x_i^2	y_i^2
客服	1	68.18	68.18	1	4648.5124
前台	2	69.44	138.88	4	4821.9136
操作员	3	86.67	260.01	9	7511.6889
经理	4	66.67	266.68	16	4444.8889
求和	10	290.96	733.75	30	21427.0038
平均	2.5	72.74			
b	a	r			
1.27	69.565	0.175252152			

根据所得数据得到职位影响支付意愿的回归分析离散图如图 10 - 3 所示：

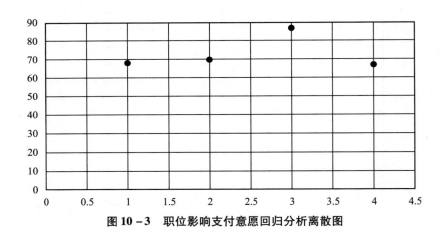

图 10 - 3   职位影响支付意愿回归分析离散图

2. 被调查者基于公司影响因素的回归分析

（1）内河航运公司年营业收入影响支付意愿的回归分析

因内河航运公司年收入一般不对外作详细透露，所以在调查问卷的设计过程中，我们选择了高、较高、一般、较低等几个等级来获取被调查内河航运公司的收入状况。

从表 10 - 7 中可以看出，船公司的年收入状况与支付意愿的线性相关系数为

0.975947522 > 0.5，说明船公司的年收入状况与支付意愿正线性相关。意味着被调查者基于公司年收入状况下，支付意愿受到公司收入的影响。当公司收入较高的情况下，船公司愿意支付环境税的可能性更大。

表 10 - 7　　　　　内河航运公司年收入影响支付意愿的回归分析

公司年收入	收入赋值 x_i	愿意支付者所占百分比 y_i	x_iy_i	x_i^2	y_i^2
高	5	88.67	443.35	25	7862.3689
较高	4	80.38	321.52	16	6460.9444
一般	3	76.89	230.67	9	5912.0721
较低	2	69.34	138.68	4	4808.0356
低	1	55.39	55.39	1	3068.0521
求和	15	370.67	1189.61	55	28111.4731
平均	3	74.134			
b	a	r			
7.76	31.72	0.975947522			

根据所得数据得到职位影响支付意愿的回归分析离散图如图 10 - 4 所示：

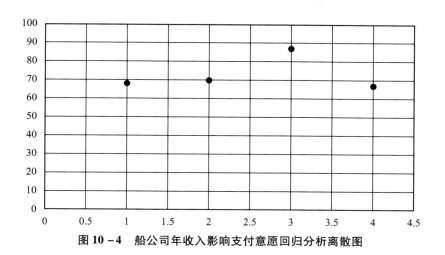

图 10 - 4　船公司年收入影响支付意愿回归分析离散图

（2）船公司经营状况影响支付意愿的回归分析

从表10-8中可以看出，船公司的经营状况与支付意愿的线性相关系数为 0.971710726 > 0.5，说明船公司的经营状况与支付意愿正线性相关。意味着被调查者基于公司年收入状况下，支付意愿受到公司经营状况的影响。当公司经营状况较好的情况下，船公司愿意支付环境税的可能性更大。

表 10-8　　　　　　　　船公司经营状况影响支付意愿的回归分析

经营状况	经营状况赋值 x_i	愿意支付者所占百分比 y_i	x_iy_i	x_i^2	y_i^2
极好	5	86.74	433.7	25	7523.8276
好	4	79.63	318.52	16	6340.9369
一般	3	77.28	231.84	9	5972.1984
良好	2	69.64	139.28	4	4849.7296
良	1	57.36	57.36	1	3290.1696
求和	15	370.65	1180.7	55	27976.8621
平均	3	74.13			
b	a	r			
6.875	34.375	0.971710726			

根据所得数据得到职位影响支付意愿的回归分析离散图如图10-5所示：

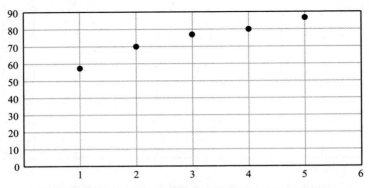

图 10-5　船公司经营状况影响支付意愿回归分析离散图

（3）船公司的船舶航运频率影响支付意愿的回归分析

从表 10 - 9 中可以看出，船公司的船舶航运频率与支付意愿的线性相关系数为 0.163436899 < 0.5，说明船公司的船舶航运频率与支付意愿线性无关。

表 10 - 9　　　　　船公司船舶航运频率影响支付意愿的回归分析

船舶航运频率	航运频率 x_i	愿意支付者所占百分比 y_i	$x_i y_i$	x_i^2	y_i^2
频繁	5	71.36	356.8	25	5092.2496
较频繁	4	85.35	341.4	16	7284.6225
一般	3	76.33	228.99	9	5826.2689
较低	2	64.92	129.84	4	4214.6064
低	1	77.65	77.65	1	6029.5225
求和	15	375.61	1134.68	55	28447.2699
平均	3	75.122			
b	a	r			
25.26735514	-20.80206542	0.163436899			

根据所得数据得到职位影响支付意愿的回归分析离散图如图 10 - 6 所示：

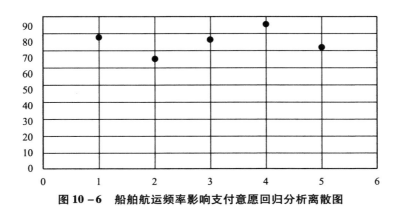

图 10 - 6　船舶航运频率影响支付意愿回归分析离散图

（4）数据分析结论

在对宁波市内内河航线运输的船公司进行问卷数据分析后，可以得到影响船公司对内河环境税支付意愿的因素可以分为两个方面：一方面是被调查者个人的因素（内在因素），另一方面是被调查者基于船公司状况因素（外在因素）所进行的考虑。

3. 内在因素影响支付意愿结论

（1）被调查者的年龄因素分析

从数据的回归分析中的相关系数可以得到结论为内河排污环境税的支付意愿与被调查者年龄线性无关，认为当前各个年龄段对内河航运污染排放征收环境税的认识是不存在差异的。对于内河航运绿色低碳发展的关注度会影响个体对内河航运污染排放征收环境税或排污费的支付意愿。

（2）被调查者受教育程度因素分析

目前，我国非常重视教育事业的发展，国家更是加大资金投入以期提高全民的文化水平。从数据的回归分析中的相关系数也可以看出支付意愿与被调查者的受教育程度线性相关。随着受教育水平的增加，人们越来越关注内河航运绿色低碳发展，看待问题也就越全面，在发展过程中就不会只从利益角度考虑问题，这样对于内河航运绿色低碳发展有着重要的意义。

（3）被调查者职位因素分析

从事不同职位，看待问题的角度会有所不同，对问题理解的程度也会有所差异。从数据的回归分析中的相关系数可以看出职位与支付意愿线性无关，即对于内河航运污染排放征收环境税或排污收费与被调查者在船公司所居的职位无关，职位高的虽然对内河航运污染的认识比较深，但可能对公司的收益问题会更为重视。

4. 外在因素影响支付意愿结论

（1）内河航运船公司年收入因素分析

只有当公司收入到一定目标时，他们才会有能力对内河航运污染排放进行缴费。从线性回归分析的相关系数中可以看出公司的营业收入状况对环境税或排污收费支付意愿有很大的影响，这也是跟公司的稳步发展息息相关的。当公司进入稳步发展阶段时，会对公司的持续发展有新的见解，这是对内河航运绿色低碳发展和生态环境保护的意识就会更为强烈。

（2）内河航运船公司经营状况因素分析

内河航运船公司经营状况越好，对公司未来期望就会越积极，所以就会采取积极的环保举措来促进公司的进一步发展，这也符合数据分析的结果。

（3）船公司船舶航运频率因素分析

船舶航运的频率越高，这意味着该船公司对内河航运污染排放的程度就会越高，同时需要缴纳的环境税或者排污费也会越多。从数据线性回归分析的相关系数可以看出，船公司的航运频率与支付意愿并不相关。也就是船公司对于征收环境税或者排污收费支付有一定认可，但对于怎样收费还存在异议。

10.5

决策与建议

我国实施生态文明建设和绿色发展战略，决定了税收政策在内河航运绿色低碳发展方面被赋予了新的使命。通过相关税收政策对资源浪费、高耗能、高污染船舶等的限制和惩罚方面，把产生的负外部性内部化，提高资源、能源的有效利用率，实现内河航运、内河船舶与内河环境的可持续发展，减缓温室气体排放的压力。根据内河航运绿色低碳发展的要求，应在以下几方面创新完善税收政策，加大税收政策扶持的力度。

（1）完善以环境保护税为核心的绿色低碳税制体系。完善以环境保护税为核心，以车船税及车辆购置税为辅助，以相关税种及税收政策为补充，各项措施奖惩并举的绿色低碳税收体系。建立绿色低碳税制体系，环境保护税的具体税种包括一般环境税、直接污染税、污染产品税、稀缺可再生资源环境税等。环境保护税的纳税人应为在我国境内从事有害环境应税产品生产和有排污行为的单位和个人。根据污染物的特点与污染程度，环境保护税实行差别税率，对有利于自然资源开发利用与保护的"绿色产业"和替代资源的产业及可再生能源产品实行零税率；对环境保护无利，又无明显不利影响的纳税人，实行基本税率；对于造成环境污染，但又不至于形成环境危害的纳税人实行惩罚性税率；对生产经营给环境造成严重危害的纳税人，税收调控已不起作用的项目，国家应在相关法律法规中禁止，采取行政的、法律的手段强行令其停产或转产。

（2）加快完善相关税收优惠政策。在现有对内河航运相关企业从事符合条件的环境保护、节能项目的所得免征或减征企业所得税的规定基础上，进一步调整和完善符合条件的相关项目的范围。例如，符合条件的环境保护项目可以包括：对内河航运相关企业生产过程中产生的废气、废液、废物进行防治以达到环保要求的项目，包括；生产环保产品的项目、环保技术研究、开发和转让项目、环境咨询、信息和技术服务等环保项目。

（3）强化资源税的环保功能。设立统一的资源税，充分发挥其促进资源节约利用的功能。一是扩大征收范围，将所有必须加以保护开发和利用的资源如矿产资源、水资源、土地资源、草场资源、森林资源、海洋资源、生物资源、新能源等列入征收范围。二是将资源性的税种以及各类资源性收费并入资源税，避免对同一资源既收费又征税的现象。三是调整税负，根据各类资源的外部成本、稀缺程度及经济效用等因素确定税率。对非再生性、非替代性、稀缺性资源课以重税，对资源回收利用、开发替代资源等行为予以税收扶持。四是改进资计税方法，全面对所有资源由从量征收改为从价征收，限制掠夺性开采与开发。

（4）强化消费税的绿色消费引导。绿色消费主要表现为选择环保、高效的产品和服务，降低消费过程中的资源消耗和污染排放。只要对生态环境产生直接或间接损害的都应征收消费税。将无法回收利用或难以降解的材料制造的产品，资源消耗量大，使用中可能对环境造成破坏，有相关的"绿色产品"可以替代的消费品，纳入消费税征收范围。对使用不可再生资源、稀缺资源生产的消费品以及超过国家能源消耗标准的产品从重征收，以节制对使用资源的消费。在引导绿色消费方面，对资源消耗量小、不会对环境造成污染的绿色产品、清洁产品以及使用新型或可再生能源的低能耗的交通工具等征收较低的消费税；对于循环利用资源生产的产品和达到节能和环保标准的消费品免征消费税；对使用石化产品以外的新型能源、"绿色"燃料的车辆免征消费税，以促使消费者和制造商选择有益于环保的产品。

（5）突出企业所得税绿色发展的引导作用。企业用于节能和环保产品的费用，可在当年企业所得税前据实列支；采取减免税额、延期纳税等直接优惠和加速折旧、税前列支、投资抵免和再投资退税、专利免税等间接优惠相结合的多种优惠形式，以更好地发挥企业所得税鼓励节能降耗的作用。

（6）全面落实税收政策支持内河航运绿色低碳发展。支持内河航运绿色低碳发展，全面落实政策是关键。遵循产业经济生态化、生态经济产业化的理念，在国家政策范围内，强化税收政策的产业导向功能，综合运用减税、免税、缓税、退税以及加速折旧、税前扣除、投资抵免等多种方式，充分发挥税收政策对产业结构的调节作用，引导资源、资金等生产要素合理流动，鼓励和支持内河航运向资源消耗低、环境污染少、经济效益好的方向发展，全面提升产业层次和综合竞争力，走科学发展、绿色低碳发展之路。

（7）强化税收宣传引导绿色低碳发展。进一步创新宣传形式，拓展宣传平台，强化税收政策促进内河航运绿色低碳发展的宣传、咨询和辅导力度，让内河航运相关企业及时了解和掌握有关税收优惠政策，从绿色低碳发展方面对内河航运相关企业进行税收引导。

参 考 文 献

［1］左玉辉. 环境经济学 ［M］. 北京：高等教育出版社，2003.

［2］孙建设. 内河航道外部性实证研究与对策建议 ［J］. 现代经济探讨，2009 (2)：54 – 58.

［3］赵旭，王桃，周巧琳. 我国国际河流水路运输资源开发的外部性及治理途径——以澜沧江—湄公河为例 ［J］. 经济问题探索，2014 (11)：34 – 39.

［4］周铭游，丘双. 内河外部性与流域经济可持续发展 ［J］. 现代经济探讨，2005，21 (6)：84 – 88.

［5］张浩平，赵安路. 农田外部性及其测算——以黑龙江省五常市为例 ［J］. 经济问题探索，2010，30 (7)：1400 – 1408.

［6］张春惠. 城市轨道交通外部性研究 ［D］. 长沙：长沙理工大学，2012.

［7］翟世燕，王正. 测算区域碳排放量——以山东省为例 ［J］. 应用生态学报，2002 (7)：1543 – 1551.

［8］Wang Z. – Y., Wang L. – M. Economic growth and its effects on carbon emission in China. Journal of Safety and Environment，2006，6 (5)：88 – 91 (in Chinese).

［9］杨钧，绍韩化. 环境规制下我国工业增长程度分析——基于 Malmquist – Luenberger 指数的研究 ［J］. 数量经济技术经济研究，2009 (9).

［10］刘舒昆，杨内桦. 关于山东生产粗粮的相对效率损失量化 ［J］. 资源科学，2005 (3)：389 – 395.

［11］万蔚. 关于防止船舶生活污水污染内河水域的几点思考 ［C］. 中国会议，2008.

［12］黄义海．江苏省内河运输水域环境污染及相关对策［J］．经济问题探索，2014（10）：34－35．

［13］吴维平．内河水运污染对策研究［C］．中国会议，2001．

［14］段素文．内河船舶防污染面临的问题及对策研究［J］．港航节能，2015（1）：47－52．

［15］李志杰．湖泊污染及治理的经济学分析［J］．经济问题探索，2012（8）：33－37．

［16］赵晶．我国环境污染的经济学分析及治理措施［J］．资源节约与环保，2015（6）：146．

［17］胡廷兰，杨志峰，程红光，王华．一种水污染损失经济计量模型及其应用［J］．北京师范大学学报（自然科学版），2000（5）：706－710．

［18］胥卫平，赵晓华．环境污染损失的经济评估方法研究［J］．环境保护，2007（7）：44－47．

［19］贾景梅．水污染经济损失计量经济估算方法综述［J］．牡丹江师范学院学报（自然科学版），2010（1）：11－13．

［20］马爱丽．河北省水环境污染经济损失评估［J］．石家庄经济学院，2011．

［21］李广明，安兆峰．基于人力资本损耗计量环境污染经济损失的模型构建［J］．软科学，2010（10）：110－112＋136．

［22］洪滨，崔广柏，张润润，姬战生．我国水污染经济损失计量方法综述［J］．水电能源科学，2007（5）：15－17．

［23］宋赪，王丽，董小林．西安环境污染经济损失估算与分析［J］．长安大学学报（社会科学版），2006（4）：56－61．

［24］张遂业，李金晶，李永鑫，孙发亮．水污染事件损失评价指标体系研究［J］．人民黄河，2005（11）：41－42＋54．

［25］Emrah Demir, Yuan Huang, Sebastiaan Scholts, Tom Van Woensel. A selected review on the negative externalities of the freight transportation：Modeling and pricing［J］. *Transportation Research Part*, 2015：95－114.

[26] 李嘉竹，刘贤赵，李宝江，郭斌. 基于 Logistic 模型估算水资源污染经济损失研究 [J]. 自然资源学报，2009 (9)：1667 - 1675.

[27] 谭晓，刘春学，杨树平，李发荣. 滇池水污染经济损失估算 [J]. 长江流域资源与环境，2012 (12)：1449 - 1452.

[28] 张江山，孔健健. 环境污染经济损失估算模型的构建及其应用 [J]. 环境科学研究，2006 (1)：15 - 17.

[29] 黄进勇，王兆骞. 水体污染经济损失估算模型及其应用 [J]. 生物数学学报，2003 (1)：37 - 42.

[30] Claus Doll, Martin Wietschel. Externalities of the transport sector and the role of hydrogen in a sustainable transport vision [J]. *Energy Policy*, 2008：4069 - 4078.

[31] 袁群. 基于过程视角的内河航运水污染控制对策研究 [J]. 环境保护，2014 (Z1)：55 - 56.

[32] 袁群. 内河航运水污染控制的机制与政策研究 [J]. 中国航海，2013 (1)：121 - 124 + 130.

[33] 段素文. 内河船舶防污染面临的问题及对策研究 [J]. 交通节能与环保，2015 (1)：47 - 52.

[34] 赵能文. 京杭运河江苏段航运水污染防治对策研究 [J]. 中国海事，2009 (9)：61 - 64 + 67.

[35] 李朝敏. "五水共治" 背景下嘉兴绿色内河航运物流发展研究 [J]. 嘉兴学院学报，2015 (3)：43 - 47.

[36] 唐钦庭. 对内河航运实施环境税之可行性分析 [J]. 法制与社会，2014 (5)：232 - 233.

[37] 沙正荣，郭峰，郁鹏飞. 完善规制应对内河航运污染 [J]. 中国海事，2013 (6)：10 - 12.

[38] 刘强，庄幸，姜克隽，韩文科. 中国出口贸易中的载能量及碳排放量分析 [J]. 中国工业经济，2008 (8)：46 - 55.

[39] 黄凌云，李星. 美国拟征收碳关税对我国经济的影响——基于 GTAP

模型的实证分析 [J]. 国际贸易问题, 2010 (11): 93 - 98.

　[40] 刘竹, 耿涌, 薛冰, 郗凤明, 焦江波. 城市能源消费碳排放核算方法 [J]. 资源科学, 2011 (7): 1325 - 1330.

　[41] 关海波, 金良. 中国交通运输碳排放测度及未来减排情景模拟 [J]. 未来与发展, 2012 (7): 55 - 59.

　[42] 纪建悦, 孔胶胶. 基于 STIRFDT 模型的海洋交通运输业碳排放预测研究 [J]. 科技管理研究, 2012 (6): 79 - 81.

　[43] 张秀媛, 杨新苗, 闫琰. 城市交通能耗和碳排放统计测算方法研究 [J]. 中国软科学, 2014 (6): 142 - 150.

　[44] 欧阳斌, 凤振华, 李忠奎, 毕清华, 周艾燕. 交通运输能耗与碳排放测算评价方法及应用——以江苏省为例 [J]. 软科学, 2015 (1): 139 - 144.

　[45] 王智辉. 节能减排取胜未来 [J]. 船舶经济贸易, 2008 (7): 1.

　[46] 张爽, 张硕慧, 李桢. 国际海运温室气体减排措施及发展趋势 [A]. 中国航海学会海洋船舶驾驶专业委员会. 2008 年船舶防污染管理论文集 [C]. 中国航海学会海洋船舶驾驶专业委员会, 2008 (6).

　[47] 池熊伟. 中国交通部门碳排放分析 [J]. 鄱阳湖学刊, 2012 (4): 56 - 62.

　[48] 高晓月, 封学军. 基于低碳经济的内河集装箱运输效益分析 [J]. 华东交通大学学报, 2013 (4): 54 - 58.

　[49] 许欢, 刘伟, 徐梦洁. 国际海运业碳排放量与世界海运货物周转量及经济总量的关系研究 [J]. 科技管理研究, 2014 (13): 219 - 223 + 237.

　[50] 孙刚. 内河船舶碳排放优化方案 [J]. 中国水运, 2014 (11): 56 - 57.

　[51] 张郁峰. 吉林省内河航道建设、养护中船舶节能减排中长期规划初探 [J]. 吉林交通科技, 2009 (3): 61 - 63.

　[52] 田靖. 绿色、低碳引领航运新革命 [J]. 航海技术, 2011 (4): 73 - 75.

　[53] 周昌华. 内河船舶防污染面临的问题 [J]. 中国水运, 2011 (3): 20 - 21.

[54] 曹桂深.内河船舶防污染检验现状及建议 [J].珠江水运,2008 (8):
40-42.

[55] 冯春宾、徐志刚.我国绿色航运现状分析 [J].中国港口,2011 (6):
52-53.

[56] 谢光明.船舶降速航行的经济性和排放分析变化 [D].2009:1-73.

[57] 宫宇龙,陈旭等.论绿色航运双燃料电力推动船舶的发展 [J].中国
水运,2013 (3):7-9.

[58] 刘先成.我国航运业低碳绿色发展研究 [D].2012 (6):1-55.

[59] 苏超.国内环境规制对出口贸易的影响研究 [D].2012 (5):1-69.

[60] 沙正荣,郭峰等.完善规制应对内河航运污染 [J].中国海事,2013
(6):10-12.

[61] 安钢.我国环境税收的理论分析 [J].经营管理者,2009 (2):21-
22.

[62] 张友国.一般均衡模型中排污收费对行业产出的不确定性影响 [J].
数量经济技术经济研究,2004 (5):156-160.

[63] 熊艳.环境规制对经济增长的影响 [D].2012 (6):1-130.

[64] 解天龙,王静.交通运输业碳排放量比较研究 [J].综合运输,2011
(8):20-24.

[65] 李钢,金嘉晨.低碳经济与中国内河航运的发展 [J].世界海运,
2010 (10) 24-27.

[66] 张天悦.环境规制的绿色创新激励研究 [D].2014 (4):1-140.

[67] 刘镇.绿色航运浪潮对我国航运业的影响及其策略 [J].集装箱化,
2013 (12):1-4.

[68] 袁群.内河航运水污染控制的机制与政策研究 [J].中国航海,2013
(1):121-124.

[69] 李朝敏."五水共治"背景下嘉兴绿色内河航运物流发展研究 [N].
嘉兴学院报,2015 (3):43-47.

[70] 孙宁.如何实现碳减排约束下的经济增长——技术进步碳减排效应的

理论和实证分析 [J]. 中国软科学, 2010 (S1): 123-132.

[71] 张英俊. 上海低碳航运建设的现状及未来发展模式的构建 [J]. 中国市场, 2014 (44): 147-148+154.

[72] 许欢, 刘伟, 张爽. 低碳经济下船舶航行速度选择 [J]. 中国航海, 2012 (2): 98-101+109.

[73] 胡宗义, 朱丽, 唐李伟. 中国政府公共支出的碳减排效应研究——基于面板联立方程模型的经验分析 [J]. 中国人口·资源与环境, 2014 (10): 32-40.

[74] 俞姗姗, 汪传旭. 不同碳排放调控政策下的船舶航速优化 [J]. 大连海事大学学报, 2015 (3): 45-50.

[75] 彭传圣. 营运船舶燃料消耗及 CO_2 排放限值标准的制定与实施 [J]. 水运管理, 2012 (11): 9-12.

[76] 毛健. 中国与美国内河水运发展比较研究 [J]. 武汉理工大学学报 (社会科学版), 2005 (5): 63-66.

[77] 王清燕. 浅析内河水运在发展低碳经济中的作用 [J]. 中国水运 (下半月), 2015 (4): 42-43.

[78] 王爱虎, 陈群. 欧洲内河水运可持续发展历程解析——多式联运时代 [J]. 华南理工大学学报 (社会科学版), 2015 (2): 1-12.

[79] 姜海洋. 水运在发展低碳经济中的作用及分析 [J]. 物流工程与管理, 2012 (7): 26-27.

[80] 杜强, 陈乔, 陆宁. 基于改进 IPAT 模型的中国未来碳排放预测 [J]. 环境科学学报, 2012 (9): 2294-2302.

[81] 沈培钧. 低碳交通是发展的大趋势 [J]. 综合运输, 2009 (12): 1.

[82] 韩京伟. 低碳经济时代的内河运输发展对策 [J]. 综合运输, 2010 (5): 18-20.

[83] 李钢, 金嘉晨. 低碳经济与中国内河航运发展 [J]. 世界海运, 2010 (10): 24-27.

[84] 谢燮. 水运节能的企业行为和政府作为分析 [J]. 水运科学研究,

2007 (4): 1-5.

[85] 王晓辉. 水运在发展低碳经济中的作用分析 [J]. 现代商贸工业, 2013 (23): 60-61.

[86] International Maritime Organization. Prevention of Air Pollution from Ships, Second IMO GHG Study 2009 [R] London: IMO, 2009.

[87] Roh, Myung-II. Determination of an economical shipping route considering the effects of sea state for lower fuel consumption [J]. *International Journal of Naval Architecture and Ocean Engineering*, 2013 v5, n2: 246-262.

[88] 刘先成. 我国航运业低碳绿色发展研究 [D]. 大连海事大学, 2012.

[89] 李钢, 金嘉晨. 低碳经济与中国内河航运发展 [J]. 上海海事大学上海国际航运研究中心, 2010, 10 (11): 24-27.

[90] 贾远明, 任川, 李静. 绿色内河航运企业评价指标体系设计 [J]. 交通运输部水运科学研究院, 2015, 8 (37): 1-12.

[91] 袁象. 低碳经济对我国海运业的影响及应对措施 [J]. 上海海事大学经济管理学院, 2010, 2 (1): 1-3.

[92] 王悦. 基于低碳绿色发展理念的我国航运企业竞争力评价研究 [D]. 大连海事大学, 2013.

[93] 陈琦, 欧阳峣. 钢铁企业低碳化发展评价指标体系及评价方法研究 [J]. 湖南商学院, 2012 (11): 124-128.

[94] 魏卫, 张琼. 基于层次分析法的饭店低碳化水平评价指标体系研究 [J]. 华南理工大学经济与贸易学院, 2012, 14 (6): 26-31.

[95] 张振举, 张莉. 湛江海洋经济低碳化发展水平综合评价研究 [J]. 广东海洋大学寸金学院经济管理系, 2014 (5): 76-78.

[96] 李碧英. 航运业节能减排现状及其低碳发展的途径 [J]. 中国船级社, 2014 (5): 76-78.

[97] 徐建豪, 龚安祥. 中国航运业节能减排存在的问题及对策 [J]. 青岛远洋船员职业学院航海系, 2011, 11 (8): 42-44.

[98] 金辉. 探析我国内河航运与生态低碳环保的思考 [J]. 上海海事大学,

2011（1）：106.

［99］涂桂禄. 基于低碳综合物流的航运企业发展策略研究［D］. 华南理工大学，2012.

［100］曹馨匀. 基于三角模糊层次分析法的重庆地区建筑低碳化评价指标体系研究［D］. 重庆大学，2014.

［101］叶丹. 我国航运业面临低碳挑战［N］. 中国水运报，2010（6）：1－3.

［102］于东升. 低碳经济的挑战及我国航运业的对策［N］. 海运报，2009（6）.

［103］Vladanka Presburger Ulnikovic, Marija Vukic, Radosav Nikolic. Assessment of Vessel-generated Waste Quantities on the Inland Waterway of the Republic of Serbia［J］. *Journal of Environmental Management*，2012（97）：97－101.

［104］Svetlana Mihica, Mirjana Golusinb, Milan Mihajlovic. Policy and promotion of sustainable inland waterway transport in Europe－Danube River［J］. *Renewable and Sustainable Energy Reviews*，2011（15）：1801－1809.

［105］张英俊. 上海低碳航运建设的现状及未来发展模式的构建［J］. 上海金融学院国际经贸学院，2014（44）：147－154.

［106］黄小勇，陈运平. 低碳转型过程中低碳共生产业的发展设计与动力机制研究［J］. 金融教育研究，2015，28（2）：64－70.

［107］郑荣民. 推进"绿色航运"，构建"绿色海洋"［J］. 世界海运，2010（2）：38－39.

［108］李正宏. 发展绿色航运的意义及对策［J］. 水运管理，2009（6）.

［109］冯春宾，徐志刚. 我国绿色航运现状分析［J］. 上海海事大学经济管理学院，2011（6）：52－56.

［110］段向云. 物流企业低碳化发展的影响机理与运营机制研究［D］. 天津财经大学，2011.

［111］白晓飞. 我国航运软实力评价研究［D］. 大连海事大学，2013.

［112］马玉霞. 中国干散货航运业发展问题研究［D］. 天津师范大学，2012.

[113] 冯春宾,徐志刚.我国绿色航运现状分析 [J].中国港口,2011 (6): 52 –53.

[114] 佚名.2009～2016 年公路、水路交通运输行业发展统计公报.中华人民共和国交通运输部.2010 –2017.

[115] 杨培举.投资内河中小港口正逢其时 [J].China Ship Survey,2005 (8): 38 –41.

[116] 於世成.美国航运法研究 [M].北京大学出版社,2007.

[117] 田萌.航运法律责任研究 [D].大连海事大学,2012.

[118] 毛健.中国与美国内河水运发展比较研究 [J].武汉理工大学学报:社会科学版,2005,18 (5): 713 –716.

[119] 杨臣清.美国内河航运开发的经验和启示 [J].中国水运月刊,2008 (7): 34 –35.

[120] 周玉苗.江西内河船舶低碳技术研究 [J].商品与质量·建筑与发展,2011 (1): 11 –12.

[121] 乔广燕.德国交通运输与物流 [J].江苏交通,2003 (Z1): 99 –102.

[122] 姜瑶.上海港与国外港口水水中转系统比较研究 [J].中国港口,2009 (12): 8 –11.

[123] 苏晓磊.美、德内河航运开发比较 [J].交通与运输,2007 (2): 46 –47.

[124] 佚名.中华人民共和国航道管理条例 [M].法律出版社,1987.

[125] 唐冠军.如何借鉴欧美内河航运发展的经验 [J].中国水运,2006 (9): 13 –15.

[126] 吕剑波,王家骅.灰色系统与水运分析 [J].大连海事大学学报,1989 (4): 56 –60.

[127] 蒋育红,何小洲,过秀成.城市绿色交通规划评价指标体系 [J].合肥工业大学学报:自然科学版,2008,31 (9): 1399 –1402.

[128] 李琳,张领先,李道亮等.温室智能控制系统适用性评价指标体系选

择模型［J］. 农业工程学报，2012，28（3）：148－153.

［129］王婷婷，郭继平. 浅谈城市环境污染及对策［C］.//中国不同经济区域环境污染特征的比较分析与研究学术研讨会. 2009.

［130］王春梅. 临床服务中心在优质护理中的作用［J］. 安徽卫生职业技术学院学报，2008，7（3）：78－79.

［131］殷惠，张庆年. 促进我国内河航运发展的思考［J］. 中国水运（学术版），2007（7）：14－15.

［132］戚扬. 促进环境保护投入的财政保障机制研究［D］. 甘肃：西北师范大学，2014.

［133］张家瑞，曾维华，杨逢乐，王金南. 滇池流域水污染防治收费政策点源防治绩效评估［J］. 生态经济，2016（1）：35－38.

［134］李冬冬，杨晶玉. 基于排污权交易的最优减排研发补贴研究［J］. 科学学研究，2015（10）：45－48.

［135］马文兵，何光宝，王飞. 政府引导 市场驱动 不断把排污权交易引向深入［J］. 环境保护，2014（1）：20－24.

［136］Robert W. Hahn. Comparing Environmental Markets with Standards［J］. *The Canadian Journal of Economics*，2004，14（2）：197－201.

［137］E. Jimenez，G. Eskeland. Pollution and the Choice of Economic Policy Instruments in Developing Countries［J］. *Public Economics Division*，1990.9（5）：123－134.

［138］张振兴. 建立生态环境保护税收法制立法的研究［J］. 青海环境，2013（1）：8－14.

［139］李光禄，张猛. 我国排污权交易模式探析［J］. 中共青岛市委党校青岛行政学院学报，2014（5）：46－49.

［140］袁群. 内河航运水污染控制的机制与政策研究［J］. 中国航海，2013（1）：121－130.

［141］樊勇，籍冠珩. 工业水污染税税率测算模型的构建与应用［J］. 经济理论与经济管理，2014（9）：85－95.

［142］汉斯·范登·德尔．民主与福利经济学［D］．北京：中国社会科学出版社，1999（10）：40－45.

［143］Zhao qiang，Zhang lei，Lei Min. On the construction of the system of limitation on the liability for inland waterway shipping claims in china［J］．*China Legal Science*，2015（3）：69－95.

［144］王利强．内河绿色航运和船舶防污染［J］．中国水运，2011（2）：3－4.

［145］朱汝明．发展绿色长江航运面临的机遇、挑战与对策［J］．交通运输部管理干部学院学报，2011（1）：12－16.

［146］尹畅安．我国与欧美国家内河航运的比较与思考［J］．水运管理，2002（4）：32－34.

［147］吕录娜．黄河航运的经济效益研究［J］．水利科技与经济，2010（10）：1081－1083.

［148］谢丽芳．内河航电枢纽工程航运经济效益的量化计算探讨［J］．水运工程，2009（2）：113－118.

［149］朱党生．水利水电工程环境影响评价［M］．北京：中国环境科学出版社，2006.

［150］李盛霖．发展内河航运优势服务经济社会发展［J］．中国水运，2007（2）：6－7.

［151］高萍等．我国环境税税制模式及其立法要素设计［J］．税务研究，2010（1）：36－40.

［152］袁文卿．水环境污染治理的税收政策［J］．环境经济，2004（2）：4－43.

［153］刘安民．环境税"绿色"税收制度的发展方向［J］．科技进步与对策，2003（11）：71－72.

［154］张玉．财税政策的环境治理效应研究［D］．山东大学博士学位论文，2014.

［155］杨向英等．构建适合我国国情的环境税收制度［J］．商场现代化，

2009（2）：336－337.

［156］肖孙熹．我国环境税收体系的构建［D］.河海大学硕士学位论文，2007.

［157］邵朱励．税收无差别待遇原则之正解［J］.湖南财经高等专科学校学报，2010（6）：74－75.

［158］马国贤等．税负转移及税收再分配规律探索［J］.当代财经，1988（7）：22－27.

［159］杨尊伟等．可持续发展战略与中国内河航运关系［J］.水运工程，2000（4）：3－6.

［160］李跃旗等．内河航运与区域经济相关关系［J］.交通运输工程学报，2009（6）：97－101.

［161］孙漪璇．国外水污染税制度比较及构建我国水污染税制的设想［J］.济宁学院学报，2008（4）：37－40.

［162］朱厚玉．我国环境税费的经济影响及改革研究［D］.青岛大学博士学位论文，2013.

［163］唐钦庭．对内河航运实施环境税之可行性分析［J］.法制与社会，2014（2）：232－233.

［164］张玉．财税政策的环境治理效应研究［D］.山东大学博士学位论文，2014.

［165］姚丹凤．论内河航运发展的环境影响及征收环境税的可行性［J］.中国水运，2010（12）：52－56.

［166］杨得前．影响纳税人税款支付意愿的个体因素研究［J］.中央财经大学学报，2014（5）：91－99.

［167］马志娟．中国公民环境税费支付意愿实证分析［J］.陕西行政学院学报，2012（1）：42－46.

［168］李璎．丹麦环境税制度及其对我国的启示［J］.经济论坛，2011（10）：191－194.

［169］Wang Qiao. Pilot Water Pollution Tax Promote the Sustainable Development of Poyang Lake Eco-economic Zone [J]. *Journal of Contemporary Finance and Economics*, 2013: 28 – 37.

[170] Dale Jorgenson et al. The Local and Global Benefits of Green Tax Policies in China [J]. *Review of Environmental Economics and Policy*, 2008 (7): 1 – 28.

[171] 刘晓凤. 我国物流业税收政策绩效评价 [J]. 石河子大学学报: 哲学社会科学版, 2013 (4): 62 – 68.

[172] 王金霞. 生态补偿财税政策探析 [J]. 税务与经济, 2009 (2): 92 – 96.

[173] 李树. 生态税制与我国经济可持续发展 [J]. 商业研究, 2002 (12): 51 – 53.

[174] 肖加元. 欧盟水排污税制国际比较与借鉴 [J]. 中南财经政法大学学报, 2013 (2): 76 – 82.

[175] 马放等. 我国流域水环境保护区生态补偿机制与政策研究 [J]. 第二届生态补偿机制建设与政策设计高级研讨会, 2008: 82 – 86.

[176] 熊进光. 我国生态税实现生态补偿的法律思考 [J]. 税法理论与实务, 2013 (7): 68 – 71.

[177] Smith D M, Groot D, Bergkamp G, et al. *Pay – Establishing Payments for Watershed Services* [R]. Switzerland: World Conservation Union, Gland, 2006.

[178] Hou P, Ang B W, Poh K L. A survey of data envelopment analysis in energy and environmental studies [J]. *European Journal of Operational Research*, 2008, 89 (1): 1 – 8.

[179] M. J. Moynihan, J. B. Walsh, P. E, T. J. Szelest. *The James River Partnership Maintaining Unrestricted Navigation* [J]. Copyright ASCE 2004, 1602.

[180] 侯小健. 发展内河航运要做好生态环保 [N]. 海南日报, 2010. 5. 19 (3).

[181] 周雨顺. 加快发展绿色环保内河航运 [N]. 中国水运报, 2008. 9. 29 (4).

[182] 王利强. 内河绿色航运和船舶防污染 [J]. 中国水运, 2011, 11

（2）：3－4.

［183］袁建尧．加快内河航运发展构建低碳运输体系［N］．湖南日报，2010.4.20（8）.

［184］刘添瑞．排污政策的内涵及其完善对策的探讨［J］．价格管理，2010，5（12）：27－31.

［185］秦芸．促进可持续的绿色税收政策［D］.贵阳：贵州财经学院，2010.

［186］刘蔚绥．促进水资源保护的税收体系研究［D］.广东：暨南大学，2009.

［187］白永锋，顾强，饶应福．对中国排污收费制度改革的思考［J］.江苏环境科技，1999，12（3）：26－28.

［188］李斌．基于可持续发展的我国环境经济政策研究［D］.青岛：中国海洋大学，2010.

［189］葛勇．基于污染治理成本开展污水排污费征收标准的研究［D］.南京：南京理工大学，2012.

［190］王超，汤霁雯．排污收费政策的成效分析［J］.特区经济，2014，12（8）：74－76.

［191］于希．我国现行排污收费制度存在的问题及对策研究［D］.西安：西北大学，2012.

［192］浅析排污收费政策的改革［J］.行业研究，2002，4（12）：130－132.

［193］王金南，杨金田，曹东等．中国排污收费标准体系的改革设计［J］.环境科学研究，1998，11（5）：1－7.

［194］张月华．论可持续发展条件下的生态税收政策选择［D］.成都：西南财经大学，2002.

［195］陈少英．环境排污费改税的立法选择［N］.华东理工大学报，2016.01.08（10）.

［196］袁向华．排污费与排污税的比较研究［J］.中国人口·资源与环境，2012，22（5）：40－43.

[197] 接玉梅，葛颜祥，徐光丽. 黄河下游居民生态补偿认知程度及支付意愿分析 [J]. 农业经济问题，2011，12 (8)：95－99.

[198] 彭玉春，刘强，周丽旋等. 基于利益相关方意愿调查的东江流域生态补偿机制探讨 [J]. 生态环境报，2012，19 (7)：1605－1609.

[199] 高辉清，王江昊. 我国低碳发展的 SWOT 分析 . http：//www. sic. gov. cn/News/466/5497. htm.

后　　记

　　内河航运具有运能大、成本低、占地少、能耗小、污染轻、综合效益高的比较优势。加快内河航运发展，是党中央、国务院从加快转变经济发展方式、建设资源节约型和环境友好型社会的高度做出的重大战略决策。加快构建畅通、高效、平安、绿色、低碳的现代化内河航运体系，加快实现内河航运可持续发展与生态环境和谐发展，必须坚持内河航运绿色低碳发展理念，通过制度设计、技术进步和结构调整，在更加广泛的领域和更加深入的层面推进内河航运绿色、节能降碳、资源节约循环高效利用、加大污染治理及生态修复，以绿色低碳发展的内河航运支撑经济转型发展。

　　2016年以来，宁波工程学院国际港口与物流研究中心的研究团队围绕"内河航运绿色低碳发展"为主题开展了9个相关专题的研究，历时一年多，终于完成了这9个专题。本书就是这一系列专题研究经过系统组织和整合后形成的成果。

　　宁波工程学院国际港口与物流研究中心（宁波市政府与中国社会科学院合作成立）赵亚鹏博士主持课题研究，负责课题研究框架和专著框架的确定，承担全书各章节的指导及书稿的统稿、校对、修订。本书各章节研究与撰稿任务具体由以下人员承担：第1章为赵亚鹏；第2章为潘婷婷，第3章为沈晓红，第4章为周璐浩，第5章为赵亚鹏，第6章为孔祥磊，第7章为赵亚鹏，第8章为赵亚鹏，第9章为鲍成，第10章为居丹荔、田彩霞。

　　本书得到浙江省自然科学基金项目（LY17D010004）（LY13G030021）和宁波工程学院学术专著出版基金资助出版，在研究过程中，得到了浙江省港航管理局、宁波市港航管理局等有关部门和领导的大力支持和协助联系赴江苏省、重庆市等省市的调研，部分研究成果已被列入政府文件和行业规划，本书撰写人员在文稿中引用了大量相关研究成果。经济科学出版社刘莎编辑为本书出版精心加工，在此一并致谢！

囿于时间和水平，本书难免存在一些不当之处，敬请专家读者批评指正。

作　者

2018 年 2 月